Adina-Monica Trinca

Deutsche Literatur vom Mittelalter bis zur Romantik.

Eine Literaturgeschichte nicht nur für Jugendliche

Mit Illustrationen von Hannes Mercker

Herausgegeben von Hansgeorg Schmidt-Bergmann im Auftrag der Literarischen Gesellschaft Karlsruhe

mitteldeutscher verlag

Diese Publikation wäre ohne die großzügige Förderung
durch die Mechthild-Mayer-Stiftung Karlsruhe
und die Stiftung Hirsch Karlsruhe nicht möglich gewesen.

Schriften des Museums für Literatur am Oberrhein, Karlsruhe, Band 7

Covergestaltung
saydi | Satz & Design
Illustration: Hannes Mercker

Gestaltung und Satz
Diana Sayegh
saydi | Satz & Design
www.saydi-satzunddesign.de

Druck und Bindung
E&B wdw Druck GmbH
Gustav-Throm-Straße 1
69181 Leimen
www.wdwdruck.de

Verlag
mdv Mitteldeutscher Verlag GmbH
Am Steintor 23
06112 Halle (Saale)
www.mitteldeutscherverlag.de

Herausgegeben von Hansgeorg Schmidt-Bergmann
im Auftrag der Literarischen Gesellschaft Karlsruhe

PrinzMaxPalais
Karlstraße 10
76133 Karlsruhe
www.literaturmuseum.de

ISBN 978-3-89812-816-2

Inhalt

Mittelalter (750–1500)   9

Das mittelalterliche Weltbild   10
Bevölkerung und Lebensraum   11
Deutschsprachige Literatur im Mittelalter   11
Klöster am Oberrhein   12
Vereinheitlichung der Schriftsprache   13
Heldenlieder   14
Literatur an den Fürstenhöfen   14
Die Macht der Höfe   15
Rittertum   15
Ritterlicher Minnedienst   16
Mittelalterlicher Minnesang   16
Mittelalterliche Sammelhandschriften   20
Der höfische Roman   21
Der Artusroman   22
Heldenepen   25
Das Nibelungenlied   25

Der Humanismus (1500–1620)   33

Die Wiedergeburt der Wissenschaft, Kunst und Kultur   33
Zentren des Humanismus und der humanistischen Dichtung   33
Der Humanismus in Deutschland   35
Die Erfindung des Buchdrucks mit beweglichen Lettern   35
Kirche, Staat und Wissenschaften   36
Literatur und Sprache   37
Humanistische Dichtung   37
Volkstümliche Dichtung   38
Fastnachtsspiele   38
Schwänke und Fabeln   38
Narrenliteratur   39
Das Narrenschiff   40
Lyrik – geistliche, weltliche Lieder und der „Meistersang"   42

Die Zeit des Barock (1600–1720)   47

Das Lebensgefühl im Barock   47
Zwischen *memento mori* und *carpe diem*   48
Die Suche nach der verborgenen Bedeutung   48
Die Literatur des Barock   48
Martin Opitz' *Buch von der Deutschen Poeterey*   49
***Theatrum mundi* – Die Welt als Bühne**   50
Tragödie und Komödie   51
Dramatische Dichtung   51
Lyrik   52
Amplifikation, Allegorie und Emblem   53
Lyrische Formen – Figurengedicht, Sonett, Epigramm   54

Der Barockroman 58
Der Schelmenroman 58
Der abenteuerliche Simplicissimus Teutsch 60
Der höfisch-historische Roman 61

Das Zeitalter der Aufklärung (1720–1800) 63
„Was ist Aufklärung?" 64
Die Vernunft als wichtigster Grundsatz menschlichen Handelns 64
Rationalismus und Empirismus 64
Das Verhältnis von Vernunft und Offenbarung 64
Deismus, Pantheismus und Pietismus 65
Grundsätze des menschlichen Zusammenlebens 65
Zentren der Aufklärung und des literarischen Lebens 66
Alphabetisierung und Entwicklung des Buchmarktes im 18. Jahrhundert 66
Die Literatur der Aufklärung im 18. Jahrhundert 67
Moralische Wochenschriften 67
Funktion der Literatur – *delectare et prodesse* 69
Das Bürgerliche Trauerspiel 70
Die Wochenzeitschrift *Briefe, die neueste Literatur betreffend* 70
Miss Sara Sampson 71
Die Hamburgische Dramaturgie 72
Emilia Galotti 73
Minna von Barnhelm oder das Soldatenglück 78
Der Roman 78
Der Familienroman 79
Der autobiografische Roman 82
Anton Reiser 82
Fabeldichtung 83
Nathan der Weise 83
Empfindsamkeit (1740–1780) 86
Der Messias. Ein Heldengedicht 87
Sturm und Drang (1767–1785) 88
Von deutscher Art und Kunst 90
Sesenheimer Lieder 91
Götz von Berlichingen 93
Die Leiden des jungen Werther 94
Prometheus 95
Die Räuber 98
Schillers Flucht nach Mannheim 100
Kabale und Liebe 100

Die Literatur der Klassik (1786–1805) 103
Was ist *klassisch*? 103
Weimar – das literarische Zentrum der Deutschen Klassik 104
Die Weimarer „Meister" Goethe und Schiller 104
1775 bis 1786 – Goethe in Weimar 104
1786 bis 1788 – Goethe in Italien 106
Iphigenie auf Tauris 107

1788 bis 1794 – die ersten klassischen Jahre Goethes 110
Torquato Tasso 110
Römische Elegien 112
Goethes Auseinandersetzung mit der Französischen Revolution 112
1789 bis 1799 – Friedrich Schiller in Jena 113
Schillers Auseinandersetzung mit der Französischen Revolution 114
Maria Stuart 115
Wilhelm Tell 116
1794 bis 1805 – Die Freundschaft zwischen Goethe und Schiller 120
Wilhelm Meisters Lehrjahre 124
Wallenstein 126
1805 bis 1832 – Goethes Spätwerk 130
Überwindung der Klassik – Goethes Spätwerk *Faust* 130
Faust. Der Tragödie erster Teil 131
Faust. Der Tragödie zweiter Teil 135
Zwischen Klassik und Romantik – Kleist, Jean Paul und Hölderlin 140
Michael Kohlhaas 141
Hyperion oder Der Eremit in Griechenland 146
Der Tod des Empedokles 148

Die Literatur der Romantik (1795–1830) **151**
Der Begriff Romantik 152
Das romantische Weltbild 153
Die Literatur der Romantik 153
Romantische Ironie 154
Die Jenaer Romantiker 154
Die Brüder Schlegel 155
Die Literatur der Romantik 156
Lucinde 156
Athenäum 158
Der gestiefelte Kater 160
Herzensergießungen eines kunstliebenden Klosterbruders 162
Heinrich von Ofterdingen 166
Frauen der Jenaer Romantik 167
Die Heidelberger Romantik 169
Frauen der Heidelberger Romantik 173
Der Berliner Kreis der Romantiker 174
Der goldne Topf 175
Aus dem Leben eines Taugenichts 178
Undine 180
Peter Schlemihls wundersame Geschichte 181

Vorwort

Die Lust an der Literatur hat sich in den letzten Jahren gesteigert. Das gilt für die bereits gedruckten Texte und auch für das Schreiben selbst. Allen pessimistischen Prognosen zum Trotz sind es insbesondere die Jugendlichen, die das Schreiben für sich entdecken. Das eigene Experimentieren mit der Schrift führt zugleich zur Literaturgeschichte, sie erscheint als ein Reservoir reflektierten Lebens, eines, das unmittelbar relevant wird für die Wahrnehmung von Welt, für die Einordnung der Gefühlswelten und der Emotionalität in das eigene Denken. Was die Medien als falschen Schein produzieren, dies wird durch das Medium Schrift kritisch hinterfragt. Der Literatur wie auch der Philosophie ist von Beginn an ein reflexives Potenzial inhärent. Lesen und Schreiben schärfen den Verstand in einem ganz buchstäblichen Sinne. Das Erkunden der eigenen Lebenswirklichkeit lässt sich spiegeln noch in den ältesten Texten. Es sind die Grundbegriffe des Lebens, die thematisiert werden wie das Werden von Subjektivität, sie handeln von der ersten und gelungenen Liebe, von der Suche nach einem Ort für das Ich mit seinen Wünschen und Sehnsüchten, der Hoffnung auf Glück, den Ekstasen des Lebens, von der Trauer, von Abschied und Verlust, den Ängsten und dem Begreifen der Endlichkeit. Der Bedarf nach Geschichten und den Welten der Fantasie ist groß, in den Texten finden sich die großen Erzählungen von Welt, sie schärfen die Reflexion und öffnen die Perspektiven für ein bewusstes Leben. Durch die Geschichte der Literatur bewegt man sich wie auf einer dauernden Reise, man entfernt sich vom Gewohnten und ist offen für Neues und gespannt auf das sich Ereignende. Durch die Lektüre finden Sinn und Verstand zueinander. Das Lesen ist ein ganz individueller Akt, wie im Schreiben ist man zunächst mit sich allein, man kommt zu sich selbst oder findet Abstand vom Gelebten. Die Literatur vermag Perspektiven zu öffnen, fremde Erfahrungen werden verwandelt zu eigenen, die lebenspraktisch genutzt und wirksam werden – Leben und Schreiben werden so zu einer Lebensform, zu einem dauernden Prozess der Selbstvergewisserung.

Die vorliegende Literaturgeschichte, die vom Mittelalter bis zur Romantik reicht, möchte ein Leitfaden sein und eine Auswahl aus den großen Traditionen der deutschsprachigen Dichtung bieten. Eine Einführung in die Epochen und die Texte von Autorinnen und Autoren soll ermöglicht werden, Literatur in ihren sozialen und historischen Kontext gestellt und grundlegende Werke inhaltlich und formal erschlossen werden.

Ein Buch zum Blättern wie zu einem ersten systematischen Erarbeiten der literarischen Positionen von den Anfängen der Verschriftlichung in den Klöstern des Mittelalters bis zur Ausbildung des modernen Ichs in der Romantik. Es soll zum Weiterlesen anregen und ein Grund gelegt werden für das Verstehen literarischer Werke – eine Literaturgeschichte eben „nicht nur für Jugendliche", sondern für alle, die auf ihrer Reise durch das Leben die Bücher im Gepäck nicht missen möchten.

Hansgeorg Schmidt-Bergmann   Adina-Monica Trinca

Mittelalter (750–1500)

Die meisten Menschen denken heute zu allererst an Ritter in schweren Rüstungen und düstere, kalte Burgen, wenn sie das Wort Mittelalter hören.

Das, was man heute als Mittelalter bezeichnet, ist ein Zeitraum, der sich über 800 Jahre erstreckt – von etwa 750 bis 1500. Man teilt die Epoche in drei Phasen: Das **Frühmittelalter,** das von etwa **750 bis 1170** reicht, das **Hochmittelalter** von **1170 bis 1270** und schließlich das **Spätmittelalter** von **1230 bis 1500.**

Bis etwa 600 n. Chr. werden die zahlreichen germanischen Stämme, die im Westen Europas leben, zum Christentum bekehrt. Im Frühmittelalter, am Weihnachtsabend des Jahres 800, wird Karl der Große (um 747–814) vom Papst zum Kaiser des Römischen Reiches gekrönt. Neben dem geistlichen gibt es nun auch ein weltliches Oberhaupt in Mitteleuropa: den Kaiser.

Das Hochmittelalter ist die Zeit der Kreuzzüge und des Rittertums. Die Kreuzzüge werden geführt, um den christlichen Glauben im ganzen Reich und dem Mittelmeerraum bis nach Jerusalem zu verbreiten. Mit ihnen entwickelt sich der Handel und daraus die Geldwirtschaft.

Das Spätmittelalter ist die Zeit des Bürgertums. Die Städte und die Geldwirtschaft entwickeln sich schnell, der Kaiser verliert an Macht gegenüber den einzelnen Königen und Landesfürsten. Auch die Autorität des Papstes schwindet zusehends. Erste Universitäten werden gegründet in Prag (1348), Wien (1365), Erfurt (1379), Heidelberg (1385) und schließlich in Basel (1460). Sie verbreiten die Lehren der

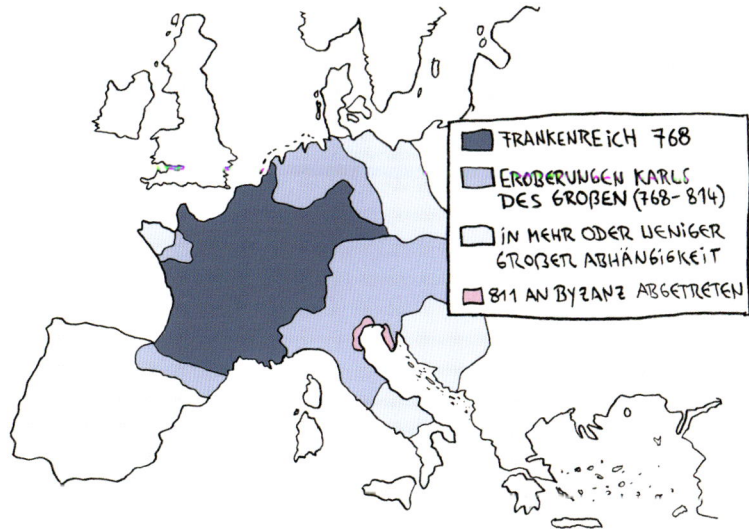

DAS HEILIGE RÖMISCHE REICH ZUR ZEIT KARLS DES GROSSEN

FRANKENREICH 768

EROBERUNGEN KARLS DES GROSSEN (768–814)

IN MEHR ODER WENIGER GROSSER ABHÄNGIGKEIT

811 AN BYZANZ ABGETRETEN

Antike und bereiten somit den Weg in die Epoche der Renaissance. Zu den größten Errungenschaften der Zeit gehört die Erfindung des Buchdrucks mit beweglichen Buchstaben durch Johannes Gutenberg um 1450.

Das mittelalterliche Weltbild

Anders als heute ist der mittelalterliche Mensch noch kein „Ich" im modernen Sinne, er hat also noch keine unabhängige Persönlichkeit. Er ordnet sich ein in die festgefügte Ordnung: Gott hat die Welt erschaffen und in eine bestimmte Ordnung eingeteilt, der Mensch hat darin einen festen, von Gott zugewiesenen Platz.

Die Bevölkerung im Römischen Reich ist streng hierarchisch gegliedert und ähnlich einer Pyramide aufgebaut: An der Spitze steht der König, gefolgt von adeligen Herzögen und Grafen. Bischöfe und Äbte sind meistens adelig und stehen überwiegend im Dienst des Königs. Unter dem Adel rangieren die Ritter, die vom Adel zu ihren Lehnsmännern gemacht werden, damit sie von ihnen im Kriegsfall mit Soldaten, Waffen und Pferden unterstützt werden können. Auf der untersten Stufe stehen die Bauern – das sind 90 Prozent der Bevölkerung. Sie erwirtschaften letztlich alles, was die Gesellschaft und die höhergestellten Stände – also König, Adel und Ritter – zum Leben benötigen. Sie haben den Hof ihrer Herren zu versorgen und zu bewirtschaften, bevor sie ihre eigenen Felder bestellen können. Ihnen selbst bleibt wenig zum Leben. Lehnsempfänger und Lehnsherr verpflichten sich zu gegenseitiger Treue und Achtung.

Das Lehnssystem, auch Feudalsystem genannt, bildet die Grundlage der mittelalterlichen Gesellschaftsordnung.

Bevölkerung und Lebensraum

Die meisten Regionen in Europa sind im Mittelalter im Verhältnis zu heute sehr dünn besiedelt. Um 750 leben in Deutschland knapp drei Millionen Menschen. Mit rund 3,5 Millionen hat allein die Stadt Berlin gegenwärtig mehr Einwohner. Um 1000 steigt die Bevölkerungszahl auf rund 5 Millionen und um 1300 auf über 10 Millionen. In Deutschland leben heute 82 Millionen Menschen.

Die durchschnittliche Lebenserwartung beträgt lediglich 25 bis 32 Jahre. Viele Frauen sterben bei der Geburt ihrer Kinder. Die Kindersterblichkeit ist mit 40 Prozent sehr hoch. Hat man die Kindheit und Jugend überstanden, kann man bis zu 45 Jahre alt werden. Für heutige Verhältnisse ist das immer noch ziemlich jung.

Der Lebensraum der mittelalterlichen Bevölkerung ist begrenzt, die Menschen reisen nur sehr selten. Eine Ausnahme bilden die Pilger. Sie suchen nach Vergebung ihrer Sünden, nach Heilung ihrer körperliche Gebrechen oder seelischen Nöte. Erreichen sie das Ziel, so gelten die Sünden als vergeben. Auch heute begeben sich noch viele Gläubige auf Pilgerreisen, beispielsweise auf den Jakobsweg nach Santiago de Compostela in Spanien, der schon im Mittelalter einer der bedeutendsten Pilgerwege war.

Neben den Pilgerreisenden gehören auch Kaufleute zu den mittelalterlichen Reisenden. Sie verkaufen ihre Waren und versorgen die Menschen in ihren Dörfern mit Informationen aus aller Welt, denn Zeitungen gibt es noch nicht.

Im 14. Jahrhundert überrollt eine Pest-Epidemie Europa, bei der 25 Millionen Menschen sterben. Die europäische Bevölkerung wird um ein Drittel dezimiert. Erschüttert durch das Leid, das sie erlebt haben, verlieren die Menschen den Glauben an die göttliche Ordnung.

Deutschsprachige Literatur im Mittelalter

Geschichten werden erstmals im frühen Mittelalter schriftlich festgehalten. Eine einheitliche deutsche Sprache gibt es damals noch nicht. Zahlreiche Stämme leben im Land und jeder hat einen eigenen Dialekt. Das Althochdeutsche wird ab Mitte des 8. Jahrhunderts bis um 1050 gesprochen.

Lesen und Schreiben können damals vor allem die Geistlichen in den Klöstern und die Gebildeten in den Städten. Die Geschichten, die in den Klöstern aufgeschrieben werden, sind zunächst ausschließlich auf Latein verfasst, in der Sprache der Gelehrten. Die Autoren sind in der Regel Mönche und die Geschichten haben religiöse Inhalte. Aufgabe dieser Literatur ist es, das Volk mit dem christlichen Glauben vertraut zu machen und den Glauben weiter zu verbreiten. Da alle wichtigen Schriften und kirchlichen Dokumente in den klösterlichen Schreibstuben entstehen, sind die Klöster die Zentren der Bildung und Gelehrsamkeit im Mittelalter.

Mit **Lehn** ist in der Regel ein Grundstück oder ein aus mehreren Grundstücken bestehender Bereich gemeint, das vom Eigentümer, dem Lehnsherrn, an den Vasallen, dem Lehnsempfänger, übergeben wird, damit dieser es bearbeiten und nutzen kann. Lehn bedeutet folglich soviel wie „geliehenes Gut" – heute würde man von einem „Darlehn" sprechen. Der Vasall kann das Lehn weitervererben. Seine Rechte an dem Grundstück gleichen denen eines Eigentümers, er hat aber Abgaben an den eigentlichen Eigentümer zu leisten.

Adel bedeutet „Abstammung" oder „Geschlecht". Im Mittelalter bildet der Adel die herrschende soziale Schicht. Adelige sind auf Grund ihres Grundbesitzes reicher als andere Bevölkerungsschichten und haben mehr Einfluss auf das öffentliche Geschehen. Daraus ergeben sich ihr Herrschaftsanspruch und ihre gehobene gesellschaftliche Stellung. Diese gehobene Stellung wird dann an die nachfolgenden Generationen vererbt.

Pest (lat. *pestis* – Seuche) – auch der „schwarze Tod" genannt: eine seltene, akute bakterielle Infektionskrankheit, die von Nagetieren und Flöhen auf den Menschen übertragen wird.

Evangelist Lukas,
Miniatur aus einem
Stundenbuch,
Bourges,
um 1470–1480

Bücher werden in klösterlichen Schreibstuben, den Skriptorien, verfasst. Mönche sind tagein, tagaus damit beschäftigt, Bücher abzuschreiben. Soll ein Buch in mehreren Exemplaren hergestellt werden, so muss es abgeschrieben werden. Die mittelalterlichen Bücher sind daher etwas sehr Kostbares und werden in Museen, Archiven und Bibliotheken aufbewahrt und ausgestellt.

Klöster am Oberrhein

Am Oberrhein kommt es ab dem 7. Jahrhundert zu zahlreichen Klostergründungen: Das Kloster St. Gallen wird 614 gegründet, 724 folgt das Kloster auf der Bodenseeinsel Reichenau, 727 und 764 die Klöster Murbach und Lorsch im Elsass.

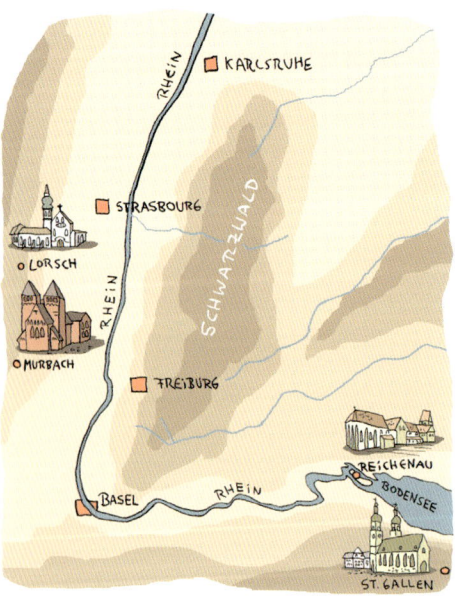

Im Benediktinerkloster Reichenau gründet der Abt Waldo (um 786–806) eine Gelehrtenschule. Der Orden der Benediktiner gilt als ältester Orden Westeuropas. Er wird bereits im 6. Jahrhundert von Benedikt von Nursia (um 480–547) gegründet, der auch die Regeln des Ordens festlegt. *Ora et labora et lege, Arbeite und bete und lies*, erfasst die wichtigsten Grundsätze des Zusammenlebens der Mönche.

Bereits zu Benedikts Lebzeiten verbreitet sich der Orden in ganz Europa. Das Kloster Reichenau wird zu einem wichtigen kulturellen und wissenschaftlichen Zentrum im Reich. Im Jahr 2003 wird die Insel von der UNESCO zum Weltdokumentenerbe erklärt.

Museumszentrum
Reichenau mit Kloster

Vereinheitlichung der Schriftsprache

Karl der Große fördert die Ausbildung der Mönche. Je besser sie ausgebildet sind, desto erfolgreicher können sie ihr Wissen an das Volk weitergeben – dazu benutzen sie die deutsche Volkssprache, nicht Latein, das sie nicht beherrschen. Der Kaiser richtet in Klöstern und Bischofssitzen Schreib- und Leseschulen ein. Dort werden Gelehrte damit beauftragt, eine einheitliche Bibelfassung zu erstellen. Um die Schriften zu sammeln und zu studieren wird eine Akademie am kaiserlichen Hof in Rom gegründet und Bibliotheken aufgebaut. Nicht nur Latein, auch die Volkssprache wird gefördert. Das Althochdeutsche gewinnt somit in den deutschen Regionen an Bedeutung.

Die ersten Bücher, die in Althochdeutsch verfasst werden, sind Wörterbücher, die lateinische Begriffe übersetzen. Man nennt diese **Glossen**. Oft wird die Übersetzung einzelner Wörter oder einer Wortgruppe direkt an den Rand oder zwischen die Zeilen des lateinischen Textes geschrieben, damit angehende Gelehrte, die das Lateinische noch nicht so gut beherrschen, die Texte besser verstehen können.

Museumszentrum
Reichenau

Zu den ältesten althochdeutschen Werken gehören, neben kirchlichen Schriften, Heldenlieder und Zaubersprüche. Als **Zaubersprüche** bezeichnet man frühmittelalterliche Reime, die eine Mischung aus Beschwörungsformel und Gebet darstellen. Sie sollen vor Unglück beschützen und das eigene Schicksal begünstigen. Zu den bekanntesten gehören die *Merseburger Zaubersprüche*, die um 950 entstanden sind.

Diese alten Zaubersprüche hat man 1841 in Merseburg gefunden. Sie wurden ein Jahr später von Jacob Grimm (1785–1863), einem der berühmten Märchensammler und zusammen mit seinem Bruder Wilhelm (1786–1859) Herausgeber des *Deutschen Wörterbuches* (1854–1960), herausgegeben.

Klosterinsel Reichenau
Museum Reichenau
Ergat 1+3
78479 Reichenau
www.reichenau.de

Der zweite Merseburger Zauberspruch lautet
im Original:
Phol ende Uuodan uuorun zi holza.
du uuart demo Balderes uolon sin uuoz birenkit.
thu biguol en Sinthgunt, Sunna era suister,
thu biguol en Friia, Uolla era suister,

thu biguol en Uuodan, so he uuola conda:
sose benrenki, sose bluotrenki,
sose lidirenki,
ben zi bena, bluot zi bluoda,
lid zi geliden, sose gelimida sin! –

in der Übersetzung:
Pohl und Wodan ritten in den Wald.
Da verrenkte sich Balders Fohlen einen Fuß
Da besprach ihn Sindgund (und) Sunna, ihre Schwester,
da besprach ihn Frija (und) Volla, ihre Schwester,

da besprach ihn Wodan, so gut wie (nur) er es konnte:
Wie die Verrenkung des Knochens, so die des Blutes,
so die des ganzen Gliedes!
Knochen an Knochen, Blut an Blut,
Glied an Glied, als ob sie zusammengeleimt wären!

Der Zauber soll ein verletztes Fohlen heilen und die Blutung am Fuß des Tieres stoppen.

Heldenlieder

Unter Karl dem Großen beginnt man, Heldengeschichten aufzuschreiben. Das einzige erhaltene Beispiel deutscher Heldendichtung aus dieser Zeit ist das *Hildebrandslied*, das noch aus der vorchristlichen Völkerwanderungszeit stammt und vermutlich um 810 erstmals aufgeschrieben wird. Der Krieger Hildebrand kehrt nach 30 Jahren aus der Verbannung zurück und lernt seinen Sohn Hadubrand kennen. Hadubrand weist die väterliche Annäherung zurück, denn er glaubt seinen Vater tot und vermutet in Hildebrand einen Betrüger. Er verspottet Hildebrand, so dass dieser der herrschenden Sitte nachkommend, seine Ehre verteidigen und die Herausforderung zum Kampf gegen den Sohn annehmen muss. Hildebrand klagt sein Leid, denn er muss gegebenenfalls den Tod des eigenen Sohnes in Kauf nehmen. Es kommt zum Kampf. Der Ausgang bleibt unklar, denn der Text bricht an dieser Stelle ab.

Eine weitere germanische Sage, allerdings in Latein abgefasst, ist das *Walthariuslied*. Walter von Aquitanien flieht mit seiner Verlobten Hildegund vom Hofe Attilas, wo sie als Geiseln gefangen sind. Sie müssen auf der Flucht das Land des Königs Gunther durchqueren, der ihnen mit Waffengewalt entgegentritt. Walter muss gegen elf Helden kämpfen. Einige verwundet er im Kampf schwer, andere tötet er. Letzten Endes kommt es aber zur Versöhnung. Als Vorlage dient dem Verfasser wahrscheinlich ein germanisches Heldenlied aus dem westgotischen Raum. Der badische Schriftsteller Joseph Victor von Scheffel (1826–1886) hat später das Lied ins Deutsche übersetzt und seinem Roman *Ekkehard* (1855) angefügt.

Literatur an den Fürstenhöfen

Im Hochmittelalter entstehen neben lateinischen Bibeldichtungen vor allem mittelhochdeutsche Heldenepen und Minnelieder, Liebeslieder, die schriftlich festgehalten werden. Nach der Machtübernahme im Reich durch die Staufer, einem schwäbischen Adelsgeschlecht, das im 12. und 13. Jahrhundert mehrere Herzöge, Könige und Kaiser hervorbringt, entwickeln sich die Fürstenhöfe zu großen Herrschafts- und Verwaltungszentren. Die adelige Gesellschaft an den Höfen be-

Joseph Victor von
Scheffel (1826–1886)

freit sich von der Vorherrschaft der Kirche und ist auch nicht mehr darauf angewiesen, die klösterlichen Schreibstuben in Anspruch zu nehmen. Die Literatur des Hochmittelalters entsteht nicht mehr allein in Klöstern, sondern an Fürstenhöfen, die besonders Kunst und Kultur zu fördern beginnen.

Die Macht der Höfe

Der hochmittelalterlichen Literatur kommt eine besondere Funktion zu: Sie soll den Reichtum und die Macht der Höfe preisen, die ständig in prunkvollen Festen, Feiern und Turnieren präsentiert werden. Über die Probleme und Nöte im Alltag der Menschen erfährt man wenig, denn das würde das Ansehen der Fürsten und Machthaber schädigen.

Rittertum

Im Mittelpunkt der höfischen Gesellschaft steht der Ritter. Doch bevor junge Männer zu Rittern geschlagen werden, müssen sie eine lange Ausbildung mit hartem körperlichem Training absolvieren. Besonders wichtig ist das Erlernen gesellschaftlicher Umgangsformen wie Tischmanieren, um den hohen gesellschaftlichen Anforderungen und den Wertevorstellungen der Zeit gerecht zu werden. Haben Sie ihre Ausbildung beendet, werden sie zum Ritter geschlagen und in die Gemeinschaft der Ritter aufgenommen. Besonders wichtig sind fortan die moralischen Regeln und Tugenden, denen sich Ritter zu verpflichten haben: die „maze", sprich das Maßhalten können und die Selbstbeherrschung, die Forderung nach dem „hohen muot", einer seelischen Hochstimmung, die „zuht", also die Erziehung nach festen Regeln und schließlich die „froide", eine immer heitere Lebenshaltung, auch wenn die Lebensumstände in Wirklichkeit eher bescheiden, meistens sogar hart sind. Im Kampf sind Ehre („ere"), Treue („triuwe"), Güte („milte") und natürlich Tapferkeit („manheit") gefordert.

Ritterlicher Minnedienst

Beim Minnedienst wirbt der Ritter um die Gunst einer Dame, die einer höheren Gesellschaftsschicht entstammt. Das kann eine Schlossherrin, manchmal sogar die Königin sein. Die hohe Minne – hoch, weil die Auserwählte einen höheren gesellschaftlichen Rang hat – hebt das Ansehen der Angebeteten, denn der adelige Ritter unterwirft sich ihr völlig. Normalerweise betet man eine Dame an, um diese zu erobern. Nicht so beim Minnedienst. Dem Minnenden ist von Beginn an klar, dass seine Liebe unerfüllt bleiben wird. Das Werben dient vorrangig dazu, die höfischen Verhaltensweisen, Tapferkeit, Treue und Beständigkeit zu erproben. Die Idee hinter der unerfüllten Liebe ist idealisierend, um die Auserwählte als vollkommenes und reines Geschöpf betrachten zu können.

Mittelalterlicher Minnesang

Die Liebesgedichte und -lieder der Zeit nennt man Minnesang. Darin besingen Minnesänger ihre Angebetete und beklagen in der Mehrzahl die unerfüllte Liebe. Der deutsche Minnesang hat seine Vorbilder in der französischen Lyrik, der „grand chant de courtois". Frei übersetzt bedeutet dies „großes Lied des Hofes", da viele Minnelieder von adeligen Rittern verfasst werden, die sich an den Höfen aufhalten. Es gibt aber auch reine Berufs-Minnesänger, die im Auftrag der Fürstenhöfe dichten und sich von den Fürsten bezahlen lassen. Manche reisen durch das Land und tragen ihre Lieder an den Höfen vor. Es sind fahrende Sänger, die ein hohes Ansehen haben.

Das, was wir heute über mittelalterliche Autoren wissen – viel ist es nicht – ist in ihren eigenen oder den Romanen und Versen von Zeitgenossen überliefert. Einer der bekanntesten Minnedichter, Hartmann von Aue, stammt aus dem Oberrheingebiet. Weitere wichtige Minnesänger sind Walther von der Vogelweide, Heinrich von Morungen, Wolfram von Eschenbach und Reinmar der Alte.

Walther von der Vogelweide (um 1170 – um 1230)

Als einer der vielseitigsten Lyriker gilt Walther von der Vogelweide. Er wird um 1170 geboren. In seiner Dichtung schreibt er, dass er in Österreich singen und schreiben lernte. Er ist vermutlich als fahrender Sänger tätig, der seinen Lebensunterhalt als Minnesänger an verschiedenen Adelshöfen, darunter in Wien, verdient. Seine Lieder gelten als besonders schön, frisch und teilweise auch schalkhaft. Er lobt darin nicht nur die jeweiligen Hofherren, sondern macht sich auch über deren Feinde lustig und kritisiert die Politik und den Geiz mancher Herrscher. Mit seinen politischen Liedern erreicht er ein sehr großes Publikum.

Walther von der Vogelweide ist sehr produktiv, erfolgreich und beliebt. Über 90 Minnelieder sind von ihm überliefert, das ist mehr als von jedem anderen mittelalterlichen Dichter. Vielen Zeitgenossen gilt er als Vorbild. Walther stirbt um 1230 vermutlich in Würzburg. Sein Grab liegt vermutlich im Kreuzgang des Neumünsters in Würzburg.

Eines seiner bekanntesten und bedeutendsten Minnelieder, *Unter der Linden*, handelt – in diesem Fall – von der erfüllten Liebe. Das Lied gilt als Höhepunkt seines künstlerischen Schaffens und als eines der schönsten Minnelieder der Zeit – hier in einer hochdeutschen „Übertragung".

Unter der Linden

Unter der Linde
an der Heide,
wo unser beider Bett war,
dort könnt ihr
sorgsam gepflückte
Blumen und Gras sehen.
In einem Tal am Waldrand,
tandaradei,
sang die Nachtigall lieblich.

Ich kam
zu der Au,
da war mein Liebster schon da.
Dort wurde ich empfangen,
wie eine höfische Dame
dass ich für immer glücklich bin.
Küsste er mich? Wohl tausendmal!
Tandaradei,
seht, wie rot mir der Mund davon ist.
Da hatte er aus Blumen
ein prächtiges Bett
vorbereitet.
Darüber wird jetzt noch
herzlich gelacht,

Walther von der
Vogelweide
(um 1170 – um 1230)

Kollegialstift Neumünster in Würzburg

Grabstein Walthers von der Vogelweide im Kollegialstift Neumünster im Würzburg

wenn jemand denselben Weg entlang kommt.
An den Rosen kann er wohl,
tandaradei,
erkennen, wo mein Haupt lag.

Dass er bei mir lag,
wüsste das jemand
(das wolle Gott nicht!), dann würde ich mich schämen.
Was er mit mir tat,
das soll nie jemand
erfahren, außer er und ich
und ein kleines Vöglein,
tandaradei,
das kann wohl verschwiegen sein.

Im Original lautet die erste Strophe wie folgt:

Under der linden
an der heide,
dâ unser zweier bette was,
dâ muget ir vinden
schône beide
gebrochen bluomen unde gras.
vor dem walde in einem tal,
tandaradei,
schône sanc diu nahtegal.

Dieses Lied hat den Minnesang revolutioniert, denn diese Liebesgeschichte wird aus der Sicht eines nichtadeligen Mädchens erzählt. So etwas hat es vorher noch nicht gegeben.

Eine besondere Form des Minnesangs bildet das so genannte **Tage-lied**. Darin ist die Liebe zwischen Mann und Frau erfüllt. Sie muss jedoch geheim bleiben, denn sie entspricht nicht den gesellschaftlichen Normen. Das Tagelied beschreibt in der Regel den Augenblick der Trennung der beiden Liebenden am Morgen nach einer zusammen verbrachten Liebesnacht und endet mit der Klage der Dame über die Trennung. Bei Wolfram von Eschenbach tritt zusätzlich zu den beiden Liebenden noch eine dritte Person im Gedicht auf: Es ist der Wächter, der die Liebenden vor Tagesanbruch mit einem Weck-ruf warnt.

Die wichtigsten Vertreter des Tageliedes sind Wolfram von Eschenbach, Walther von der Vogelweide, Heinrich von Morungen und später Oswald von Wolkenstein (um 1377–1445).

Oswald von Wolkenstein

Wach auff, mein hort!

Oswald von
Wolkenstein
(um 1377–1445)

Wach auff, mein hort! es leucht dort her
von orient der liechte tag.
blick durch die braw, vernim den glanz,
wie gar vein blaw des himels kranz
sich mengt durch graw von rechter schanz.
ich fürcht ain kurzlich tagen.

„Ich klag das mort, des ich nicht ger,
man hört die voglin in dem hag
mit hellem hal erklingen schon.
O nachtigal, dein spehier don
mir pringet qual, des ich nicht lon.
unweiplich müss ich klagen."

Mit urlob fort! deins herzen sper
mich wunt, seid ich nicht bleiben mag.
schidliche not mir trauren pringt,
dein mündlin rot mich senlich zwingt,
der bitter tod mich minder dringt.
mich schaiden macht verzagen.

Auch der bekannte, englische Renaissance-Dichter William Shakespeare (1564–1616) bedient sich später in seiner weltberühmten Tragödie *Romeo und Julia* (1597), der Geschichte eines Liebespaares, dessen Familien verfeindet sind, der Form des Tageliedes. Diese Liebe scheitert allerdings tragisch.

Mittelalterliche Sammelhandschriften

Die meisten Minnelieder sind in Sammelhandschriften vom Ende des 13. und Anfang des 14. Jahrhunderts überliefert. Zu den wichtigsten Sammlungen gehören die vermutlich aus Straßburg stammende *Kleine Heidelberger Liederhandschrift* vom Ende des 13. Jahrhunderts und die *Weingärtner Liederhandschrift* aus der ersten Hälfte des 14. Jahrhunderts. Die prächtigste und umfangreichste Sammlung ist die *Große Heidelberger Liederhandschrift*, auch *Manessische Liederhandschrift* genannt. Sie ist ebenfalls in der ersten Hälfte des 14. Jahrhunderts entstanden. Hier findet sich auch Walthers von der Vogelweide *Unter der Linden*. Die Schrift enthält etwa 6.000 Strophen von 150 verschiedenen Dichtern, die repräsentativ für die Dichtung des Mittelalters sind. Die meisten Dichter sind auf ganzseitigen Bildern in prachtvollen Zeichnungen dargestellt.

Die *Weingärtner Liederhandschrift* befindet sich heute in der Württembergischen Landesbibliothek in Stuttgart, die *Manessische Liederhandschrift* und die *Kleine Heidelberger Liederhandschrift* in der Universitätsbibliothek Heidelberg.

Eine weitere bedeutende Sammlung mittelalterlicher Texte ist die so genannte *Carmina Burana*. Die *Carmina Burana* ist in einer Handschrift überliefert, die 1803 im Kloster Benediktbeuren wiederentdeckt wurde, nachdem sie sehr lange unbeachtet in den Klosterbeständen lagerte. Geschrieben wurde die Sammlung vermutlich um 1230 im Auftrag eines Steirischen Bischofs. Wie die kostbare Handschrift ins Kloster Benediktbeuren gelangte ist unbekannt. Heute befindet sie sich in der Bayerischen Staatsbibliothek in München. Die Handschrift enthält 254 sowohl moralische als auch satirische weltliche Lieder- und Dramentexte, Minnelieder und Trinklieder, die überwiegend in lateinischer Sprache verfasst sind. Nur wenige Texte sind mittelhochdeutsch und altfranzösisch. Die meisten Autoren sind

Manessische Liederhandschrift, Text von Walther von der Vogelweide

Kleine Heidelberger Liederhandschrift, Text von Reinmar der Alte

Württembergische Landesbibliothek www.wlb-stuttgart.de

Universitätsbibliothek Heidelberg www.ub.uni-heidelberg.de

Bayerische Staatsbibliothek München www.bsb-muenchen.de

Weingartner Liederhandschrift, Grauer von Fenis, Miniatur

unbekannt, einige Texte lassen sich jedoch Autoren zuordnen. So sind zum Beispiel Minnelieder von Walther von der Vogelweide und Heinrich von Morungen enthalten. Größere Bekanntheit erreichen die Lieder der *Carmina Burana* durch die gleichnamige szenische Kantate von Carl Orff (1895–1982).

Der höfische Roman

Ab Mitte des 12. Jahrhunderts steht der höfische Roman im Zentrum der epischen Dichtung. Themen sind Herrschaft und Macht, Krieg und Gewalt. Liebe und Ehe, soziale Normen und Werte und zivile Formen des gesellschaftlichen Miteinanders werden ebenfalls zum Thema.

Zu den wichtigsten Vertretern der höfischen Epik des hohen Mittelalters gehören Heinrich von Veldeke, Gottfried von Straßburg, Hartmann von Aue, Walther von der Vogelweide, Wolfram von Eschenbach und Konrad von Würzburg.

Nahezu alle großen Epen der Zeit um 1200 sind nach französischen Vorlagen gedichtet. Waren die deutschen Dichter nicht kreativ genug, um sich eigene Geschichten auszudenken? Nein, sie übernehmen zwar die Themen der französischen Literatur, die aufgrund ihrer Entwicklung als Vorbild gilt. Die Eigenständigkeit und Kreativität zeigt sich aber in der neuen, künstlerischen Aufbereitung der Stoffe.

Heinrich von Veldeke (Mitte 12. Jh. – Anfang 13. Jh.)

Heinrich von Veldeke setzt in seinem Epos *Eneid*, das zwischen 1170 und 1190 entstanden ist, ganz neue künstlerische Maßstäbe.

Über Heinrichs von Veldeke Leben weiß man, ähnlich von seinen Zeitgenossen, recht wenig. Weder seine genauen Lebensdaten noch seine Herkunft sind bekannt. Er wird vermutlich um 1150 in der Nähe von Maastricht in den heutigen Niederlanden geboren. Vermutlich spricht er Latein und Französisch, kennt sich in Rhetorik und Versbau aus, in Rechtssprechung und Kirchenrecht genauso wie mit Architektur und Kriegsführung. Er ist sowohl mit römisch-antiken Dichtern wie Ovid und Vergil als auch mit volkssprachlicher Literatur vertraut. Die einen sehen ihn als Ritter, die anderen als Angestellten eines Hofes. Welche gesellschaftliche Stellung er tatsächlich inne hatte, bleibt jedoch unklar. Heinrich von Veldeke stirbt vermutlich vor 1200.

Sein Epos *Eneid* thematisiert die Vertreibung des Fürstensohnes Eneas aus Troja und die Eroberung einer neuen Herrschaft im Latinum. Das Thema ist für die Leser der damaligen Zeit hochaktuell und spannend, denn Eroberung und Ausbau von Landesherrschaft gehören zu den wichtigsten Interessen der adeligen Politik.

Heinrich von Veldeke zeigt am Stoff der Vorlage die Begründung einer Herrschaft mit den Mitteln des Krieges und der Gewalt. Die Liebe kommt dennoch nicht zu kurz, denn der Poet verknüpft die politische Thematik mit der Liebe und der feudalen Heiratspraxis.

Der Begriff **Satire** leitet sich vermutlich vom lateinischen *satura lanx* ab, das mit allerlei Früchten gefüllte Schüssel meint. In diesem Fall bezeichnen satirische Texte bzw. Lieder Äußerungen, die kritisch oder spöttisch moralische Verfehlungen, bestimmte Sitten und Gebräuche und persönliche Eigenheiten und Überzeugungen thematisieren.

Heinrich von Veldeke (Mitte 12. Jh. – Anfang 13. Jh.)

Sowohl in der Politik als auch in der Liebe wird adelige Männlichkeit demonstriert: Kriegerische Überlegenheit und heroische Stärke prägen das Bild des Mannes im hohen Mittelalter. Doch der Roman zeigt auch, wie Liebe die heroische Männlichkeit gefährden kann. Sie wird als magische Gewalt dargestellt, die den Mann „kopflos" werden lässt.

In der Regel wird an den Höfen geheiratet, um die Dynastie zu erhalten und die Nachfolge zu regeln. Aber in Heinrichs Roman wird – entgegen der gängigen Praxis der Machterhaltung – aus Liebe geheiratet. Die Liebe wird bei ihm mit ganz modernen Darstellungsmitteln geschildert: Durch den so genannten „inneren Monolog", durch den man den Gedanken des Helden folgen kann, der Lehrrede und dem Gespräch! Heinrich etabliert diese literarischen Darstellungsmittel als erster in der deutschen Literatur.

Der Artusroman

Das adelige Hofpublikum zeigt sich sehr kunst- und literaturinteressiert. Die Werke des Franzosen Chretien de Troyes (um 1140 – vor 1190) sind bei Publikum und Autoren besonders beliebt. Das gilt vor allem für die keltischen Erzählungen um König Artus und die Ritter der Tafelrunde.

Was ist das Besondere an den Artusromanen, dass sie so beliebt waren? Die Geschichten handeln von Rittern, die verschiedene Abenteuer zu bestehen haben, um sich zu bewähren.

In einer ersten Abenteuerreihe stellt der Ritter seine Männlichkeit und Kraft unter Beweis, gewinnt eine Frau und verschafft sich den Respekt der Ritter der Tafelrunde, die ihn in ihren Kreis als einen der Ihren aufnehmen. Durch fehlerhaftes Verhalten – unhöfisch, unkriegerisch oder unchristlich – ist der Ritter gezwungen, sich in einer neuerlichen Abenteuerreihe endgültig zu bewähren.

Hartmann von Aue (um 1165 – um 1215)

Hartmann von Aue gilt als Begründer des deutschen Artus-romans. Er wird wahrscheinlich um 1168 im alemannischen Raum – vermutlich im Herzogtum Schwaben – geboren und ist ein Ministeriale, also ein im Dienst stehender Beamter bei den Herren von Aue. Wo genau der Ort „Aue" liegt, lässt sich schwer sagen, denn der Ortsname ist damals sehr stark verbreitet und bedeutet „Land am Wasser".

Hartmann bezeichnet sich im Vorwort seiner Romane *Der Arme Heinrich* und *Iwein* als Ritter, der an einer von geistlichen Lehrern geleiteten Schule Latein gelernt hat. Man nimmt deshalb an, er habe eine Dom- oder Klosterschule besucht. Nach eigenen Angaben hat Hartmann viel gelesen, um seine Bildung auszubauen. In seinem Roman *Der Arme Heinrich* schreibt er über sich:

Hartmann von Aue
(um 1165 – um 1215)

Ein ritter sô gelêret was,
daz er an den buochen las,
swaz er dar an geschriben vant:
der was Hartman genant,
dienstman was er ze Ouwe.

Es war einmal ein Ritter, der so gebildet war,
dass er alles, was er in den Büchern geschrieben fand, lesen konnte.
Er hieß Hartmann
und war Lehnsmann zu Aue.

Hartmann schreibt in einer mittelhochdeutschen Literatursprache und verwendet kaum Dialekt. Dies bedeutet, seine Werke werden überregional gelesen und verstanden. Seine Hauptschaffenszeit erstreckt sich auf 25 Jahre, von 1180 bis etwa 1205. Er stirbt vermutlich um 1210 im Alter von etwa 42 Jahren, was für das Mittelalter ein durchaus stattliches Alter ist.

Wie alle mittelalterlichen Dichter wird auch Hartmann von reichen Gönnern unterstützt. Sein erster Roman *Erec* entsteht um 1180/85 nach der Vorlage *Erec et Enide* von Chretien de Troyes. Inhaltlich hält sich Hartmann meistens an die Vorlage, führt aber einen Erzähler ein, der häufig reflektierend, kommentierend und lehrhaft auf den Leser einwirkt. Hartmann erzählt die Handlung anhand einzelner, nicht zusammenhängender Abenteuergeschichten, die so genannten Aventiuren, die nur durch die Figur des Titelhelden, Ritter Erec, zusammengehalten werden.

Die wichtigsten Themen sind Liebe, Ehe und Herrschaft. Anhand des Ritters Erec thematisiert Hartmann den Weg zu höfisch-ritterlicher Vollkommenheit und die inneren Beweggründe des Handelnden. Hartmann spricht auch die negativen Seiten der adeligen Lebensform an und stellt Erec keineswegs so dar, wie man sich einen vorbildlichen Ritter vorstellt. Das ist mutig und neu in der deutschen Dichtung des Mittelalters.

Wolfram von Eschenbach (um 1170 – um 1220)

Wolfram von Eschenbach (um 1170 – um 1220)

Eines der bekanntesten Werke des Mittelalters ist der Roman *Parzival* von Wolfram von Eschenbach. Er entsteht um 1200/1210 und thematisiert die Kindheitsgeschichte des Helden und die Suche nach dem „heiligen Gral". Das Wort Gral stammt vermutlich aus dem Altfranzösischen. Es bezeichnet eine Schüssel und ist ein Symbol für Unberührtheit und Gottesnähe.

Parzival entwickelt sich vom ungebildeten Tor im Narrenkleid – also von einem Menschen, der sich unvernünftig, töricht benimmt – zum höfischen Ritter und darüber hinaus zum Hüter des Grals. Sein Weg „nach oben" führt ihn durch Irrtümer und Schuld, die sich aus dem Konflikt zwischen höfischer und christlicher Welt ergeben.

Gottfrieds von Straßburg (2. Hälfte 12. Jh. – Anfang 13. Jh.)
Tristan und Isolde

Gottfrieds Liebesgeschichte um Tristan und Isolde, vermutlich kurz nach 1200 entstanden, ist das einzige höfische Epos mit tragischem Ausgang. Von einem vergifteten Schwert verwundet sucht der tugendhafte Ritter Tristan Heilung bei der Königin von Irland, die den Ruf hat, zaubern zu können. Sie heilt seine Wunden. Tristan geht siegreich aus einem Kampf mit einem fürchterlichen Drachen hervor und begleitet die schöne Königstochter Isolde von Irland zu ihrem

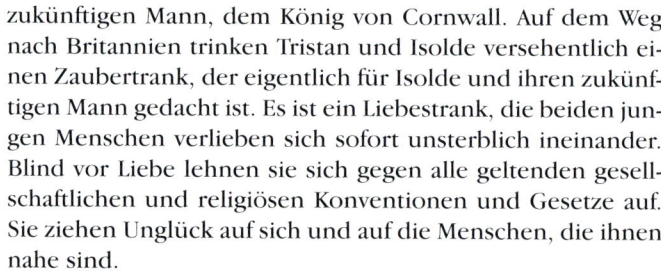

zukünftigen Mann, dem König von Cornwall. Auf dem Weg nach Britannien trinken Tristan und Isolde versehentlich einen Zaubertrank, der eigentlich für Isolde und ihren zukünftigen Mann gedacht ist. Es ist ein Liebestrank, die beiden jungen Menschen verlieben sich sofort unsterblich ineinander. Blind vor Liebe lehnen sie sich gegen alle geltenden gesellschaftlichen und religiösen Konventionen und Gesetze auf. Sie ziehen Unglück auf sich und auf die Menschen, die ihnen nahe sind.

Isolde heiratet zwar den König, trifft sich aber heimlich weiterhin mit Tristan. Die beiden werden von Isoldes Mann ertappt! Tristan verlässt den Hof, geht in die Normandie und lernt dort eine andere Frau namens Isolde kennen, in die er sich verliebt. Der Name erinnert ihn so sehr an seine erste Liebe, dass er in große Gewissenskonflikte gerät. An dieser Stelle bricht der Roman ab.

Gottfried von Straßburg (2. Hälfte 12. Jh. – Anfang 13. Jh.)

Gottfried stellt in seiner Minnelehre eine bedingungslose außereheliche Liebe dar, die alle Vorschriften höfischer Konventionen sprengt: Sie ist nicht einseitiges Werben um die Angebetete, sondern gegenseitige Hingabe von Mann und Frau. Die Liebenden überkommt eine bedingungslose Leidenschaft, die wie eine Naturgewalt auf sie hereinbricht. Gottfried versieht das gesamt Werk mit zahlreichen Kommentaren und Reflexionen: Sprichwörter, Ausführungen über Liebe und das Verhältnis von Mann und Frau, falsche Freundschaft, Argwohn und Eifersucht.

Tristan und Isolde richtet sich nicht an ein ritterlich und heldisch empfindendes Publikum. Die Leser und Hörer verstehen, dass man für die Liebe auf alles andere verzichten kann.

Heldenepen

Bezieht man die mündlichen Überlieferungen mit ein, so nimmt das Heldenepos neben dem höfischen Roman ebenfalls eine bedeutende Stellung in der mittelalterlichen Literaturgeschichte ein. Verschriftlichte Heldenepen nach dem französischen Vorbild der „Chanson de geste" entwickeln sich aus mündlich überlieferten Heldensagen der Völkerwanderungszeit und Heldenlieder des frühen Mittelalters.

Die Verschriftlichung der Heldendichtung beginnt um 1200. Zu einer eigenen Gattung entwickelt sich mittelhochdeutsche Heldenepik erst um die Mitte des 13. Jahrhunderts. Alle Werke haben eine Gemeinsamkeit: Sie haben einen historischen Kern, um den herum die Geschichte erschaffen wird. Sie vermitteln dem Leser geschichtliches Wissen und verfahren dabei nach dem gleichen Schema. Komplizierte historisch-politische Zusammenhänge werden kurz zusammengefasst und anhand von persönlichen Konflikten dargestellt: Neid, Eifersucht, Besitzgier und Hass. Typisch für Heldenepen ist das zeitgleiche Vorkommen historischer Ereignisse, die nicht parallel stattgefunden haben oder das Auftreten von Persönlichkeiten, die nicht zur selben Zeit gelebt haben.

Das Nibelungenlied

Das bekannteste mittelhochdeutsche Heldenepos ist das *Nibelungenlied*. Der Autor ist nicht bekannt, es ist vermutlich ein Geistlicher, der das Werk um 1200 im Auftrag eines Passauer Bischofs verfasst hat. Im Mittelpunkt des Geschehens, in dem zahlreiche geschichtliche Ereignisse mit einbezogen werden, steht der Held Siegfried.

Das *Nibelungenlied* gehört zu den wichtigsten künstlerischen Werken des Mittelalters. Es ist in 39 singbaren Strophen gedichtet und verbindet zwei ursprünglich selbstständige Sagen, die vom Tod Siegfrieds und die vom Ende des Burgunderreiches. Eine der wenigen erhaltenen Nibelungenhandschriften, die Fassung C, befindet sich in der Badischen Landesbibliothek in Karlsruhe. Das Nibelungenlied gehört zu den bekanntesten Werken der deutschen Geschichte und wird von dem Komponisten Richard Wagner (1813–1883) Ende des 19. Jahrhunderts seinem Opernzyklus *Der Ring des Nibelungen* zugrunde gelegt.

Badische
Landesbibliothek
www.blb-karlsruhe.de

Im ersten Teil des Romans geht es um die Jugendgeschichte Siegfrieds, um seinen Kampf mit einem Drachen und um den Raub des Nibelungenschatzes. Historisch belegbar ist der zweite Teil um die Eroberung Worms' durch die Burgunder 407, den Sieg der Hunnen über die Burgunder 436 und die Vernichtung des Burgunderreiches durch die Franken 538. Der Verfasser versucht schon zu Beginn Aufmerksamkeit zu erregen, indem er ankündigt, Außergewöhnliches, „Wunderdinge", zu berichten.

Viel Wunderdinge melden   die Mären alter Zeit
Von preiswerthen Helden,   von großer Kühnheit,
Von der Freude Festlichkeiten,   von Weinen und von Klagen,
Von kühner Recken Streiten   mögt ihr nun Wunder hören sagen.

Siegfried: Ein deutscher Ur-Held

Siegfried wird in Xanten am Niederrhein geboren als Sohn des Königspaars Siegmund und Sieglinde. Der Junge hat die besten Anlagen und wird von seinen Erziehern so ausgebildet, dass er zu einem vorbildlichen Herrscher heranwächst. Als junger Mann wird er zum Ritter geschlagen. Das wird mit einem rauschenden Fest gefeiert.

Siegfried hat ein ganz besonderes Geheimnis: Nachdem er im Kampf einen riesigen Drachen getötet und in dessen Blut gebadet hat, ist seine Haut widerstandsfähig wie ein Schutzpanzer geworden. Nicht einmal ein Schwert kann ihn verletzen. Nur eine einzige Stelle ist nicht mit dem Drachenblut in Kontakt gekommen: Zwischen seinen Schultern lag ein Lindenblatt, so dass das Blut seine Haut an dieser Stelle nicht erreicht hat. Siegfried hat das Blatt nicht bemerkt und fühlt sich unbesiegbar. Er reißt den „Nibelungenhort", den Goldschatz, der vom Drachen bewacht wird, an sich und erbeutet eine Tarnkappe sowie das Schwert „Balmung". Alle haben ihn vor dieser besonderen Beute gewarnt, denn auf dem Schatz der Nibelungen lastet ein schwerer Fluch!

Zeitgleich am Königshof in Worms, der viel größer und mächtiger ist als das Reich des Königs von Xanten: Kriemhild lebt mit ihren drei Brüdern Gunther, Gernot und Giselher sowie den Gefolgsleuten Hagen und Tronje am Hof. Eines Nachts träumt die junge Kriemhild von einem Falken. Ihre Mutter deutet den Traum und prophezeit Kriemhild, sie werde einen Mann kennen lernen. Aber wenn dieser Mann nicht von Gott beschützt wird, verliert Kriemhild ihn. Sie beschließt daraufhin, für immer jungfräulich zu bleiben und sich an keinen Mann zu binden, denn die Liebe hat schon viele Frauen ins Unglück gestürzt. Kriemhild weist fortan alle Verehrer ab.

Siegfried will dennoch sein Glück bei Kriemhild versuchen. Er lässt sich nicht von dem Gedanken stören, dass die Tochter eines so mächtigen Königshofes wohl kaum in den kleinen Xantener Hof einheiraten würde.

Noch bevor er sich Kriemhild nähern kann, kennt der gesamte Hof seine Lebensgeschichte – Hagen hat allen erzählt, wer Siegfried ist und verraten, dass er als unverletzbar gilt. Grundlos hat Hagen dies nicht getan, im Gegenteil. Er möchte etwas haben, das in Siegfrieds Besitz ist: den sagenumworbenen Goldschatz des verstorbenen Königs von Nibelung.

Siegfried bleibt ein Jahr als Gast am Wormser Hof, lernt die Leute kennen und macht sich unentbehrlich. Er leitet gekonnt Kriegszüge und besiegt feindliche Könige im Zweikampf. Dass er um Kriemhild werben will, hat er noch keinem verraten. Doch die Wormser haben schon bemerkt, wie sehr Kriemhild ihm gefällt. Beim Siegesfest um seine Verdienste will man ihn mit ihr zusammenbringen, damit er länger am Hof bleibt und den Wormsern weiterhin so gute Dienste leistet.

Siegfried ist nicht der einzige, der sich eine bestimmte Frau in den Kopf gesetzt hat. Gunther, mit dem Siegfried mittlerweile befreundet ist, hat ein Auge auf Brünhilde, der Königin von Island, geworfen, aber diese ist nicht so leicht zu erobern. Sie hat übernatürliche, magische Kräfte und wer sie zur Frau haben will, muss sie erst in drei Kampfspielen besiegen: Steinwurf, Weitsprung und Speerwurf. Siegfried hilft ihm und dank der Tarnkappe bemerkt Brünhilde nichts von dem Schwindel. Die beiden kommen zusammen.

Gunther und Brünhilde übernehmen nicht die Herrschaft auf Island, sie reisen gemeinsam nach Worms. Um die beiden festlich empfangen zu können, wird Siegfried vorausgeschickt, um alle Vorbereitungen zu treffen. In Worms angekommen ist Brünhilde völlig überrascht über die Behandlung, die Siegfried hier zuteil wird: Sie hält ihn immer noch für einen Diener Gunthers und kann nicht fassen, dass er in Worm geradezu königlich behandelt wird und Kriemhild zur Frau nehmen darf. Es kommt zur Doppelhochzeit: Gunther ehelicht Brünhilde und Siegfried Kriemhild.

Brünhilde verlangt von Gunther nach einer Erklärung für diese nicht standesgemäße Hochzeit Siegfrieds, doch sie darf die Wahrheit unter keinen Umständen erfahren! Dieser hat Kriemhild zur Frau nehmen dürfen als Dank für die Hilfe, die er Gunther bei der Eroberung Brünhildes geleistet hat. Wenn Brünhilde wüsste, dass Gunther und Siegfried sie hintergangen haben, wäre die Ehe am Ende. Gunther will nichts verraten, doch Brünhilde lässt nichts unversucht, um das Geheimnis zu erfahren. Wieder muss Siegfried mit der Tarnkappe eingreifen. Er schleicht sich nachts in Gunters und Brünhildes Schlafzimmer und überwältigt sie. Jetzt kann Gunter wieder einschreiten. Im Schutz der Tarnkappe tauschen er und Siegfried den Platz im Ehebett. Mit dem Verlust der Jungfräulichkeit verliert Brünhilde ihre magischen Kräfte. Siegfried weiht seine zukünftige Frau in das Geheimnis ein, das er mit Gunther teilt und legt ihr sogar Beweise vor: Ring und Schwert, die er der isländischen Königin in besagter Nacht abgenommen hat.

Nachdem Siegfried und Kriemhild in ihrem Reich angekommen sind, möchte Kriemhild das Erbe mit ihren Brüdern teilen. Siegfried ist dagegen.

Nach einigen Jahren Ehe bekommen Kriemhild und Brünhilde zeitgleich jeweils einen Sohn. Kriemhild und Siegfried taufen ihren Sohn Gunther, Brünhilde und Gunther nennen im Gegenzug ihren Erstgeborenen Siegfried.

Nach all den Jahren lässt Brünhilde der Gedanke an die nicht standesgemäße Hochzeit von Siegfried und Kriemhild immer noch nicht los. Sie hat das Gefühl, etwas könnte nicht mit rechten Dingen zugegangen sein. Wenn Siegfried tatsächlich jemals Gunthers Untertan war, müsste er eigentlich Hofdienst leisten.

Gunther lädt Siegfried mit seiner Frau zu einer Festveranstaltung nach Worms ein. Kriemhild ist darüber sehr froh, denn nach der langen Zeit im Nibelungenland hat sie großes Heimweh nach Worms. Dort angekommen werden die Gäste königlich behandelt. Brünhilde kann das nicht nachvollziehen. Es entflammt ein Streit zwischen ihr und Kriemhild darüber, welcher ihrer Männer den höheren Rang hat. Brünhilde wirft der Gegnerin vor, durch die Hochzeit zur Magd geworden zu sein, denn ihr Mann sei schließlich ein Diener Gunthers. Der Streit eskaliert und die beiden Frauen beschließen, in der Öffentlichkeit über die Ranghöhe, die ihnen nach der Eheschließung zusteht, zu entscheiden. Diejenige, die als erste das Wormser Münster betreten wird, gilt als die Ranghöhere.

Vor dem Münster zanken die Frauen immer noch. Kriemhild wirft Brünhilde im Streit vor, Siegfried sei derjenige gewesen, der ihr die Jungfräulichkeit genommen habe. Brünhilde ist völlig außer sich. Kriemhild nutzt die Gunst der Stunde und betritt als erste das Münster!

Enttäuscht und wütend beschließt Brünhilde Siegfrieds Tod. Zuerst verlangt sie aber einen Beweis für den Betrug und bekommt ihn auch: Ring und Schwert, die Siegfried ihr entwendet hat, werden ihr von Kriemhild vorgelegt. Siegfried hingegen schwört, unschuldig zu sein.

Brünhilde ist vollkommen gedemütigt. Hagen gibt vor, sie rächen und Siegfried töten zu wollen. In Wirklichkeit will er nur den Nibelungenschatz. Er überredet Gunther, Siegfried töten zu lassen, indem er ihm die Vorteile vor Augen führt, welche die Wormser durch den ungeheuren Reichtum haben könnten, der ihnen nach Siegfrieds Tod zufällt. Gunther stimmt dem Mordkomplott zu.

Mit List und Tücke und dem Vorwand, Siegfried beschützen zu wollen, schafft es Hagen, Kriemhild das Geheimnis von Siegfrieds verwundbarer Stelle zu entlocken. Er organisiert einen fingierten Krieg. Kriemhild markiert die verwundbare Stelle durch ein Kreuz auf der Kleidung Siegfrieds. In letzter Sekunde lässt Gunther den Krieg absagen, stattdessen gehen die Männer gemeinsam auf die Jagd.

Kriemhild beschleicht plötzlich das Gefühl, Siegfried in Gefahr gebracht zu haben. Vergeblich versucht sie, ihren Mann von der Teilnahme an der Jagd abzuhalten. Siegfried zieht mit den anderen in den Wald und erweist sich als erfolgreichster Jäger. Nach einem inszenierten Wettlauf, bei dem Siegfried abermals hätte gewinnen können, aus Freundschaft aber auf Gunther wartet, gelingt es Hagen, Siegfried mit dem Speer zu treffen und den scheinbar Unbesiegbaren zu töten. Noch im Sterben verurteilt Siegfried die feige Haltung Gunthers. Völlig unberührt von den Ereignissen freut sich Hagen, endlich den Reichtum Siegfrieds besitzen zu können.

Kriemhild findet morgens die Leiche ihres Mannes vor der Tür und ahnt sogleich, wer ihn ermordet hat, ohne jedoch Beweise zu haben. Als Hagen an den aufgebahrten Toten herantritt, bluten Siegfrieds Wunden: Im Volksglauben ein Beweis dafür, dass der Mörder vor dem Ermordeten steht.

Brünhilde lässt die Trauer Kriemhilds kalt, sie genießt ihre Herrschaft. Hagen bewegt Kriemhild dazu, den Nibelungenhort nach Worms bringen zu lassen. Sie will diesen dazu verwenden, neue Freunde zu gewinnen, die Siegfrieds Tod rächen. Hagen erkennt die Gefahr und versenkt den Schatz im Rhein.

Kriemhilds Rache
13 Jahre nach Siegfrieds Tod heiratet Kriemhild den Hunnenkönig Etzel, einen der mächtigsten Herrscher der Welt. Sie zieht mit ihm ins Hunnenland. Endlich hat sie die Macht, den Tod Siegfrieds zu rächen.

Es vergehen weitere 13 Jahre, bis sie ihren Plan in die Tat umsetzt. Sie lädt Hagen und ihre Brüder zu einem prunkvollen Fest an ihren Hof ein. Hagen zögert: Etzels Hof ist ihm nicht unbekannt. Als junger Mann war er dort als Geisel gefangen. Dennoch stimmt er der Reise zu, schließlich will er nicht als Feigling dastehen. Zum Schutz nimmt er 1.000 Krieger und fast ebenso viele Knechte mit.

Da die Wormser Burgunden nun im Besitz des Nibelungenhortes sind, nennen sie sich fortan Nibelungen. Auf der Reise ins Hunnenland erleben sie zahlreiche Abenteuer.

Kaum an Etzels Hof eingetroffen macht Hagen sich über Kriemhild lustig, die immer noch um Siegfried trauert. Er provoziert den ganzen Hof, indem er sich weigert, seine Waffen abzulegen. Etzel ahnt nichts von der Trauer seiner Frau.

Trotz ihrer demonstrativ zur Schau gestellten Stärke fürchten die Burgunden, hinterrücks überfallen zu werden. Etzel setzt viel daran, kriegerische Konflikte zwischen den Hunnen und den Burgunden zu vermeiden und schickt Ortlieb, seinen und Kriemhilds Sohn, zur Erziehung nach Worms. Er hofft, damit ein Band zischen den beiden Dynastien zu knüpfen. Hagen missversteht das Friedenangebot und prophezeit den Tod des Jungen.

Die Prophezeiung bewahrheitet sich: Tatsächlich tötet Hagen nach einem kriegerischen Vorfall den jungen Ortlieb. Daraufhin kommt es zu einem wahren Blutbad zwischen Hunnen und Burgunden. Nur Gunther und Hagen überleben auf Burgunderseite, die Hunnen beklagen ebenfalls große Verluste. Die beiden Burgunden wollen sich nicht ergeben, so dass sie gefesselt Kriemhild vorgeführt werden. Nur wenn sie bereit sind, ihr den Nibelungenschatz auszuhändigen, ist sie bereit, ihnen das Leben zu schenken. Hagen will das Versteck des Schatzes erst preisgeben, wenn keiner seiner Herren mehr am Leben ist. Ohne zu zögern lässt Kriemhild ihrem Bruder Gunther den Kopf abschlagen. Hagen will immer noch nichts sagen, so dass Kriemhild ihm das Schwert entreißt und eigenhändig den Kopf abschlägt.

Alle Männer, auch Etzel, sind starr vor Entsetzen. Eine Frau darf eine solche Tat nicht ausüben. Kriemhild muss sterben, weil sie es als Frau gewagt hat, einen der mutigsten Helden zu töten.

„Es hat sich an vielen Frauen gezeigt, dass Liebe am Schluss mit viel Leid lohnen kann" sagte Kriemhild zu Beginn. Ihre Prophezeiung bewahrheitet sich.

Der historische Faktenzusammenhang ist im Buch auf den Affekt der Rache reduziert, dennoch werden die Ereignisse der Sage bis gegen Ende des 15. Jahrhunderts als historische Überlieferung verstanden.

Hildegard von Bingen (1098–1179)

Die Literatur des Mittelalters ist zwar geprägt von männlichen Dichtern, dennoch gibt es bereits damals einige wenige herausragende Schriftstellerinnen. Eine von ihnen ist Hildegard von Bingen.

Hildegard von Bingen wird um 1098 in einer Adelsfamilie, vermutlich in der Nähe von Worms bei Alzey im heutigen Rheinland-Pfalz, geboren. Im Alter von acht Jahren wird sie ins Benediktinerkloster Disibodenberg gebracht, wo sie ihre geistliche Erziehung erhält. Sie wird Nonne und bleibt noch sehr lange im Kloster. 1136 übernimmt sie die Leitung des Klosters und gründet 1151 ein eigenes Kloster, das Kloster Rupertsberg. Sie nimmt die Stellung einer Äbtissin, eine Art Direktorin, ein und lebt dort bis zu ihrem Tod 1179.

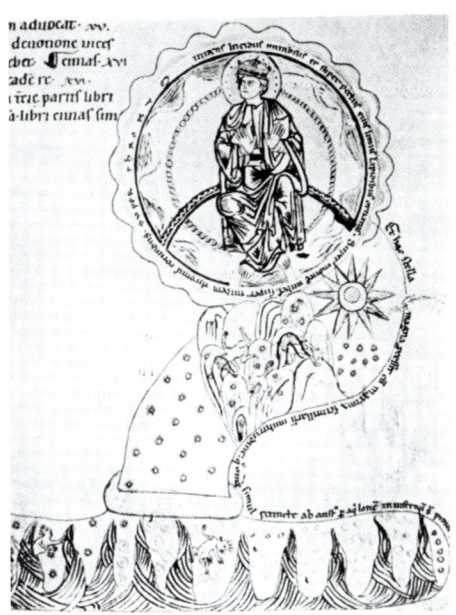

Hildegard von Bingen
(1098–1179)

Hildegard ist nicht nur Nonne, sondern auch eine hervorragende Schriftstellerin. Bereits mit 24 Jahren beginnt sie ihre „Visionen" – ihre göttlichen Eingebungen – in einem mittelhochdeutschen Dialekt niederzuschreiben und von einem Schreiber ins Lateinische übersetzen zu lassen. Ihr erstes Buch trägt den Titel *Liber Scivias Domini – Wisse die Wege des Herrn*. Darin beschreibt und deutet sie verschiedene Gotteserscheinungen und das Ende der Welt, wie sie es in einer Vision gesehen hat.

Sie verfasst auch das *Buch der Lebensverdienste* (*Liber vitae meritorum*) und das *Buch der Gotteswerke* (*Liber divinorum operum*). Doch eines ihrer berühmtesten Bücher ist das naturwissenschaftlich-medizinische Werk über Natur- und Pflanzenkunde *Physica – Heilkraft der Natur*. Darin beschreibt sie, wie ihrer Ansicht nach Krankheiten entstehen. Hildegard spricht in ihrem Buch *Physica* Empfehlungen aus zur Bekämpfung von Krankheiten mit Hilfe der Heilkraft der Pflanzen. Ihre Rezepte mit verschiedenen Kräuteraufgüssen, Salben und Tinkturen werden bis heute genutzt.

Im Gegensatz zu den Schriften Hildegards von Bingen – die von Papst Eugen III ausdrücklich anerkannt wurden – verlieren die hochmittelalterlichen Heldenepen nach und nach an literarischer Qualität. Das Rittertum verfällt immer mehr. Ein aufstrebendes Bürgertum übernimmt die politische, wirtschaftliche und kulturelle Führung. Dadurch kommt es zu einer Vermischung der untergehenden höfischen Kultur mit der Kunst des aufstrebenden Stadtbürgertums. Literatur entsteht nicht mehr nur an den Königs- oder Fürstenhöfen sondern zunehmend in den Städten, die sich zu neuen Bildungszentren entwickeln. Das Schulwesen wird ausgebaut, es werden erste Universitäten in Prag, Wien, Erfurt, Heidelberg und Basel gegründet – die gebildete Schicht wird größer.

Der Humanismus (1500–1620) –
ein neues Weltbild entsteht

„Wenn ich nämlich die literarischen Studien betrachte, die das herr-
lichste und göttlichste sind, was es auf dieser Erde gibt, und mir an-
dererseits vor Augen halte, mit welcher Blindheit jene Menschen ge-
schlagen sind, die diese größten Güter verschmähen, dann ergreift
mich unsäglicher Schmerz, und es wird mir bewußt, in welch tiefer
Finsternis, ja rabenschwarzer Nacht ihre Herzen befangen sind."
(Philipp Melanchthon)

Die Zeit um 1500 wird als Zeitenwende bezeichnet, weil verschiedene geschichtliche und naturwissenschaftliche Entwicklungen das
Weltbild der Menschen radikal verändert haben.

Der literarische Humanismus setzt in Deutschland etwa Ende des 14.
Jahrhunderts ein und reicht bis ins 17. Jahrhundert. Er beginnt mit
der Renaissance in Italien und der Wiederentdeckung der antiken
Philosophie und Kunst, darunter die wichtigsten Schriftsteller und
Philosophen Cicero, Aristoteles, Platon und Seneca.

Der Begriff Humanismus leitet sich vom lateinischen *humanus,* das
bedeutet menschlich, und von *humanitas* ab, der Menschlichkeit. In
der Antike steht der Mensch mit seinen Interessen, Zielen, mit seiner
ganzen Persönlichkeit im Mittelpunkt. Was muss der Mensch unbedingt wissen, um ganz Mensch zu sein?

Die Wiedergeburt der Wissenschaft, Kunst und Kultur
Der Humanismus ist eine Bildungsbewegung, die sich auf das antike
Konzept der Humanität des römischen Philosophen und Politikers
Cicero bezieht. Das Lernen der lateinischen Sprache wird zur Vor-
aussetzung, um Zugang zu der Tradition des Humanitätsgedankens
zu bekommen. Auch die Rhetorik – die Kunst, eine Rede zu halten,
die sprachlich elegant und inhaltlich überzeugend ist – wird zu einem wichtigen Teil des Lernprozesses. Die humanistischen Studien
bestehen aus einer Reihe von Disziplinen: Grammatik, Poesie, antike
Geschichte sowie Rhetorik und Moralphilosophie, also die Wissenschaft, die sich mit dem menschlichen Denken und Handeln befasst.
Der Begriff *studia humanitatis* dient dabei zur Abgrenzung von anderen Fächern wie Mathematik, Medizin, Natur- und Rechtswissenschaften und Theologie. In Deutschland sind die bedeutendsten
Humanisten des ausgehenden 15. Jahrhunderts die in Heidelberg
lehrenden Rudolf Agricola (1444–1485) und Conrad Celtis (1459–
1508).

Zentren des Humanismus und der humanistischen Dichtung
Die wichtigsten Zentren des Humanismus liegen in der Oberrhein-
region. Das elsässische Sélestat, deutsch Schlettstadt, beherbergt
eine der wichtigsten humanistischen Bibliotheken. Sie wird 1452
gegründet und geht aus der Bibliothek einer Lateinschule hervor.
Martin Ergersheim, der zwischen 1503 und 1518 Pfarrer in Sélestat

Johannes Reuchlin
(1455–1522)

Humanistische
Bibliothek Schlettstadt

*Humanistische
Bibliothek/Bibliothèque
Humaniste*
*1, rue de la bibliothèque,
67600 Sélestat*
*www.bibliotheque-
humaniste.eu*

ist, vermacht der Schule seine Bibliothek, die mehr als 100 Bände enthält. Später, 1547, als der Humanist Beatus Rhenanus stirbt, vermacht auch er seine Bibliothek der Stadt Sélestat. Sie umfasst etwa 670 Bände. Die „Rhenana" wird so zu einem unvergleichlichen Zeugnis humanistischer Gelehrsamkeit.

In Pforzheim erstellt der bedeutende Humanist und Kirchenkritiker Johannes Reuchlin (1455–1522) die erste hebräische Grammatik, um das Studium der Bibel in der Originalsprache zu fördern. Aus Bretten stammt sein Schüler und Neffe Philipp Melanchthon, der später, nach Martin Luthers (1483–1546) Tod, die Führungsrolle des Protestantismus übernimmt.

Heidelberg ist die Wirkungsstätte von Conrad Celtis, des Gründers des *sodalitas litteraria rhenana* (um 1500), eines Bundes, der die modernen, humanistischen Gedanken besonders innerhalb der religiös gebildeten Stände verbreiten will. Bekannte Mitglieder sind Johannes Reuchlin und der Schriftsteller Sebastian Brant (1457–1521).

In Basel lebt seit 1521 Erasmus von Rotterdam (1465–1536). Der aus den Niederlanden stammende Gelehrte gehört zu den wichtigsten europäischen Humanisten. Bereits 1516 veröffentlicht er eine erste so genannte „kritische" Ausgabe des griechischen Neuen Testaments. Kritisch deshalb, weil er Kommentare und erläuternde Bemerkungen zu den Texten anfügt. Er verfasst auch Vorreden zu den Bibelausgaben, die in der frühen Reformationszeit bei den Bürgern gut ankommen. Erasmus teilt anfänglich die Kritik Luthers an den kirchlichen Missständen. 1536 stirbt Erasmus von Rotterdam in Basel und wird im dortigen Münster begraben.

Johann Geiler von Kaysersberg (1445–1510), Thomas Murner (1475–1537) und Johann Fischart (1546–1590), die großen alemannischen Dichter der Zeit, stammen aus dem Elsass. Thomas Murners satirische Schrift *Von dem großen lutherischen Narren* erscheint 1522 in Straßburg und richtet sich gegen die Refor-

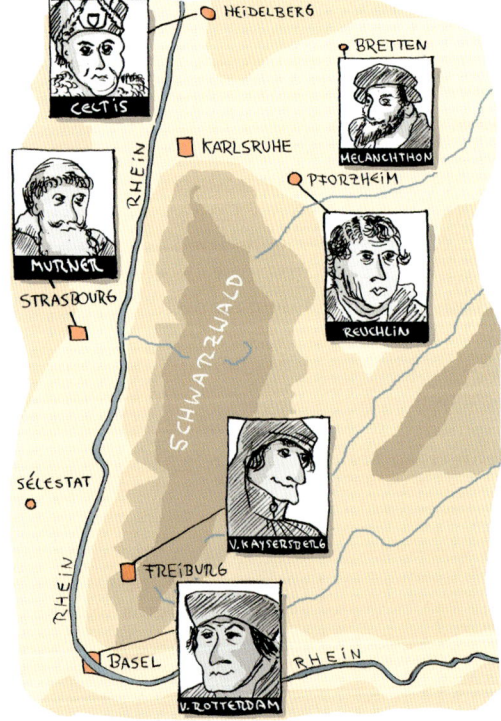

mation. Johann Fischart bezieht in seinen Werken Stellung gegen das Papsttum. Johann Geiler von Kaysersberg, der an der Universität Freiburg die sieben freien Künste studiert und später Professor für Theologie und Rektor der Universität wird, prangert in seinen überwiegend in deutscher Sprache gehaltenen Predigten die kirchlichen Missstände an. Seine Werke gelten als bedeutsame vorreformatorische Zeugnisse volkstümlicher religiöser Literatur. Seine Predigten über Sebastian Brants Buch *Das Narrenschiff*, die er 1498/99 in Straßburg hält, gelten als sein größter Erfolg.

Der Humanismus in Deutschland –
„Vom Nutzen der Wissenschaften"

Peter Luder (1415–1472) ist einer der ersten Gelehrten, die humanistische Ideen nach Deutschland bringen. 1434 reist er von Heidelberg, seinem Studienort, nach Italien und von dort weiter nach Griechenland. Er interessiert sich besonders für Geschichte, Rhetorik und Dichtung. Erst 1456 kehrt er an die Universität nach Heidelberg zurück, wo er eine wegweisende Rede zur Empfehlung der *studia humanitatis* hält, die die Verbreitung der neuen Gedanken befördert – damit beginnt die Entwicklung des Humanismus in Deutschland.

Philipp Melanchthon scheibt später:
„Was aber schafft de(n) [...] Menschen [...] größeren Nutzen als die Wissenschaft? Keine Kunst, kein Handwerk, ja nicht einmal die Früchte selber, die durch die Erde hervorgebracht werden, auch nicht die Sonne, die viele für die Schöpferin des Lebens halten, ist nötiger als die Wissenschaft."

Die Erfindung des Buchdrucks mit beweglichen Lettern –
eine mediale Revolution

Die Erfindung des Buchdrucks mit beweglichen Lettern durch Johannes Gutenberg und damit die Möglichkeit der schnellen Vervielfältigung von Texten sowie die Einführung des in China erfundenen

Gutenberg-Museum
in Mainz

Gutenberg-Museum
Mainz
Liebfrauenplatz 5
55116 Mainz
www.gutenberg-muse
um.de

Die **Commedia dell'arte** entwickelt sich im 16. Jahrhundert aus dem klassischen italienischen Maskentheater. Sie lässt verschiedene Menschentypen auftreten, beispielsweise den eingebildeten Kranken (Hypochonder), den gelehrten Pedanten, den pfiffigen Diener, den eigenbrötlerischen „Menschenfeind" (Misanthropen) oder die lebenslustige Magd.

preiswerten Papiers sind die bedeutendsten Neuerungen des 15. Jahrhunderts. Papier löst das teure Pergament, eine aufwendig bearbeitete Tierhaut, ab. Mit beweglichen Buchstaben aus Metall kann jeder Text schnell „gesetzt" und gedruckt werden. Während das Vervielfältigen der Bibel – also das handschriftliche Abschreiben – bis zu 3 Jahre dauern kann, vermag Gutenberg mit seinem Verfahren im gleichen Zeitraum rund 180 Bibeln zu drucken. Etwa 30 davon druckt er noch auf Pergament, die übrigen auf Papier, das er extra aus Italien importieren lässt. Damit wird das Buch zum wichtigsten Medium.

Das Gutenberg-Museum in Mainz präsentiert einige der ältesten erhaltenen Druckerzeugnisse sowie zwei der berühmten Gutenberg-Bibeln aus den Jahren 1452 bis 1455.

Kirche, Staat und Wissenschaften

Eines der wichtigsten Ereignisse, die das Weltbild der Zeit beeinflussen, ist die Entdeckung Amerikas durch den aus Genua stammenden Christoph Columbus (um 1451–1506) im Jahr 1492. Nur wenige Jahre später entdeckt der Portugiese Vasco da Gama (1469–1524) Indien.

Nach jahrzehntelangen mathematischen Berechnungen gelingt es Nikolaus Kopernikus (1473–1543), der eigentlich Arzt und Jurist ist, ein Modell zu erstellen, das das Kreisen der Planeten um die Sonne beweisen soll. Das so genannte heliozentrische oder auch kopernikanische Weltbild stellt das geozentrische, bei dem die Erde den Mittelpunkt des Universums bildet, in Frage – was von der Kirche heftig bekämpft wird. Erst über 100 Jahre später gelingt es dem italienischen Physiker und Astronom Galileo Galilei (1564–1642) durch Beobachtung das astronomische Modell Kopernikus' zu stützen. Doch auch er kommt in Konflikt mit der Kirche, die an einem Weltbild festhält, bei dem die Erde das Zentrum des Universums bildet.

Der Schriftsteller Bertolt Brecht (1898–1956) schildert in seinem 1939 geschriebenen Drama *Das Leben des Galilei* vor diesem historischen Hintergrund eindrucksvoll die Bemühungen des genialen Physikers Galilei um die Belegung der kopernikanischen Thesen. Dabei hilft ihm ein neues, von ihm entwickeltes Teleskop. Gemäß der historischen Fakten fordert in Brechts Stück die Kirche Galilei auf, seine Lehren zu widerrufen – doch Brecht lässt ihn sagen: *„[...] und sie [die Erde] bewegt sich doch."*

Nicht nur zwischen Wissenschaft und Kirche kommt es zu Spannungen, auch die politischen Verhältnisse ändern sich. Die Fürsten wollen an der Macht teilhaben, die früher Papst und Kaiser uneingeschränkt überlassen war.

Die Humanisten versuchen die fortschrittlichen Lehren an den Universitäten zu verbreiten und stellen die Autorität der Kirche in Frage. Der Pforzheimer Humanist Johannes Reuchlin setzt sich für den Erhalt der jüdischen Literatur ein, als diese unter Kaiser Maximilian I.

(1459–1519) geächtet werden soll. Daraufhin entwickelt sich ein Kulturkampf von europäischer Dimension. Reuchlin will die weltliche Wissenschaft von der Zensur der Kirche befreien. Unter dem Titel *Briefe berühmter Männer* (1514) veröffentlicht er eine Textsammlung namhafter Humanisten, die sich für die Freiheit der Wissenschaften einsetzen. Auch die Humanisten Crotus Rubeanus (um 1480–1545) und Ulrich von Hutten (1488–1522) unterstützen mit ihrem Werk *Briefe der Dunkelmänner* (1515) Reuchlins Bestrebungen.

Literatur und Sprache

Das zentrale Problem dieser Zeit ist die uneinheitliche deutsche Sprache. Es gibt keine verbindlichen grammatikalischen Regeln und eine ganze Menge unterschiedlicher Dialekte, so dass es nahezu unmöglich ist, Texte zu schreiben, die von einer breiteren Masse gelesen werden können. Erst Luther und seine Bibelübersetzung sowie die Entwicklung einer einheitlichen Sprache im Reich führen langsam auch zu einer einheitlichen deutschen Schriftsprache.

Humanistische Dichtung –
„nutzen und erfreuen wollen die Dichter"

Beim so genannten Humanistentheater oder **Humanistendrama** ahmen die Stückeschreiber antike Dramen nach, indem sie verkürzte Übersetzungen der lateinischen Vorlagen erarbeiten. Als erstes Humanistendrama in deutscher Sprache gilt *Stylpho*, ein Stück von Jakob Wimpfeling (1450–1528), das 1480 entsteht und nur aus einem einzigen Akt besteht. Stücke mit mehreren Akten, einem Prolog und einem Epilog sowie Chören am Ende der jeweiligen Akte etablieren sich erst knapp 20 Jahre später mit Johannes Reuchlins Komödie *Scenica progymnasmata*, später *Henno* genannt, die er 1496/97 in Heidelberg verfasst. Reuchlin gilt als Erneuerer des deutschen Dramas. *Henno*, die Komödie um einen listigen Knecht, spielt im bäuerlichen Milieu und wird 1497 von Studenten in Heidelberg uraufgeführt. Reuchlins Komödien orientieren sich thematisch an der italienischen Stegreifkomödie, der so genannten *Commedia dell'arte*.

Conrad Celtis, Leiter des neugegründeten Dichter- und Mathematikerkollegiums in Wien, bringt mit seinen Studenten historisch bedeutungsvolle Aufführungen hervor und bildet damit die Grundlage für das deutsche und lateinische Schuldrama. Dieses dient dem Erlernen der Sprache und der Vermittlung musterhaften Verhaltens. Die lateinischen Stücke werden von „unanständigen" Stellen befreit und moralisch-pädagogisch aufbereitet. In den meisten Stücken geht es um die Rechtfertigung wissenschaftlicher Studien und das Lob humanistischer Bildung. Ein solches Schultheater war beispielsweise in Straßburg ansässig. Das „Straßburger Akademietheater" hatte sogar ein eigenes Haus für seine Aufführungen.

Es sind nicht nur Männer, die als Dichter den Humanismus prägen. Hroswitha von Gandersheim, die adelige Kanonissin des Stiftes Gandersheim in Niedersachsen, gilt als erste Deutsche Dichterin und als erste, die antike Dramen als Modell für ihre Schriften heranzieht.

Chor, griechisch *choros*, bezieht sich ursprünglich auf die Fläche, auf der kultische Tänze aufgeführt wurden, zu denen gesungen wurde. In dramatischen Bühnenstücken befindet sich der Chor während des ganzen Stückes auf der Bühne. In antiken Dramen ist er Bestandteil des Stückes und fest in die Handlung integriert. Die Chorpartien werden nach und nach immer stärker zugunsten der Dialogpartien eingeschränkt, bis er schließlich außerhalb des dramatischen Geschehens steht und eine betrachtend-deutende Funktion bekommt.

Der Begriff **Prolog** ist vom griechischen *prólogos* abgeleitet, das soviel wie Vorwort bedeutet. Die Handlung des Prologs muss nicht mit der Dramenhandlung verbunden sein. Er kann eine zeitlich zurückliegende Vorgeschichte erzählen, die zum Verständnis des Stückes erforderlich ist. Der Prolog kann auch einleitende Worte zur Handlung in Form eines Monologs enthalten.

Epilog kommt ebenfalls aus dem Griechischen, von *epilógos*, und bezeichnet eine Nach- oder Schlussrede, die nach dem Ende der Handlung folgt. Er kann wie der Prolog von Figuren des Stückes oder einem Erzähler beziehungsweise Sprecher gehalten werden.

Der **Schwank** erzählt einen lustigen Streich, bei dem sich ein in der Regel armer oder schwacher Bürger durch eine List einen Vorteil verschafft. Spannend und unterhaltend werden zwischenmenschliche Konflikte durch massive Verstöße gegen die herrschenden moralischen Gewohnheiten gelöst, häufig wenden sie sich ebenso gegen kirchliche Missstände.

Die **Fabel** ist eine meist kurze Erzählung. Besonders beliebt sind Tierfabeln. Darin werden Tieren menschliche Handlungsweisen und Eigenschaften zugeordnet. Dieses Prinzip kann aber auch auf Pflanzen oder Dinge angewendet werden. Die Fabel dient in der Regel als „Beispielgeschichte", in der ein Sachverhalt einfach dargestellt wird. Die Fabel hat einen belehrenden und moralischen Sinn.

Till Eulenspiegel, 1515, Titelblatt, Holzschnitt

Sie verfasst geistliche und historische Dichtungen sowie Dramen und teilt ihr Werk in drei Bücher ein: Ein Legendenbuch, ein Dramenbuch und eines mit historischen Stoffen.

Volkstümliche Dichtung – spannend und unterhaltend
Fastnachtsspiele

Die volkstümliche deutschsprachige Literatur richtet sich an die bürgerlichen Schichten, die sich in der Regel aus wohlhabenden städtischen Handwerkern zusammensetzen. Die religiöse Dramenform des Oster-, Weihnachts- und Passionsspiels weicht nach und nach weltlichen Spielformen, wie zum Beispiel dem Fastnachtsspiel. Darin wird beschrieben, wie die Menschen sich verhalten, wenn sie die Narrenfreiheit der Fastnachtszeit ausleben. Derbe Sprüche, Alltagssprache, Kraftausdrücke und besonders die zugespitzte Darstellung der Beziehung zwischen Mann und Frau erheitern die Zuschauer. In der zweiten Hälfte des 15. Jahrhunderts wird der derbe Stoff der Fastnachtsspiele immer mehr durch eine bedeutungsvollere Handlung ersetzt. Einer der bekanntesten Verfasser von Fastnachtsspielen ist Hans Sachs (1494–1576). Die Werke des in Basel wirkenden Pamphilus Gengenbach (1480–1525) führen zu einer deutlichen moralischen Festigung des Fastnachtsspiels. Die Stücke zielen drauf ab, das sich herausbildende neue Selbstbewusstsein der Bürger zu festigen.

Schwänke und Fabeln

Zu den volksnahen Formen gehören neben Fastnachtsspielen Schwänke und Fabeln, die nach und nach auch schriftlich festgehalten werden.

Aus einer Reihe von Schwänken, die sich immer wieder um die gleiche Figur ranken, entsteht der Schwankroman. Zu den bekanntesten Schwankromanen gehört *Till Eulenspiegel*. Auf dem Titelblatt der ältesten erhaltenen Ausgabe aus dem Jahr 1515 sitzt der schalkhafte Narr auf einem Pferd, hält in der einen Hand eine Eule und in der anderen einen Spiegel. Die Eule steht für Weisheit und der Spiegel für Selbsterkenntnis. Till Eulenspiegel gibt nur vor, ein Narr zu sein. Tatsächlich ist er seinen Mitmenschen geistig überlegen. Ausgangspunkt seiner Streiche sind bildliche Redewendungen, die er wörtlich auslegt, um die Unzulänglichkeiten seiner Mitmenschen aufzudecken und auf Missstände der Zeit hinzuweisen.

Zu den bekanntesten Schwanksammlungen gehört Jörg Wickrams *Das Rollwagenbüchlein* (1555). Ursprünglich aus 67 Geschichten bestehend, ist es bis zur letzten noch zu seinen Lebzeiten erschienenen Auflage auf 111 Geschichten und Anekdoten angewachsen. Jörg Wickram gilt als Begründer des deutschen Prosaromans. Spöttisch beschreibt er Alltagssituationen von Geistlichen, Handwerkern, Kaufleuten, Bauern und Landknechten. Ähnlich Sebastian Brants Werk *Das Narrenschiff* (1494) entsteht das Komische in seinen Geschichten durch das „beim Wort nehmen" der Sprechenden, was zu erheiternden Missverständnissen führt. Der Begriff *Rollwagenbüchlein* spielt an auf die auf Rollwagen zur Messe reisenden Kaufleute.

Von einem Wirt, der seinen Gästen
ein Gericht um einen Taler verkaufte

Es hatten sich gute Nachbarn vereint und beratschlagten, ein gutes Mahl miteinander zu essen; sie bestellten es in einem Wirtshaus, wo ihnen alles wohl zubereitet ward. Als sie nun bei Tisch saßen, trug ihnen der Wirt wacker auf und redete ihnen oft zu, sie sollten guter Dinge sein, es bleibe noch alles unberechnet, und sie äßen umsonst – bis er einen guten Kapaunenbraten auftrug; da sprach er: ‚Das kostet einen Taler.'

Währenddessen kam ein Rollwagen mit Kaufleuten, die gen Frankfurt wollten. Sobald der Wirt das hörte, lief er hinaus und empfing die Gäste. Nicht ungeschwind verbarg einer der Gäste, die da aßen, den gebratenen Kapaunen und ließen die Schüssel leer stehen. Indessen kam der Hausknecht und schenkte ein. Einer der Gäste redete ihn an und sprach: ‚Hausknecht, bring mehr zu essen!' Der Hausknecht forderte in der Küche von der Wirtin mehr Speise und brachte den Gästen ein Reismus mit gebackenen Fischen umlegt.

Nachdem die Gäste und Nachbarn gut gelebt hatten, hießen sie den Wirt die Rechnung machen, welcher sprach: ‚Liebe Gäste und Nachbarn, was ihr gegessen habt, das segne euch Gott und sei euch geschenkt, allein der gebratene Kapaun kostet einen Taler. Und damit bin ich zufrieden.' Der aber den Kapaun verborgen hatte, sprach für alle: ‚Wir nicht! Wir wollen den Kapaunen nicht so teuer kaufen.' Und er gab damit dem Wirt seinen Kapaunen wieder, der ihn nahm, aber durchaus nicht zufrieden war.

(Jörg Wickram: *Das Rollwagenbüchlein*, 1555)

Jörg Wickram, *Das Rollwagenbüchlein*, 1555, Titelblatt, Holzschnitt

In der frühen Neuzeit wird die Sage um den legendären Doktor Faust, die *Historia des Doctor Johannis Fausti* bekannt, deren Verfasser bis heute unbekannt ist. Die erste gedruckte Fassung stammt aus dem Jahr 1587, der Stoff der *Historia* aus dem 16. Jahrhundert. Humanistische Zeugnisse belegen, dass es „den" Faust wirklich gegeben hat: den Sterndeuter, Handleser und Magier Johannis Fausti, der wahrscheinlich in Knittlingen geboren wurde und in Staufen im Breisgau starb. Einerseits ist die Geschichte deutlich von Bewunderung für die Wissenschaften geprägt, andererseits warnt sie vor der menschlichen Überheblichkeit des Gelehrten. Der Stoff dient rund 200 Jahre später Johann Wolfgang von Goethe (1749–1832) als Vorlage für seine Tragödie *Faust. Eine Tragödie von Goethe* (Erstausgabe 1808).

Fauststadt Staufen im Breisgau www.stadt-staufen.de

Narrenliteratur – ein satirischer Blick auf das irdische Treiben

Typisch für das 16. Jahrhundert sind auch Narrengeschichten. Diese Bücher geben Sprichworte und Zitate aus der Bibel und aus antiken Schriften in einer volkstümlichen Sprache wieder. Zu den bekanntesten so genannten Moralsatiren – ironisch geschriebene Bücher über die Entlarvung des fehlerhaften menschlichen Verhaltens – gehört Sebastian Brants *Das Narrenschiff*. Zusammen mit Thomas Murners (1475–1537) *Narrenbeschwerung* (1512) leitet es die Narrenliteratur des 16. und 17. Jahrhunderts ein.

Sebastian Brant
(1457–1521)

Albrecht Dürer
(1471–1528)

Das Narrenschiff,
Basel 1494, Titelblatt,
Holzschnitt

Sebastian Brant (1457–1521)

Sebastian Brant wird 1457 in Straßburg geboren. An der Universität Basel studiert er Jura, wird 1489 promoviert und lehrt dort ab 1496 als Professor. 1501 zieht er nach Straßburg zurück, wo er bis zu seinem Tod im Jahr 1521 lebt. Ab 1490 veröffentlicht Brant zahlreiche Bücher, sowohl Dichtung als auch Fachliteratur, religiöse und moralische Schriften. 1503 wird er in Straßburg zum Stadtschreiber, also zum obersten Leiter der städtischen Verwaltung bestellt, später dann zum kaiserlichen Rat und Beisitzer des Reichskammergerichts in Speyer berufen.

Das Narrenschiff –
der erste Bestseller eines deutschsprachigen Autors

1494 erscheint in Basel Sebastian Brants reich bebildertes Werk *Das Narrenschiff*. Die Illustrationen werden dem jungen, später berühmten Künstler Albrecht Dürer (1471–1528) zugeschrieben. Das Buch ist ein durchschlagender und nachhaltiger Erfolg, nicht zuletzt dank seiner lebendigen Bilder, die die Verse illustrieren und kommentieren. Sebastian Brant ist einer der ersten, der zur Entstehungszeit des modernen Buchdrucks Holzschnitte zur Illustration seiner Texte hinzufügt. Und er trifft damit den Geschmack eines breiten Publikums.

Das Titelblatt des Buches zeigt die Narren zur Einschiffung „Ad Narragoniam" versammelt. Als Vorbild dafür dürften die sieben Todsünden gedient haben: Hochmut, Wollust, Völlerei, Neid, Trägheit, Geiz und Zorn.

Das Narrenschiff erscheint – so steht es am Schluss des Textes geschrieben – *„zuo Basel uff die Vasenaht"*, also in Basel an Fastnacht. Es beginnt mit einer Vorrede, in der Brant dem Leser die Gründe darlegt, die ihn bewogen haben, dieses Buch zu schreiben. Er erklärt, dass der gerade aufgekommene Buchdruck und die damit einhergehende massenhafte Verbreitung der religiösen Inhalte den Menschen nicht wie erhofft zu mehr Bildung oder Vernunft verholfen haben. Nach wie vor handeln die Menschen unüberlegt und ohne an die Konsequenzen zu denken:

All land syndt yetz voll heylger geschrifft
Vnd was der selen heyl antrifft /
Bibel / der heylgen vatter ler
Vnd ander der glich bucher mer /
Jn maß / das ich ser wunder hab
Das nyemant bessert sich dar ab /
Ja würt all gschrifft vnd ler veracht
Die gantz welt lent in vinstrer nacht
Und dot in sünden blint verharren

Brant nimmt sich die Freiheit, Menschen ohne Rücksicht auf Stand und Beruf satirisch zu charakterisieren. Es versammelt sämtliche menschliche Laster und Unzulänglichkeiten und widmet jedem ein kleines Kapitel. Beginnend mit *„unnützen Büchern"*, *„rechter Kin-*

derlehre", „wahrer Freundschaft", über „zu viel Sorge", „Borgen" und „unnütze Wünsche" endet das Werk mit „Fälscherei und Beschiß" und den „schlechten Sitten bei Tisch". Brant beschreibt aus einer meist distanzierten Sicht die Torheiten der Narren. Jedem der insgesamt 112 Kapitel ist ein lehrhafter Dreizeiler vorangestellt, welcher das im Holzschnitt Illustrierte und den Inhalt des Kapitels zusammenfasst. Am Ende eines jeden Kapitels steht ein moralischer Lehrsatz.

Die Leser sollen sich in den dargestellten Narrenfiguren wiederfinden und zum Nachdenken gebracht werden. Brant hält ihnen den Spiegel vor, denn er glaubt, dass jene, die mit dem Narrentum nichts zu tun haben wollen, letztlich die größten Narren seien. Kritisch betrachtet Brant den Büchernarren, der zwar viele Bücher besitzt, doch das Lesen, Lernen und Bilden lieber anderen überlässt. Er prahlt mit seiner Bibliothek und führt sie gerne vor. Wenn er sich aber mit Gelehrten unterhalten soll, kann er nicht mithalten, denn von den Inhalten hat er keine Ahnung.

Literarische Werke, die Belehrendes auf unterhaltsame Weise vermitteln, sind bei Lesern und Hörern des 16. Jahrhunderts sehr beliebt, allen voran kurze Geschichten mit einer deutlichen Botschaft.

Zu den wichtigsten Vertretern der Narrenliteratur gehören Pamphilius Gengenbach, Johann Fischart und Hans Sachs. Auch der berühmte niederländische Humanist Erasmus von Rotterdam ist zu nennen. Dessen populärstes Werk *Lob der Torheit* erscheint 1511 in Straßburg. Darin beschreibt er voller Ironie die Weltherrscherin Torheit, die sich mit ihren Töchtern Eigenliebe, Schmeichelei, Vergesslichkeit, Faulheit und Lust die Welt Untertan gemacht habe. Dies gilt auch für die Schriftsteller, die nach Bewunderung streben:

Erasmus von Rotterdam (1465–1536)

Von gleichem Schrot sind auch die, welche mit Bücherschreiben unsterblichem Ruhm nachjagen. All diese Schriftsteller stehen bei mir tief in der Kreide, vornehmlich die, welche blanken Unsinn aufs Papier hinklecksen. [...] Und wie nichtig ist der Lohn dafür, das bischen Lob von seiten einer verschwindend kleinen Minderheit, das er [der Schriftsteller] sehr teuer mit unzähligen über seiner Arbeit verbrachten Nächten, mit Verzicht auf Schlaf, der das allerhöchste Gut ist, mit schweißtreibenden Strapazen und unendlichen Martyrien erkauft!
(Erasmus von Rotterdam, *Lob der Torheit*, 1511)

Im 17. Jahrhundert wird die Tradition der Narrenliteratur von Abraham a Sancta Clara (1644–1709), Johann Michael Moscherosch (1601–1669) und Hans Jakob Christoph von Grimmelshausen (1622–1676) fortgeführt.

Das *Narrenschiff* wird der erste europäische „Bestseller" eines deutschsprachigen Autors und zum größten Bucherfolg vor Johann Wolfgang von Goethes *Die Leiden des jungen Werther* (1774).

Lyrik – geistliche, weltliche Lieder und der „Meistersang"

Auch in der Lyrik werden Torheiten verspottet und die Missstände der Welt beklagt. Den weitaus größeren Teil der lyrischen Dichtung bilden aber Liebes- und Bekenntnislieder. Der Meistersang, eine spezielle Form der weltlichen Lyrik, steht in der Tradition des mittelalterlichen Minnesangs. Er nimmt überwiegend religiöse Themen auf. Meistersinger sind meistens Handwerker. Ihr Gesang folgt im Gegensatz zum Minnesang strengen Regeln. Die Lieder müssen in Strophenform und in vorher festgelegten Melodien abgefasst sein. Der Meistersang wird in Singschulen innerhalb der Zünfte gelehrt – zu so genannten Zünften haben sich die städtischen Handwerker zusammengeschlossen. Die Zünfte folgen einem relativ einheitlichen und straffen „Ausbildungsplan", der die Schüler bis zum musikalisch kreativen Meister auszubilden sucht.

Die bekanntesten Meistersinger sind die Nürnberger Hans Rosenplüt (1400–1460), Hans Foltz (um 1440–1530) und Hans Sachs. Dieser verfasste fast 4.300 Meisterlieder. Richard Wagner setzte dieser Form in seiner Oper *Die Meistersinger von Nürnberg* ein bleibendes Denkmal.

Martin Luther (1483–1546)

Martin Luther, 1483 in Eisleben bei Halle geboren, studiert an der philosophischen Fakultät der Universität Erfurt die sieben freien Künste – Grammatik, Rhetorik, Mathematik/Logik, Arithmetik, Geometrie, Musik und Astronomie. Er macht sich mit den Lehren des antiken Philosophen Aristoteles vertraut und beginnt ein Jurastudium. Nach kurzer Zeit bricht er es wieder ab, um als Mönch in den Augustinerorden einzutreten. Nach seiner Priesterweihe beginnt Luther ein Theologiestudium und übernimmt Positionen der Scholastik.

Die **Scholastik** erklärt wissenschaftliche Fragen mit Hilfe theologischer Ansätze und Betrachtungen.

1512 wird ihm der Doktortitel verliehen, er lehrt an der Universität in Wittenberg. Von seinen Studenten fordert er, die klassischen Sprachen mit größter Sorgfalt zu studieren. Die Sprache ist nach Luther eine Kostbarkeit, in der sich der Geist verbirgt: *„Die sprachen sind die scheyden, daryn dies messer des geysts steckt."* So heißt es in seiner Schrift *An die Rathsherren aller Städte deutschen Landes, dass sie christliche Schulen aufrichten und hallten sollen* (1524). Seinem Verständnis nach dient die „Kanzleisprache" der Wissensvermittlung, der Wahrheitsfindung – wobei nur exakter Wortsinn zur theologischen Wahrheit führt – und zur Verbreitung des göttlichen Wortes.

Martin Luther
(1483–1546)

Luthers Hauptanliegen gilt der Erneuerung der Kirche. Am 31. Oktober 1517 kommt es zum so genannten Thesenanschlag in Wittenberg, bei dem er 95 Lehrsätze veröffentlicht, in denen er heftige Kritik an den Kirchenführern übt – unter anderem für den damals üblichen Ablasshandel. Das Freikaufen der Menschen von ihren Sünden ist für die Kirche eine lukrative Geldquelle. Nach Luthers Ansicht können sich die Gläubigen, die gesündigt haben, direkt an Gott wenden und um Vergebung bitten. Sie brauchen die Hilfe der Priester und der Kirche nicht. Die Amtskirche lehnt Luthers Thesen ab und schließt den jungen Theologen 1521 aus der Kirche aus.

Luther will die Kirche im Grunde nicht spalten, nur erneuern, dennoch weigert er sich, seine Lehren zu widerrufen. Er wird daraufhin für „vogelfrei" erklärt: Er hat keine Rechte mehr, darf kein Eigentum mehr besitzen und kann jederzeit festgesetzt oder getötet werden. Seine Anhänger bringen ihn auf die abgeschiedene Wartburg bei Eisenach. Dort übersetzt Luther das Neue Testament der Bibel ins Deutsche. Anders als bei früheren Übersetzungen ins Deutsche geht Luther auf die hebräische Quelle zurück. Er will eine Bibelfassung schreiben, die auch von einfachen Leuten gelesen werden kann und verstanden wird und achtet darauf, eine einfache und möglichst bildhafte Sprache zu verwenden. In seinem Sendbrief „von Dolmetzschen" erklärt er seine Vorgehensweise: *„Also, wenn der verrether Judas sagt, Matthei 26: Ut quid perditio hec? Und Marci 14. Ut quid perditio ista ungenti facta est? Folge ich den Eseln [so nennt Luther diejenigen, die wörtlich übersetzten] und buchstabilisten, so mus ichs also verdeutschen: Warumb ist dise verlierung der salben geschehen? Was ist aber das für deutsch? [...]"*

Diese Bibelübersetzung Luthers hat eine ganz wesentliche Bedeutung für die deutsche Sprache: Luther schafft eine deutschsprachige Bibelfassung, die auch von einfachen Bürgern verstanden wird und beschleunigt durch seine Arbeit die Vereinheitlichung der zahlreichen deutschen Dialekte, die damals im Land vorherrschen. Er passt seine Predigt der Volkssprache an. Damit wertet er die Umgangssprache erheblich auf. Das ist eines der wichtigsten Ereignisse in der deutschen Sprachgeschichte!

Dank der Errungenschaften des Buchdrucks und des Drucks von „Flugblättern" verbreiten sich Luthers Lehren rasch im ganzen Land. Das trägt maßgeblich zum Erfolg der Reformation bei.

Um 1525 kommt es in Süd- und Mitteldeutschland zu heftigen Auseinandersetzungen, den so genannten „Bauernkriegen". Die Bauern fordern die gerechtere Verteilung der Güter und berufen sich auf die Lehren Luthers. Dieser aber predigt Gewaltlosigkeit. Die Menschen sollen sich von der geistigen Willkür der Landesherren befreien, nicht von der politischen oder wirtschaftlichen. Luthers mangelnde Unterstützung enttäuscht die Aufständischen. Schließlich unterliegen sie den Landesherren, die ihre Macht nun weiter festigen.

1526 werden auf dem Reichstag zu Speyer die protestantischen Reformen endlich rechtsgültig. Die Landesfürsten können jetzt selbst entscheiden, in wie weit die Reformen in ihren Ländern umzusetzen sind. Protestantismus und Katholizismus gehen seitdem getrennte Wege.

Philipp Melanchthon (1497–1560) – Lehrer Deutschlands
Philipp Melanchthon wird 1497 in Bretten, etwa 20 Kilometer von Karlsruhe entfernt, als Philipp Schwartzerdt geboren. Nach dem Tod des Vaters zieht er zu seiner Großmutter Elisabeth Reuter, der Schwester des bedeutenden Pforzheimer Humanisten Johannes Reuchlin. In Pforzheim besucht Melanchthon die renommierte Lateinschule.

Philipp Melanchthon
(1497–1560)

Schon früh fällt seine außergewöhnlich hohe Sprachbegabung auf. Reuchlin fördert Melanchthons Interesse an Griechisch und Latein sowie an der klassischen Literatur. Beeindruckt von den Griechischkenntnissen des Jungen schenkt er ihm eine griechische Grammatik mit der Widmung: *„Diese griechische Grammatik hat zum Geschenk gemacht Johannes Reuchlin aus Pforzheim, Doktor der Rechte, dem Philipp Melanchthon aus Bretten, im Jahr 1509 an den Iden des März."* So wird aus Philipp Schwartzerdt Philipp Melanchthon. Reuchlin soll gesagt haben: *„Schwartzerdt heißt du, ein Grieche bist du, griechisch soll auch dein Name lauten und so nenne ich dich Melanchthon, das ist so viel wie schwarze Erde."*

Bereits als Zwölfjähriger besucht Melanchthon die Universität Heidelberg und erlangt im Alter von 14 Jahren seinen ersten akademischen Grad. Ab 1512 wechselt er an die Universität Tübingen, um sich dort weiter intensiv mit den Sprachen Griechisch, Latein und Hebräisch zu beschäftigen. Außerdem studiert er Geschichte, Mathematik, Astronomie und Naturwissenschaften, setzt sich mit neuen Lehrmethoden auseinander und befasst sich mit den Schriften Rudolf Agricolas zur Logik. Im Alter von 17 Jahren schließt Melanchthon sein Studium erfolgreich ab und nimmt sogleich seine Lehrtätigkeit an der Universität Tübingen auf. Parallel veröffentlicht er erste Gedichte.

Als Melanchthon 20 Jahre alt ist, erscheinen die 95 Thesen Martin Luthers in Wittenberg. Melanchthon zögert nicht lange und fährt nach Wittenberg, um Näheres über die Ansichten Luthers zu erfahren. Auf Empfehlung Reuchlins übernimmt er ein Jahr später den Lehrstuhl für griechische Sprache an der Universität Wittenberg und lehrt griechische Grammatik. Er befasst sich mit biblischen Büchern und lässt seine Studenten antike Autoren lesen. Über die Wichtigkeit antiker Literatur und deren Studium äußert sich Melanchthon in seinen Vorlesungen an der Wittenberger Universität:
„Wenn ich nämlich die literarischen Studien betrachte, die das herlichste und göttlichste sind, was es auf dieser Erde gibt, und mir andererseits vor Augen halte, mit welcher Blindheit jene Menschen geschlagen sind, die diese größten Güter verschmähen, dann ergreift mich unsäglicher Schmerz, und es wird mir bewußt, in welch tiefer Finsternis, ja rabenschwarzer Nacht ihre Herzen befangen sind. Denn wir verschleudern die humanistischen Studien und halten sie für rein gar nichts wert, obwohl sie gerade jener Teil von uns selbst sind, der allein uns den Namen ‚Mensch' verdient, der uns Gott ähnlich macht und in den Besitz der Unsterblichkeit und der Glückseligkeit bringen sollte, der weiter gebildet und gefördert werden müßte!"

Melanchthon fordert, die alten Sprachen Griechisch, Latein und Hebräisch und das Studium von Urtexten ins Zentrum der Bildung zu stellen. Nicht nur seine Studenten, auch Luther zeigt sich beeindruckt von Melanchthon und macht ihn zu seinem engsten Mitarbeiter, der auch an den Bibelübersetzungen Luthers mitwirkt. Beeinflusst durch die Zusammenarbeit mit Luther entschließt sich

Melanchthon zur Aufnahme eines Theologiestudiums, das ihn dazu befähigt, anschließend theologische Vorlesungen zu halten. Der geniale Denker macht es sich zur Lebensaufgabe, die Schul- und später Universitätsbildung zu reformieren. Er bemüht sich um die Durchsetzung der Schulpflicht, denn Bildung und Erziehung eines jeden Menschen erscheinen ihm unerlässlich für ein mündiges Leben. Melanchthons Schulbücher kommen in ganz Deutschland und sogar im Ausland zum Einsatz, womit er den Grundstein für die Entstehung des Gymnasiums legt.

1530 verfasst Melanchthon die so genannte *Confessio Augustana*, eine Bekenntnisschrift der Evangelisch-Lutherischen Kirche, die heute noch gültig ist und Grundlagen des evangelischen Glaubens beinhaltet, an denen sich die Pfarrer und Kirchenorganisationen orientieren. Nach Luthers Tod übernimmt Melanchthon die führende Rolle im Protestantismus. Seine Bemühungen konzentrieren sich auf die Einheit der Kirche, er versucht die drohende Spaltung zu verhindern. In seinen letzten Lebensjahren muss er sich mit Widerstand aus den eigenen Reihen auseinandersetzen, was ihn zunehmend erschöpft. 1560 stirbt Melanchthon in Wittenberg.

Melanchthonhaus
Europäische Melanch-
thon-Akademie Bretten
Melanchthonstraße 1–3
75015 Bretten
www.melanchthon.
com/Melanchthonhaus-
Bretten

Eine Vielzahl an Zeugnissen aus dem Leben und der Zeit Melanchthons und Luthers beherbergt das Melanchthonhaus in Bretten. Es wurde 1897 anstelle des 1689 abgebrannten Geburtshauses errichtet und vereint Museum, Forschungsstelle, eine europäische Akademie und eine umfangreiche Spezialbibliothek unter einem Dach.

Melanchthonhaus in Bretten, erbaut von dem Karlsruher Architekten Hermann Billing (1867–1946) nach Plänen des Hamburger Architekten Johannes Vollmer (1845–1920).

Ex bello pax.

En galea intrepidus quam nuper gefferat, & quæ
Sæpius hostili sparsa cruore fuit.
Parta pace apibus tenuis conceßit in usum
Alueoli, atque fauos, grataque mella gerit.
Arma procul iaceant, fas sit tunc sumere bellum,
Quando aliter pacis non potes arte frui.

Andreas Gryphius Ictus Philosoph. Et S.
Equest. Ducat Glogou Syndicus nat: 1616

Die Zeit des Barock (1600–1720)

Die Epoche des Barock erstreckt sich von 1600 bis in das Jahr 1720. In diesen 120 Jahren ereignen sich zahlreiche politische, wirtschaftliche, soziale und wissenschaftliche Umbrüche, die sowohl das Lebensgefühl der Menschen als auch die Literatur prägen.

Das Wort Barock stammt von der portugiesischen Bezeichnung *pérola baroca* ab. So wurde im Portugiesischen eine schimmernde, nicht ganz runde Perle bezeichnet. Der Begriff gelangt über das französische Wort *baroque*, das exzentrisch und bizarr meint, zu dem deutschen Wort Barock. Der Begriff wird aber erst viel später auf das 17. Jahrhundert bezogen und bezeichnet zunächst einen schwülstigen, „kitschigen" und sprachlich überladenen Stil.

Das Lebensgefühl im Barock

Prägend für das Lebensgefühl des Barock ist der Dreißigjährige Krieg. Die durch den Krieg geplagten Menschen müssen Hunger, Kälte, Tod, schlimme Krankheiten wie die Pest und die Hexenverfolgungen ertragen. Das Leben erscheint ihnen über viele Jahrzehnte hinweg leidvoll und ohne Aussicht auf Besserung. Sie sehnen sich nach Beständigkeit in dieser chaotischen Zeit des Krieges und suchen Halt im Glauben. Doch das Vertrauen in die Kirche ist durch Reformation und Gegenreformation geschwächt. Zwischen 1618 und 1648 fällt ein Drittel der Bevölkerung der deutschen Staaten dem Krieg zum Opfer.

Der Krieg hat furchtbare Verwüstungen hinterlassen. Beim Wiederaufbau ihrer Residenzen orientieren sich die deutschen Fürsten am Vorbild des französischen Hofes von Versailles unter der Herrschaft Ludwig des XIV. (1638–1715). Der „Sonnenkönig", wie er vom Volk genannt wird, tätigt den berühmten Ausspruch *L'État, c'est moi!, Der Staat bin ich!* – und so lebte er auch. In Saus und Braus und ohne jede Verantwortung lässt er prunkvolle Schlösser bauen und feiert verschwenderische Feste, während das Volk Hunger und Not leidet. Nach seinem Vorbild bildet sich in Deutschland ein höfischer Absolutismus, also ein Staat, bei dem der Herrscher die alleinige Macht hat. Ein Beleg dafür sind auch die vielen Residenzen am Oberrhein: Heidelberg, Schwetzingen, Mannheim, Ludwigshafen, Rastatt, Karlsruhe und zahlreiche weitere prächtige Schlösser.

Durch die traumatischen Kriegserfahrungen leben die Menschen in ständiger Angst. Gleichzeitig gibt ihnen der technische Fortschritt Hoffnung und damit den Wunsch, das Leben

in vollen Zügen zu genießen. Diese Lust am Leben manifestiert sich in der besonders üppigen Kleidung, in rauschenden Festen und im Drang nach immer neuen Errungenschaften, die sich in der Medizin und in den Naturwissenschaften vollziehen. Diese Widersprüchlichkeit und Zerrissenheit zwischen Todesangst und Lebenshunger ist typisch für die damalige Zeit und prägt auch die Literatur.

Zwischen *memento mori* und *carpe diem*

Vanitas ist ein zentraler Begriff des Barock und meint Nichtigkeit und Vergänglichkeit. Dieser Gedanke an die Vergänglichkeit beherrscht das Leben der Menschen. Dies drückt sich auch im *memento mori*-Gefühl – „gedenke des Todes" – aus, das damals herrschende Todesbewusstsein, mit dem sich die Menschen ständig konfrontiert sehen. Dagegen entwickelt sich das *carpe diem*-Gefühl. *Carpe diem* heißt „nutze den Tag" und steht für das bewusste Leben und Erleben, für Genuss und Fröhlichkeit.

Die Suche nach der verborgenen Bedeutung

Die Menschen im Barock vermuten hinter jedem Ding, beispielsweise einer Pflanze, einem Gegenstand oder auch einer Situation, die man im Alltag erlebt, eine Bedeutung, die auf den ersten Blick nicht sichtbar ist. Sie glauben, alle Dinge und Begebenheiten des Alltags, also alles, was wirklich ist, habe eine tiefere Bedeutung und deute auf etwas anderes, Verborgenes, hin.

Die Literatur des Barock

Im Barock entwickelt sich aus diesem Bewusstsein eine kunstvolle Dichtung in deutscher Sprache. Als Vorbild gelten den Dichtern des Barock zunächst die west- und südeuropäischen Literaten der Renaissance und des Humanismus mit ihrem hohen kulturellen Standard und der Wiederentdeckung der Antike. Die deutsche Literatur soll nach den Regeln antiker und humanistischer Dichtungslehre

verfasst werden. Ausdrücke im Dialekt werden vermieden, Fremd-
wörter eingedeutscht und eigene Regeln für das Verfassen von literarischen Texten aufgestellt.

Sprachgesellschaften

Zur Förderung der deutschen Sprache werden zahlreiche Sprachge-
sellschaften gegründet, die sowohl Adeligen als auch Bürgerlichen
Zutritt gewähren. Zu den bedeutendsten Sprachgesellschaften der
Zeit gehört die *Fruchtbringende Gesellschaft*, die 1617 von Ludwig
I., Fürst von Anhalt-Köthen (1579–1650) gegründet wird. Zu den
Mitgliedern zählt unter anderem Martin Opitz. Die Gesellschaft be-
steht zu drei Viertel aus Adeligen.

Weitere Sprachgesellschaften sind die *Deutschgesinnte Genossen-
schaft*, gegründet 1642, und der *Pegnesische Blumenorden*, gegründet 1644, der bis heute besteht und damit die einzige Sprach- und
Literaturgesellschaft barocken Ursprungs ist. Sitz der Gesellschaft ist
Nürnberg. Der Name nimmt Bezug auf den durch Nürnberg fließen-
den Fluss Pegnitz. Dank der Arbeit der Sprachgesellschaften entstehen Grammatiken, Wörterbücher und Dichtungslehren.

Als bedeutendster Förderer der Dichtkunst gilt Martin Opitz (1597–
1639), der die erste deutsche Poetik verfasst – ein einflussreiches
Lehrbuch über das Verfassen von Dichtung.

Martin Opitz
(1597–1639)

Martin Opitz (1597–1639)

Martin Opitz wird 1597 im schlesischen Bunzlau geboren. Er besucht
das Gymnasium in Breslau und Beuthen an der Oder – im heutigen
Polen – bevor er von 1619 bis 1620 Jura und Philosophie an der Universität Heidelberg studiert. 1627 wird er in den Adelsstand erhoben
und erhält den Beinamen „von Boberfeld(t)". 1636 nimmt Opitz eine
Stelle als höfischer Geschichtsschreiber in Danzig an, wo er am 20.
August 1639 an der Pest stirbt.

Martin Opitz' *Buch von der Deutschen Poeterey*

Das *Buch von Deutschen Poetery*, 1624 in Breslau erschienen, wird
schnell zum wichtigsten Handbuch und Leitfaden der deutschen
Dichtkunst. Opitz erklärt darin zum Beispiel die Charakteristika
deutscher Lyrik und den Unterschied zwischen Tragödie und Komödie und ihrer „Ständeklausel".

Lyrische Formen – Definitionen aus der Poetik Opitz'

*Die Tragedie ist an der maiestet dem Heroischen getichte gemeße
/ ohne das sie selten leidet / das man geringen standes personen
vnd schlechte sachen einführe: weil sie nur von Königlichem willen
/ Todtschlägen / verzweiffelungen / Kinder- und Vätermörden / bran-
de / blutschanden / kriege vnd auffruhr / klagen / heulen / seuffzen
vnd dergleichen handelt. Von derer zugehör schreibet vornemlich
Aristoteles [...]*
*Die Comedie bestehet in schlechtem wesen vnnd personen: redet
von hochzeiten / gastgeboten / spielen / betrug vnd schalckheit der*

Die **Ständeklausel**
besagt, dass Komödi-
en von Personen nied-
rigen Standes, also
Bauern, Tagelöhnern
und Mägden handeln,
Tragödien hingegen
von solchen hohen
Standes, also von
Adeligen, Fürsten und
Königen. Die Idee ist
nicht neu, schon der
antike griechische
Philosoph Aristoteles
lässt in seinen Tragö-
dien nur die guten
oder schönen Men-
schen auftreten. Über
die „schwachen" Figu-
ren macht man sich in
den Komödien lustig.

knechte / ruhmrätigen Landtsknechten / buhlersachen / leichtfertig-
keit der jugend / geitze des alters / kupplerey vnd solchen sachen /
die täglich vnter gemeinen Leuten vorlauffen.

Der **Jambus**
(griechisch *ïambos*;
Etymologie ungeklärt)
ist ein antiker Versfuß,
bei dem eine betonte
Silbe einer unbeton-
ten folgt (u-). Auf eine
kurze Silbe folgt eine
lange.
Wichtigste jambische
Verse der neuen deut-
schen Dichtung sind
unter anderem der
Alexandriner, der aus
der englischen Vers-
kunst übernommene
Blankvers und die
Nachbildung antiker
jambischer Verse.
Jambus:
u - u - u - u - u - u -

Der **Trochäus**
(griechisch *trochaios*
= Läufer), auch
Choreus genannt, ist
wie der Jambus ein
antiker Versfuß. Eine
unbetonte Silbe folgt
auf eine betonte (-u).
Trochäus:
 - u - u - u - u - u
u = unbetont
- = betont

Ein Jambus ist dieser:
Erhalt vns Herr bey deinem wort.
Der folgende ein Trochéus:
Mitten wir im leben sind.
*Dann in dem ersten verse die erste sylbe niedrig / die andere hoch /
die dritte niedrig / die vierde hoch / vnd so fortan / in dem anderen
verse die erste sylbe hoch / die andere niedrig / dir dritte hoch / &c.
außgesprochen werden.*

*Wann her das Sonnet bey den Frantzosen seinen namen habe / wie
es denn auch die Italiener so nennen / weiß ich anders nicht zue sagen / als dieweil Sonner klingen oder wiederschallen / vnd sonnette
eine klingel oder schelle heist / […]*

*Ein jeglich Sonnet aber hat viertzehen verse / vnd gehen der erste /
vierdte / fünffte vnd achte auff eine endung des reimens auß; der
andere / dritte / sechste vnd siebende auch auff eine. Es gilt aber
gleiche / ob die ersten vier genandten weibliche termination haben
/ vnd die andern viere männliche: oder hergegen. Die letzten sechs
verse aber mögen sich zwar schrencken wie sie wollen; doch ist am
bräuchlichsten / das der neunde vnd zehende einen reim machen /
der eilffte vnd viertzehende auch einen / vnd der zwölffte vnd drey-
zehende wieder einen. […]*

*In den Elegien hatt man erstlich nur trawrige sachen / nachmals
auch buhlergeschäffte / klagen der verliebten / wünschung des todes
/ brieffe / verlangen nach den abwesenden / erzehlung seines eigenen Lebens vnnd dergleichen geschrieben; […]*

Die Dichtung des Barock hat belehrenden Charakter. Sie soll etwas
vermitteln, soll „nützlich" sein. Man geht im Barock davon aus, Dichten sei erlernbar wie jeder andere Beruf auch. Der Autor soll sich
um eine angemessene, sachgerechte und gleichzeitig wirkungsvolle
Bearbeitung seines Themas bemühen.

Theatrum mundi – **Die Welt als Bühne**

*All the world's a stage, and all the men and women merely players
– Die ganze Welt ist eine Bühne und alle Männer und Frauen sind
bloß Spieler.*

Mit diesem Satz beginnt die Komödie *Wie es euch gefällt* von William
Shakespeare aus dem Jahr 1599. Im 17. Jahrhundert wird der Begriff
des Welttheaters, lateinisch *theatrum mundi*, verwendet, um die Eitelkeit und Nichtigkeit des Lebens auszudrücken. Nichts ist wahrhaf-
tig und wirklich, alles ist nur Schein, so der vorherrschende Gedanke. Auch die Menschen spielen nur eine Rolle, so, als würden sie die
ganze Zeit eine Maske tragen, um das, was sie wirklich ausmacht, zu

verbergen. Ganz wie im Theater: Da schlüpfen alle Schauspieler in eine oder sogar mehrere Rollen. Männer spielen Frauen, Bauern verkleiden sich als Könige und Prinzessinnen als Mägde. Als Zuschauer kann man schnell den Überblick verlieren und sich von den Verkleidungen täuschen lassen.

Tragödie und Komödie

Tragödie und Komödie sind sehr beliebte literarische Gattungen im Barock. In der Tragödie werden „handelnde Menschen" dargestellt, denen ihre tragische, völlig aussichtslose Situation bewusst wird. In der Komödie hingegen sind die Probleme lösbar. Doch die Menschen schaffen es nicht, eine Lösung für sich zu finden.

Die Komödie des deutschen Barock ist von der englischen Wanderbühne und von der italienischen *Commedia dell'arte* beeinflusst. Zu den bedeutendsten deutschen Barock-Komödien zählen Andreas Gryphius' (1616–1664) *Absurda Comica. Oder Herr Peter Squentz*, entstanden um 1648, und *Verliebtes gesprenste/Die geliebte Dornrose*, entstanden 1660. Die Geschichte um *Peter Squentz* handelt von Handwerkern, die unter der Leitung des Schulmeisters Squentz die Geschichte von Pyramus und Thisbe aufführen wollen. Pyramus und Thisbe sind ein Liebespaar, doch ihre Eltern sind verfeindet, so dass sie sich nicht sehen dürfen. Sie treffen sich trotzdem, heimlich, und müssen schließlich aufgrund ihrer unbeherrschten Liebe sterben. Damit sie wenigstens im Tod vereint sind, setzten die Eltern die Asche der beiden in einer gemeinsamen Urne bei.

Das Theater wird Thema im Theater: Auf der Bühne wird ein Stück aufgeführt in dem zugleich ein Publikum vorkommt, das von Schauspielern dargestellt wird. Das Schauspieler-Publikum im Stück reagiert auf das Stück. Das ist für das tatsächliche Publikum im Saal zwar lustig, in erster Linie aber belehrend, denn es führt ihnen vor Augen, wie man sich als Publikum von den Ereignissen auf der Bühne täuschen lassen kann.

„Theater im Theater" wird später in der Romantik bei Ludwig Tieck (1773–1853) in seinem Stück *Der gestiefelte Kater* (1797) ebenso gezeigt, wie im 20. Jahrhundert beispielsweise bei dem italienischen Schriftsteller Luigi Pirandello (1867–1936) in *Sechs Personen suchen einen Autor* (1920).

Dramatische Dichtung

Inhaltlich wesentlich anspruchsvoller als die Stücke der Wanderbühnen sind die lateinischen Dramen, die überwiegend an Jesuitenschulen geschrieben und aufgeführt werden. Sie beinhalten Anleitungen in lateinischer Sprache und Redelehre sowie Übungen in gewandtem Auftreten. Zu einem großen Erfolg wird das Stück *Cenodoxus* im Jahr 1602, das von Jacob Biedermann (1578–1639) verfasst und zur Aufführung gebracht wird. Es geht darin um Leben, Tod und Verdammung des berühmten Gelehrten Doktor Cenodoxus. Da noch wenige Zuschauer die lateinischen Texte verstehen können, erhalten

Moritz von Schwind (1804–1871), *Der gestiefelte Kater*, 1850, Holzschnitt

sie deutsche Inhaltsangaben. Ziel der Aufführung der lateinischen Stücke ist es, die Macht des Glaubens in möglichst eindrucksvollen Bildern darzustellen.

Die deutschsprachigen Trauerspiele erreichen ihren Höhepunkt um die Mitte des Jahrhunderts mit dem schlesischen Schuldrama. Diese Dramenform dient ausschließlich dem Unterricht an weltlichen Schulen: Am Ende eines jeden Aktes fasst ein Chor das Geschehen zusammen und formuliert eine Lehre daraus. Ein Meister des schlesischen Schuldramas ist Andreas Gryphius.

Andreas Gryphius (1616–1664)

Andreas Gryphius wird 1616 im schlesischen Glogau geboren. Seine Eltern sterben als er noch ein Kind ist. Schon in jungen Jahren muss er die Schrecken des Dreißigjährigen Krieges und die Zerstörung seiner Heimatstadt miterleben. Gryphius geht zum Studieren nach Danzig und ins niederländische Leiden, wo er knapp sieben Jahre bleibt. Dort lernt er wichtige Gelehrte seiner Zeit kennen und unterrichtet an der Universität. Schon in jungen Jahren gilt er als hoch gebildet und ist auf seinen Reisen durch Frankreich und Italien überall ein gern gesehener Gast. Nach dem Ende des Krieges kehrt er in seine Heimat zurück, um beim Wiederaufbau des Landes zu helfen. Andreas Gryphius stirbt 1664 in seiner Geburtsstadt Glogau.

Andreas Gryphius
(1616–1664)

Lyrik

Andreas Gryphius verfasst Dramen und Gedichte. Seine erste Gedichtsammlung erscheint 1637. Anders als damals üblich geben seine Gedichte und Dramen seine ganz persönlichen Erfahrungen wieder. Sie handeln vom Grauen des Krieges, von Zerstörung, Tod, Verwesung und die Klagen der Menschen über die Vergänglichkeit der Welt.

Es ist alles eitel

Du siehst, wohin du siehst nur Eitelkeit auf Erden.
Was dieser heute baut, reist jener morgen ein:
Wo itzund Städte stehn, wird eine Wiese sein
Auf der ein Schäferskind wird spielen mit den Herden:

Was itzund prächtig blüht, soll bald zertreten werden.
Was itzt so pocht und trotzt ist Morgen Asch und Bein
Nichts ist, das ewig sei, kein Erz, kein Marmorstein.
Itzt lacht das Glück uns an, bald donnern die Beschwerden.

Der hohen Taten Ruhm muß wie ein Traum vergehn.
Soll denn das Spiel der Zeit, der leichte Mensch bestehn?
Ach! was ist alles dies, was wir für köstlich achten,

Als schlechte Nichtigkeit, als Schatten, Staub und Wind;
Als eine Wiesenblum, die man nicht wiederfind't.
Noch will was ewig ist kein einig Mensch betrachten!

Das Wort **Amplifikation** stammt vom Lateinischen *amplificatio*, das Ausweitung bedeutet. Mit Amplifikation ist eine ziemlich umständliche, übertrieben ausgeschmückte und überschwängliche Art gemeint, Dinge auszudrücken. Die barocken Dichter wählen dieses Stilmittel, da sie damit die Suche der Menschen nach verborgenen Beziehungen der Schöpfungsordnung Gottes aufzeigen wollen. Diese Beziehungen aufzudecken und zu vermitteln ist ihnen ein wichtiges Anliegen.

Amplifikation, Allegorie und Emblem

Die Gedichte des Barock zeichnen sich durch eine Reihe von besonders auffälligen Merkmalen aus: Amplifikation, Allegorie und Emblem.

Das Emblem EX BELLO PAX beispielsweise zeigt einen Helm, in dem sich ein Bienenkorb einnistet.

Die *Inscriptio* lautet EX BELLO PAX. Die *Subscriptio* ist deutlich länger. In der Übersetzung lautet sie:
Friede aus Krieg
Welch seltsame Veränderung geschieht auf Erden: //Der Helm, viele Jahre in Schlacht und Kampf// Getragen und oft mit Blut benetzt,// hat sich jetzt in der Zeit der Ruhe und des Friedens,//in einen Bienenkorb verwandelt, in dem viel Honig gewonnen wird.//O Fürst, vermeide entschlossen alle Kriege,//solange du selbst in Ruhe gelassen wirst.

En galea intrepidus quam nuper gesserat, & quæ
Sæpius hostili sparsa cruore fuit.
Parta pace apibus tenuis conceßit in usum
Alueoli, atque fauos, grataque mella gerit.
Arma procul iaceant, fas sit tunc sumere bellum,
Quando aliter pacis non potes arte frui.

Emblem *ex bello pax* von Andrea Alciato, Livret des emblemes (1536)

Das Wort **Emblem** stammt vom griechischen *emblema* ab, das etwas Eingesetztes, ein Mosaik oder eine Intarsienarbeit bezeichnet. Ein Emblem ist eine Kunstform, bei der Bild und Text zusammen gehören. Sie besteht aus drei Teilen: Einer Überschrift, die so genannte **Inscriptio**, die gewissermaßen das Motto des Emblems darstellt, darunter einer Abbildung, die **Pictura**, die in der Regel eine Szene aus der Mythologie oder der Natur zeigt und schließlich unter der Abbildung einem Satz oder einigen Zeilen in Gedichtform, die so genannte **Subscriptio**, die den Sinn des Bildes erklären.

Dieses Emblem veranschaulicht die Mahnung an den Fürsten, Krieg zu vermeiden. Es ist die Kombination von Text und Bild, die das Emblem so populär macht: Der Betrachter und Leser konzentriert sich beim ersten Betrachten zunächst nur auf das Bild, die Pictura. Aber für sich alleine stehend ergibt das Bild keinen Sinn. Der Betrachter kann nicht verstehen, welche Lehre er daraus ziehen soll. Erst die Kombination aus Bild und Text ergibt einen Sinn und ermöglicht es, die verborgene Bedeutung hinter dem ersten rätselhaften Eindruck zu erkennen.

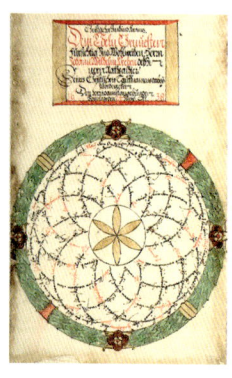

Figurengedicht, aus einem Exemplar von Luthers Kirchen Postilla des Nürnberger Patriziers und Ratsherrn Johann Wilhelm Kreß von Kressenstein (1589–1657)

Das Wort **Allegorie** kommt aus dem Griechischen. Es stammt von *allo agoreuein* ab, das „etwas anderes sagen" bedeutet. Es ist also ein „Sinnbild". Eine Allegorie soll bildlich auf einen tieferen Sinn verweisen. Das Bild eines Skelettes mit Sanduhr und Sense ist beispielsweise eine Allegorie des Todes und verweist auf die Vergänglichkeit alles Irdischen. Die Darstellung eines Amors mit Pfeil verweist auf die Liebe, die Justitia mit Waage und Richtschwert in den Händen auf Gerechtigkeit.

Lyrische Formen – Figurengedicht, Sonett, Epigramm

Gedichte, die in Form von Kreuzen, Bäumen, Pokalen oder Herzen verfasst sind, nennt man **Figurengedichte**. Die Form des Gedichtes gibt einen ersten Hinweis auf den Inhalt. Ist es beispielsweise ein Herz, so thematisiert das Gedicht die Liebe.

Das **Sonett** ist ein gereimtes Gedicht, das aus 14 Versen besteht, die in vier Strophen gegliedert sind. Es hat seinen Ursprung in der italienischen Literatur. Zwei Strophen bestehen aus je vier Zeilen, zwei aus drei Zeilen. Es ist besonders gut geeignet, um die damals herrschen Gegensätze von existenzieller Angst und Lebenshunger aufzuzeigen. Eines der schönsten Sonette der Zeit stammt von Andreas Gryphius:

Einsamkeit

In dieser Einsamkeit / der mehr denn öden Wüsten
Gestreckt auf wildes Kraut / an die bemoßte See:
Beschau ich jenes Thal und dieser Felsen Höh'
Auff welchem Eulen nur und stille Vögel nisten.

Hir / fern von dem Pallast; weit von des Pövels Lüsten
Betracht ich: wie der Mensch in Eitelkeit vergeh'
Wie auff nicht festem Grund' all unser Hoffen steh'
Wie die vor Abend schmähn die vor den Tag uns grüßten'.

Die Höl' / der raube Wald der Todtenkopff / der Stein
Den auch die Zeit aufffrist / die abgezehrten Bein
Entwerffen in dem Mutt unzehliche Gedancken.

Der Mauren alter Grauß / diß ungebau'te Land
Ist schön und fruchtbar nur / der eigentlich erkant
Daß alles / ohn ein Geist / den Gott selbst hält / muß wancken.

Das **Epigramm** ist eine im Barock ebenfalls sehr beliebte Form. Ein Epigramm besteht aus zwei Versen, die einen Gedanken kurz und bündig wiedergeben, wie im folgenden Beispiel von Daniel Czepko von Reigersfeld (1605–1660):

Schweigendes Hören,
Hörendes Schweigen
Indem ich schweig, hab ich viel mehr von mir erfahrn,
Als vor mir ausgeschwätzt viel Weis' in hundert Jahrn.

Ursprünglich waren Grabinschriften in Epigramm-Form verfasst. Doch besonders beliebt sind die satirischen, also spöttischen Epigramme.

Angelus Silesius (1624–1677)

Ein bedeutender Vertreter dieser lyrischen Form ist Angelus Silesius, der eigentlich Johann Scheffler heißt. Er gilt als bedeutendster Mystiker der Zeit. Johann Scheffler wird 1624 im polnischen Breslau geboren. Er studiert ab 1643 Medizin in Straßburg, im niederländischen Leiden und im italienischen Padua und kehrt 1649 nach Schlesien zurück. Dort ist er bis 1653 als Leibarzt im herzoglichen Dienst tätig. Nachdem er vom evangelischen zum katholischen Glauben übergetreten ist, nimmt er den Namen Angelus Silesius an.

In seinem Werk Cherubinischer Wandersmann verfasst er zahlreiche „Geistreiche Sinn- und Schlussreime", wie er sie selbst nennt. Im Folgenden zwei Reime aus dem ersten Buch:

12. Man muß sich überschwenken.
Mensch wo du deinen Geist schwingst über Ort und Zeit /
So kanstu jeden blik seyn in der Ewigkeit.

13. Der Mensch ist Ewigkeit.
Jch selbst bin Ewigkeit / wann ich die Zeit Verlasse /
Und mich in GOtt / und GOtt in mich zusammen fasse.

Im Mittelpunkt seiner Dichtung steht die Möglichkeit der Rückkehr des Menschen zu seinem göttlichen Ursprung.

Einer der bedeutendsten Kirchenlieddichter neben Martin Luther ist Paul Gerhard (1607–1676). Seine Texte stehen in der Tradition des reformatorischen Kirchenliedes. Seine Lieder, darunter *Wach auf mein Herz und singe*, *Befiehl du deine Wege* und *Nun danket all' und bringet Ehr*, gehören zum Kanon evangelischer Gesangsbücher und werden in den Kirchen bis heute gesungen.

Wach auf, mein Herz, und singe (1647)

Wach auf, mein Herz, und singe
dem Schöpfer aller Dinge,
dem Geber aller Güter,
dem frommen Menschenhüter.

Heut, als die dunklen Schatten
mich ganz umgeben hatten,
hat Satan mein begehret;
Gott aber hat's gewehret.

Du sprachst: »Mein Kind, nun liege,
trotz dem, der dich betrüge;
schlaf wohl, laß dir nicht grauen,
du sollst die Sonne schauen.

Dein Wort, das ist geschehen:
Ich kann das Licht noch sehen,
von Not bin ich befreiet,
dein Schutz hat mich erneuet.

Du willst ein Opfer haben,
hier bring ich meine Gaben:
mein Weihrauch und mein Widder
sind mein Gebet und Lieder.

Die wirst du nicht verschmähen;
du kannst ins Herze sehen;
denn du weißt, daß zur Gabe
ich ja nichts Bessers habe.

So wollst du nun vollenden
dein Werk an mir und senden,
der mich an diesem Tage
auf seinen Händen trage.

Sprich Ja zu meinen Taten,
hilf selbst das Beste raten;
den Anfang, Mitt und Ende,
ach Herr, zum besten wende.

Mich segne, mich behüte,
mein Herz sei deine Hütte,
dein Wort sei meine Speise,
bis ich gen Himmel reise.

Paul Gerhard
(1607–1676)

Friedrich Spee von
Langenfeld
(1591–1635)

Friedrich Spee von Langenfeld (1591–1635)

Ein bedeutender geistlicher Dichter ist der Jesuit Friedrich Spee von Langenfeld, 1591 in der Nähe von Düsseldorf geboren. Im Alter von 19 Jahren tritt er gegen den Willen seiner Eltern als Novize in den Jesuitenorden in Trier ein. Nach drei Jahren als Novize im Kloster studiert er erst Philosophie und danach Theologie und wird schließlich zum Priester geweiht. In den 1630er Jahren unterrichtet er kurzzeitig als Professor an den Universitäten Köln und Würzburg. Dort ist er Beichtvater für die Opfer der Hexenprozesse. In seinem anonym veröffentlichten Werk *Cautio Criminalis* deckt er die Grausamkeiten der Hexenverfolgung auf und prangert die Ungerechtigkeit der gerichtlichen Verfahren an. In Trier betreut er Gefängnisinsassen und Kranke – das sind vor allem pestkranke Soldaten. Er steckt sich mit der tödlichen Krankheit an und stirbt 1635 im Alter von 44 Jahren in Trier.

Sein lyrisches Hauptwerk, *Trutznachtigall oder geistlich-poetisch Lustwäldlein* erscheint 1649. Es gilt als größte Sammlung geistlicher Gesänge des 17. Jahrhunderts.

Eingang zu diesem Büchlein/
Trutz Nachtigal genant

Wan morgenröth sich zieret
Mit zartem rosenglantz/
Vnd sitsam sich verlieret
Der nächtlich Sternentantz:
Gleich lüstet mich spatziren
In grünen Lorberwald:
Alda dan musiciren
Die pfeifflein mannigfalt.

Die flügelreiche schaaren/
Daß Federbürschlein zart
In süssem Schlag erfahren/
Noch kunst noch athem spart:
Mit Schnäblein wolgeschliffen
Erklingens wunder fein/
Vnd frisch in Lüfften schiffen
Mit leichten rüderlein.

Der hole Waldt ertönet
Ab jhrem kraussen sang:
Mit Stauden stoltz gekrönet
Die Krussten geben klang:
Die Bächlein krumb geflochten
Auch lieblich stimmen ein/
Von Steinlein angefochten
Gar süßlich sausen drein.
[…]

Christian Hofmann von Hoffmannswaldau (1616–1679)

Christian Hofmann von Hoffmannswaldau wird 1616 in Breslau geboren und stirbt 1679 in seiner Heimatstadt. Schon auf dem Akademischen Gymnasium in Danzig lernt er Martin Opitz kennen, der ihm zum literarischen Vorbild wird und sein späteres dichterisches Schaffen beeinflusst. Von Hoffmannswaldau studiert Rechtswissenschaften und begibt sich wie viele seiner Zeitgenossen in seiner Studienzeit auf eine längere Bildungsreise. Er reist zunächst ins niederländische Amsterdam und lernt dort Andreas Gryphius kennen. Anschließend bereist er England, Frankreich, zahlreiche Städte Italiens und Wien.

Er gilt als Begründer und bedeutendster Vertreter der so genannten „Galanten Poesie", die für die damalige Zeit ziemlich freizügig ist, wie das folgende Gedicht illustriert:

Christian Hofmann
von Hoffmannswaldau
(1616–1679)

Die Wollust

Die Wollust bleibet doch der Zucker dieser Zeit /
Was kan uns mehr / denn sie / den Lebenslauf versüssen?
Sie lässet trinckbar Gold in unsre Kehle fliessen /
Und öffnet uns den Schatz beperlter Liebligkeit;
In Tuberosen kan sie Schnee und Eiß verkehren /
Und durch das gantze Jahr / die Frühlings Zeit gewehren.

Es schaut uns die Natur als rechte Kinder an /
Sie schenckt uns ungespart den Reichthum ihrer Brüste /
Sie öffnet einen Saal voll zimmetreicher Lüste /
Wo aus des Menschen Wunsch Erfüllung quellen kan.
Sie legt als Mutter uns / die Wollust in die Armen /
Und läst durch Lieb und Wein den kalten Geist erwarmen.

Nur das Gesetze wil allzu Tyrannisch seyn /
Es zeiget iederzeit ein widriges Gesichte /
Es macht des Menschen Lust und Freyheit gantz zunichte /
Und flöst vor süssen Most uns Wermuthtropffen ein;
Es untersteht sich uns die Augen zuverbinden /
Und alle Liebligkeit aus unser Hand zuwinden.

Die Ros' entblösset nicht vergebens ihre Pracht /
Jeßmin wil nicht umsonst uns in die Augen lachen /
Sie wollen unser Lust sich dienst- und zinsbar machen /
Der ist sein eigen Feind / der sich zu Plagen tracht;
Wer vor die Schwanenbrust ihm Dornen wil erwehlen /
Dem muß es an Verstand und reinen Sinnen fehlen.

Was nutzet endlich uns doch Jugend / Krafft und Muth /
Wenn man den Kern der Welt nicht reichlich wil genüssen /
Und dessen Zuckerstrom läst unbeschifft verschüssen /
Die Wollust bleibet doch der Menschen höchstes Guth /
Wer hier zu Seegel geht / dem wehet das Gelücke /
Und ist verschwenderisch mit seinem Liebesblicke.

Wer Epicuren nicht vor seinen Lehrer hält /
Der hat den Weltgeschmack / und allen Witz verlohren /
Es hat ihr die Natur als Stiefsohn ihn erkohren /
Er mus ein Unmensch seyn / und Scheusaal dieser Welt;
Der meisten Lehrer Wahn erregte Zwang und Schmertzen /
Was Epicur gelehrt / das kitzelt noch die Hertzen.

Der Begriff **Manierismus** wird von der Literaturgeschichte aus der Kunstgeschichte übernommen. Eingeführt wird er vom italienischen Architekten, Maler und Biografen Giorgio Vasari (1511–1574). Manierismus bezeichnet sowohl eine Epoche, angesiedelt zwischen Renaissance und Barock, als auch einen Stil. Die sprachliche Harmonie und Eleganz des Humanismus und der Renaissance weicht dabei der Überbetonung, „schwülstigen" Verzerrung und Intensivierung des Ausgedrückten.

Kurz vor Ende des Dreißigjährigen Krieges wird von Hoffmannswaldau zum Bürgermeister der Stadt, später zum Landeshauptmann des Fürstentums Breslau gewählt.

Neben Daniel Caspar von Lohenstein (1635–1683) gilt von Hoffmannswaldau als Hauptvertreter des deutschen Manierismus.

Der Barockroman

Der Barockroman entwickelt sich in Deutschland nach ausländischen Vorbildern. Spanische und französische Romane werden übersetzt, bearbeitet und auch nachgeahmt. Schließlich bilden sich zwei Formen heraus: Der Picaro- oder Schelmenroman und der höfisch-historische Roman.

Der Schelmenroman

Der Schelmenroman ist ein Abenteuerbuch. Er erzählt eine Geschichte aus dem Blickwinkel des Helden, der in der Regel aus den unteren Gesellschaftsschichten stammt, ungebildet, aber ein pfiffiger Typ ist. Meistens geht es in den Geschichten darum, wie sich der Schelm durch das Leben schlägt und eine Reihe von Abenteuern besteht. In seinen Abenteuern bewegt er sich in allen gesellschaftlichen Schichten und schafft es immer wieder, sich aus brenzligen Situationen zu befreien. Die Geschehnisse im Roman werden in der Ich-Form erzählt – damit beginnt der Mensch sich in der Literatur neu zu begreifen.

Als Prototyp des Schelmenromans gilt der anonym verfasste spanische Roman *Lazarillo de Tormes* (1554). Doch erst der rund 50 Jahre später erschienene Roman *Guzman de Alfarache* (1599/1604) des Spaniers Mateo Alemán (1547–1613) leitet die Entstehung weiterer Texte dieses Genres ein. In Deutschland haben Schwankromane wie *Till Eulenspiegel* den Boden für den Schelmenroman bereitet.

Der Schelmenroman ist nicht idealisierend, so wie viele der barocken Helden- und Abenteuergeschichten. Er redet die Welt nicht schön, im Gegenteil, er zeigt auch die „brutalen" Seiten des Lebens. Der Schelmenroman ist realistisch, teilweise sogar autobiografisch.

Titelkupfer der Simplicissimus-Erstausgabe, 1668

Hans Jacob Christoph von Grimmelshausen (um 1622–1676)

Der erste und gleichzeitig berühmteste deutsche Schelmenroman stammt von Hans Jacob Christoph von Grimmelshausen. *Der abenteuerliche Simplicissimus Teutsch* erscheint 1669. Lange bleibt der Autor unbekannt, erst in der Romantik wird das Pseudonym enträtselt.

Hans Jacob Christoph von Grimmelshausen wird 1621 oder 1622 im hessischen Gelnhausen geboren. Seine Kindheit und erste Schulzeit verbringt er vermutlich ebenfalls in der hessischen Stadt. Als Zwölfjähriger erfährt er die Grausamkeit des Krieges und flieht in die nahe gelegene Festung Hanau. Während des Dreißigjährigen Krieges zieht Grimmelshausen ab 1634 als Trossjunge, also als Knecht und Heereshelfer, später als Soldat mit der kaiserlichen Armee durch das Land.

Erst ab 1639, als Grimmelshausen Regimentsschreiber im Dienst des kaiserlichen Oberst Hans Reinhard von Schauenburg wird, sind schriftliche Zeugnisse erhalten, die etwas über sein Leben verraten. Nach Kriegsende arbeitet er als Verwalter im Dienst der Familie Schauenburg in Gaisbach bei Oberkirch in der Nähe von Offenburg, wo er als Gastwirt tätig ist. Das Gasthaus „Zum silbernen Stern" existiert noch heute. 1667 wird er Schultheiß – Bürgermeister – von Renchen, nur wenige Kilometer entfernt von Oberkirch, wo er 1676 stirbt.

Als einer der ersten beschreibt Grimmelshausen im *Simplicissimus* die Schönheit der Landschaft, hier am Beispiel des Mummelsees:

Die Begierde den Mummelsee zu beschauen vermehrte sich bei mir, *als ich von meinem Petter verstund, daß er auch dabei gewesen und* *den Weg dazu wüßte; da er aber hörete, daß ich überein auch dazu* *wollte, sagte er: „Und was werdet Ihr dann davontragen, wenn Ihr* *gleich hinkommt? der Herr Sohn und Petter wird nichts anders se-* *hen als ein Ebenbild eines Weihers, der mitten in einem großen Wald* *liegt, und wenn Er seine jetzige Lust mit beschwerlicher Unlust ge-* *büßt, so wird Er nichts anders als Reu, müde Füß (denn man kann* *schwerlich hin reiten) und den Hergang für den Hingang davon ha-* *ben; [...] Hingegen kehrte sich mein Vorwitz nicht an seine Abmah-* *nung, sondern ich bestellte einen Kerl, der mich hinführen sollte;*

Hans Jakob Christoph von Grimmelshausen (um 1622–1676)

[…] Also wanderten wir miteinander über Berg und Tal und kamen zu dem Mummelsee, ehe wir sechs Stund gegangen hatten, denn mein Petter war noch so käfermäßig und so wohl zu Fuß als ein Junger; wir verzehrten daselbst was wir von Speis und Trank mit uns genommen, denn der weite Weg und die Höhe des Bergs, auf welchem der See liegt, hätte uns hungrig und hellig gemacht; nachdem wir uns aber erquickt, beschaute ich den See und fand gleich etliche gezimmerte Hölzer darin liegen, die ich und mein Knan für rudera des württembergischen Floßes hielten; ich nahm oder maß die Länge und Breite des Wassers vermittelst der Geometriae, weil gar beschwerlich war, um den See zu gehen und denselben mit Schritten oder Schuhen zu messen, und brachte seine Beschaffenheit vermittelst des verjüngten Maßstabs in mein Schreibtäfelein, […]

Der abenteuerliche Simplicissimus Teutsch

Weil er anfangs arm und ungebildet ist heißt der Held in Grimmelshausens Schelmenroman Simplicissimus – was soviel bedeutet wie Einfaltspinsel. Simplicissimus ist ein junger Mann aus den untersten Gesellschaftsschichten, der viele abenteuerliche Episoden aus seinem Leben erzählt. Er berichtet von Gauklern, Dirnen, Dieben und den Mühen des Überlebens im Krieg. Listig, anfänglich naiv, übersteht er zahlreiche Gefahren, kommt in der Welt herum, sieht und lernt viel, um am Ende, zurückgezogen von den Menschen, als „Einsiedel" ein einfaches und gottgefälliges Leben zu führen.

Ergänzend zum Ich-Erzähler im Roman gibt es auch einen Er-Erzähler. Dieser steht für den allwissenden Autor, der alle Fäden der Handlung zusammenhält. Manchmal verwirrt er den Leser absichtlich mit verschlungenen Pfaden, auf die er die Handlung der Geschichte führt. Am Ende entwirrt er das Chaos und lässt die vielen Neben-handlungen zu einem Strang zusammenfließen. Er demonstriert da-mit die Ordnung, die dem Ganzen von Anfang an zugrunde liegt. Auch hier zeigt sich wieder die barocktypische Denkweise: Nichts ist wie es scheint. Die Handlung ist nicht zusammenhanglos und ver-wirrend, sondern vom Er-Erzähler so geplant. Zum Schluss wird er-sichtlich, dass alles seinen Sinn hatte und zu einem guten Ende führt.

Zitate, Hinweise und Anspielungen in seinem Texten belegen, wie gut Grimmelshausen auch ohne akademische Bildung die Welt der Literatur kennt, auch die der Region. Er verweist beispielsweise auf das Werk des bedeutenden oberrheinischen Dichters Johann Michael Moscherosch, der 1601 in Willstätt bei Offenburg geboren wird und 1669 in Worms stirbt. Dessen Roman *Wunderliche und Wahrhaftige Geschichte Philanders von Sittewald*, ab 1640 in Straßburg erschie-nen, dient Grimmelshausen als Anregung für seinen Simplicissimus-Roman. Moscheroschs Roman handelt von der Figur des *Philander von Sittewalt*, die eine Reihe von Abenteuern durchläuft und da-bei verschiedene Standes- und Lastertypen vorführt. Damit kritisiert Moscherosch die absolutistische Hofkultur und deren bürgerliche Nachahmung.

Mit seinem Simplicissimus begründet Grimmelshausen die Tradition des Schelmenromans, die über Christian Reuters (1665–1712) *Schel-muffskys curiose und sehr gefährliche Reisebeschreibung zu Wasser und zu Land* (1696), Thomas Manns (1875–1955) *Bekenntnisse des Hochstaplers Felix Krull* (1954) und *Die Blechtrommel* von Günter Grass (geb. 1927) bis in die heutige Zeit führt.

Der höfisch-historische Roman

Vorbild für den höfisch-historischen Roman ist der in ganz Europa beliebte und vor allem im 16. und 17. Jahrhundert vielgelesene Rit-ter- und Zauberroman *Amadis von Gallien* des Spaniers Garcia de Montalvo. Der Roman handelt von der berühmten Artussage, die schon in den mittelalterlichen höfischen Romanen häufig themati-siert wird und schildert die heldenhaften Taten und Tugenden des Ritters Amadis. Durch den Roman *Amadis von Gallien* kommt es zu einer Wiederentdeckung der Ritterliteratur.

Im Mittelpunkt der höfisch-historischen Romane stehen ein ideali-sierter Hofadel, Könige, Feldherren und Helden. Die Handlung die-ser Romane ist komplex, hat zahlreiche Erzählstränge und einen all-wissenden Erzähler.

Einer der bekanntesten deutschen höfisch-historischen Romane ist Daniel Casper von Lohensteins (1632–1683) *Großmüthiger Feldherr Arminius oder Herrmann nebst seiner Durchlauchtigen Thusnelda in einer Staats-, Liebes- und Heldengeschichte* (1689/90). Der Roman ist über 3.000 Seiten lang und behandelt die Geschichte des Deut-schen Reiches bis ins 17. Jahrhundert.

Simplicissimus-Haus in Renchen

Simplicissimus-Haus Renchen Hauptstraße 59 77871 Renchen www.stadt-renchen.de

Heimat- und Grim-melshausenmuseum Oberkirch Hauptstraße 32 77704 Oberkirch www.oberkirch.de

Das Zeitalter der Aufklärung (1720 – 1800)

„Aufklärung ist der Ausgang des Menschen aus seiner selbstverschuldeten Unmündigkeit."
(Immanuel Kant)

Die Bezeichnung „Zeitalter der Aufklärung" meint nicht nur eine Epoche der europäischen Geschichte, sondern vielmehr die gesamte geistige Grundhaltung der Zeit. Man spricht von der „aufgeklärten" oder „erleuchteten Zeit" als Gegensatz zur Dunkelheit des Mittelalters und vom „Zeitalter der Vernunft" beziehungsweise der „Kritik". Im Französischen wird die Epoche als „Siècle des Lumières" bezeichnet, im Englischen als „Age of Enlightenment".

Die ersten aufklärerischen Ideen kommen aus Frankreich und England. Es sind die französischen Philosophen René Descartes (1596–1650) und später Montesquieu (1689–1755) und die Engländer Thomas Hobbes (1588–1679) und John Locke (1632–1704), die das philosophische und wissenschaftliche Gedankengut des Humanismus und der Renaissance weiterentwickeln und ein neuzeitliches Weltbild einläuten.

Ein wichtiger Denker der französischen Aufklärung ist Denis Diderot (1713–1784). Federführend bearbeitet er das groß angelegte Projekt einer Enzyklopädie (griechisch *enkýklios paideia* – Kreis der Bildung) unter dem Titel *Encyclopédie, ou dictionnaire raisonné des sciences, des arts et des métiers* (*Enzyklopädie oder auf Vernunftserkenntnis gegründetes Lexikon der Wissenschaften, der Kunst und des Handwerks*), die das gesamte Wissen der Zeit bündeln und einer breiten Öffentlichkeit zugänglich machen soll. Nach und nach gewinnt er zahlreiche namhafte Wissenschaftler wie den Mathematiker und Naturwissenschaftler Jean-Baptiste le Rond, genannt d'Alembert (1717–1783), Montesquieu und den einflussreichsten und bedeutendsten Schriftsteller der europäischen Aufklärung, Voltaire (1694–1778), für sein Projekt. Die Enzyklopädie umfasst schließlich 17 großformatige Textbände und 11 Bände mit Kupferstichen, die zwischen 1751 und 1772 erscheinen.

In Deutschland sind die Philosophen Gottfried Wilhelm Leibniz (1646–1716) und Immanuel Kant (1724–1804) maßgeblich an der Verbreitung eines „aufgeklärten Weltbildes" beteiligt, bei dem der Mensch fähig ist, selbstständig zu denken und zu handeln und sein Handeln kritisch zu beurteilen.

Die Aufklärungsbewegung beeinflusst sowohl das persönliche als auch das politisch-gesellschaftliche Leben, verändert die Gesellschaftsordnung, löst die alten Vorstellungen von Religion ab und gründet ein neues, naturwissenschaftlich geprägtes Weltbild. Die Vernunft wird zur obersten Instanz erhoben.

Gottfried Wilhelm
Leibniz (1646–1716)

„Was ist Aufklärung?"

Leibniz formuliert den Leitsatz der Aufklärung: *„Jeder Mensch besitzt Fähigkeiten zur vernünftigen Lebensführung"* und prägt damit wesentlich das Weltbild der Zeit. Zu Anfang des 18. Jahrhunderts beginnt das gebildete und reiche Bürgertum in Frankreich die gesellschaftlichen Zustände zu kritisieren.

Ausgehend von der Vorstellung, menschliches Handeln sei von der Vernunft geleitet, die das Denken, Handeln und Urteilen bestimmt, setzen die Aufklärer sich kritisch mit dem Zusammenleben der Menschen in der Gesellschaft auseinander und wollen nach und nach alle gesellschaftlichen Probleme „vernünftig" lösen. Sie fordern die Abschaffung der Ständegesellschaft und der religiösen Engstirnigkeit. Die Menschen sollen sich nicht länger vor Gottes Strafen wie Hölle oder Fegefeuer fürchten, stattdessen sollen sie über ihre politische, soziale und geistige Unterdrückung aufgeklärt werden und eine auf das Diesseits ausgerichtete Weltsicht annehmen.

Die Vernunft als wichtigster Grundsatz menschlichen Handelns

Vor diesem Hintergrund wird die Vernunft zum wichtigsten Grundsatz menschlichen Handelns erhoben. Die Aufklärer gehen davon aus, dass alle Menschen von Natur aus mit Vernunft ausgestattet, doch nicht gleichermaßen in der Lage sind, von ihr Gebrauch zu machen. Sie müssen im Gebrauch der Vernunft geschult und erzogen werden, um sie sinnvoll und nutzbringend einsetzten zu können.

Rationalismus und Empirismus

Die von der Vernunft bestimmte Denkweise und Wissenschaft bezeichnet man als Rationalismus. Als Begründer des modernen Rationalismus gilt der französische Philosoph und Naturwissenschaftler René Descartes.

Gewinnt man seine Erkenntnisse durch praktische Erfahrungen, so spricht man von Empirismus, wie es der englische Philosoph Francis Bacon (1561–1626) ausformuliert hat. Als gegeben wird nur das angenommen, was man in der Natur beobachten kann. Aus der Erfahrung, die man durch das Erleben und Beobachten gewonnen hat, werden logische Schlüsse auf das gezogen, was nicht wahrnehmbar ist.

Das Verhältnis von Vernunft und Offenbarung

Eine zentrale Frage der Aufklärung zielt auf das Verhältnis zwischen Vernunft und der offenbarten Wahrheit der Religion. Wie lässt sich eine zweckmäßige und nach den Naturgesetzmäßigkeiten funktionierende Welt mit der Gottesvorstellung vereinen? Die Kirche gibt darauf eine ganz klare Antwort: Die Vernunft ist der Offenbarung, also der Enthüllung des göttlichen Willens beziehungsweise der göttlichen Wahrheit, unterzuordnen.

Deismus, Pantheismus und Pietismus

Die Aufklärer lehren den so genannten Deismus, der sich vom lateinischen Wort *deus* für Gott ableitet, und den Pantheismus. *Pan* kommt aus dem Griechischen und bedeutet „alles", *theos*, ebenfalls ein griechisches Wort, steht für Gott. Der Deismus lehrt nicht den Gauben an einen allwissenden Gott und die Sündenvergebung, sondern den an einen unerkennbaren Weltschöpfer, den die Deisten mit dem Ursprung des Universums in Verbindung bringen. Deswegen fordern sie einen toleranten Umgang aller Religionen miteinander. Entsprechend heftig fällt die Kritik an den Lehrsätzen und Glaubensüberlieferungen der Amtskirchen aus. Der Pantheismus setzt Gott mit der Natur gleich. Gott existiert überall und in allem als eine geistige Kraft. Einer der konsequentesten Vertreter dieser Auffassung ist der niederländische Philosoph Baruch de Spinoza (1632–1677).

Eine innerhalb der protestantischen Kirche weit verbreitete Glaubensrichtung, die schon Ende des 17. Jahrhunderts einsetzt, ist der Pietismus (lat. *pietas*: Frömmigkeit). Der Pietismus beruft sich auf die persönliche Erfahrung des Glaubens. Ganz im Sinne der Aufklärung gehen die Pietisten davon aus, das Handeln der Menschen sei selbst bestimmt. Doch sie sind nicht von der Vernunft geleitet, sondern vom Gefühl, vom Herzen, das sie direkt mit Gott verbindet. Das praktische Christentum soll sich in tätiger Nächstenliebe und einem intensiven Bibelstudium äußern.

Grundsätze des menschlichen Zusammenlebens

Die Aufklärer streben eine auf Gleichheit der Menschen ausgerichtete Gesellschaftsordnung an. *„Aufklärung ist der Ausgang des Menschen aus seiner selbst verschuldeten Unmündigkeit. Unmündigkeit ist das Unvermögen, sich seines Verstandes ohne Leistung eines anderen zu bedienen. […] Habe Mut, dich deines eigenen Verstandes zu bedienen.",* so fordert 1784 der Philosoph Immanuel Kant in seinem berühmten Aufsatz „Was ist Aufklärung?". Der Mensch soll selbst denken und nicht vorgefertigtes Wissen aufnehmen, er soll Verantwortung für sein Handeln übernehmen und sich der Konsequenzen bewusst sein.

Als höchstes sittliches Ideal gilt es, sich der Gemeinschaft aller Menschen verpflichtet zu fühlen. Man soll uneigennützig handeln und dadurch das Glück und die Harmonie des friedlichen gesellschaftlichen Miteinanders befördern.

Immanuel Kant
(1724–1804)

Forderungen der Aufklärer
* Einhaltung der auf Naturrechte beruhenden Menschenrechte
* Berücksichtigung der Interessen aller Schichten
* religiöse Toleranz
* eine kritische Öffentlichkeit
* Erklärbarkeit der Phänomene, also der Erscheinungen in der Natur mit Hilfe der Wissenschaften und vor allem der Naturwissenschaften

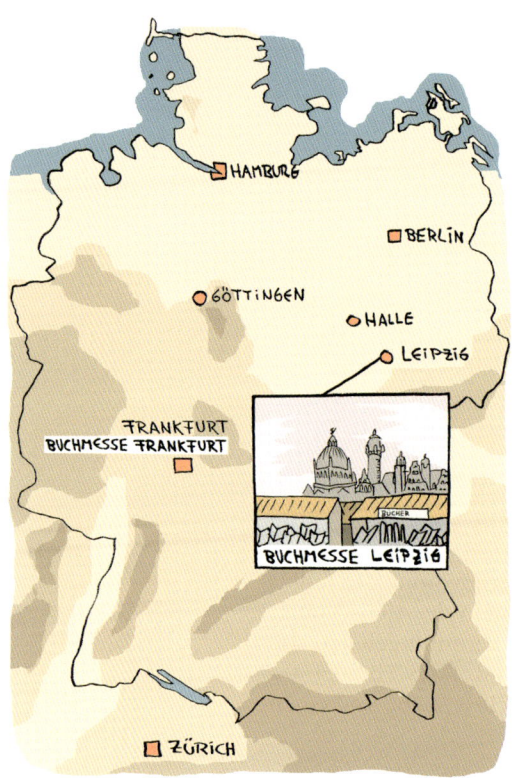

Zentren der Aufklärung und des literarischen Lebens

Geistiger Träger der Aufklärung ist in Deutschland das gebildete Bürgertum, das sich in den großen deutschen Städten, besonders in den Universitätsstädten, entwickelt. Berlin, Hamburg, Leipzig, Halle, Göttingen, das schweizerische Zürich und das österreichische Wien bilden die wichtigsten Zentren der Aufklärung.

Alphabetisierung und Entwicklung des Buchmarktes im 18. Jahrhundert

Das aufstrebende Bürgertum erkennt sehr schnell, dass der Weg zum wirtschaftlichen und damit zum sozialen Aufstieg nur über die Bildung führt. Es werden folglich auch in ländlichen Gebieten immer mehr Schulen gegründet, wenngleich die Schulpflicht noch nicht durchgesetzt werden kann.

Um 1750 können rund 10 Prozent der deutschsprachigen Erwachsenen in Mitteleuropa lesen, 1770 sind es schon 15 Prozent, 1800 immerhin ein Viertel. In Deutschland steigt der Anteil der lesenden Bevölkerung im 18. Jahrhundert von 20 auf 50 Prozent. Die Unterschiede in der Bildung der Stadt- und Landbevölkerung sind im 18. und bis hinein ins 19. Jahrhundert allerdings sehr hoch.

Der literarische Markt entwickelt sich im 18. Jahrhundert rasant. Schriftsteller wirken nicht mehr an den und im Auftrag der Fürstenhöfe, sondern verfassen Auftragsarbeiten und werden von Verlegern bezahlt. Erstmals versuchen Schriftsteller allein von ihrem Lohn für das Schreiben zu leben. Es entsteht der Typus des freien Schriftstellers.

Um 1740 erscheinen jährlich ca. 750 neue literarische Bücher. Die Zahl der Neuerscheinungen verzehnfacht sich Ende des 18. Jahrhunderts auf ca. 7.500. Reiselektüre, populärphilosophische, naturkundliche, pädagogische und politische Schriften, besonders aber Romane gehören zur Lieblingslektüre der „neuen Leserschaft". Sie lösen die theologischen Schriften als Spitzenreiter ab.

Bücher sind immer noch recht teuer, deshalb schließen sich Leseinteressierte zu so genannten „Lesegesellschaften" zusammen, in denen Bücher gemeinsam angeschafft, gelesen und diskutiert werden. Die ersten Lesegesellschaften entstehen zu Beginn des 18. Jahrhunderts. Obwohl die Mitgliedschaft in einer Lesegesellschaft in der Regel unabhängig ist vom Einkommen und der gesellschaftlichen Stellung, ist es die bürgerliche Oberschicht – Juristen, Ärzte, Geistliche, Professoren und Offiziere –, die die Gründung der Lesegesellschaften initiiert. Neben den privat gegründeten Gesellschaften etablieren sich auch von Buchhändlern kommerziell geführte „Lesezirkel", die gegen entsprechende Mitgliedsbeiträge Literatur in Umlauf bringen.

Die meisten Lesegesellschaften verfügen über eigene Räumlichkeiten und besitzen die von Mitgliedern ausgewählten politischen Schriften, Zeitschriften, Unterhaltungslektüre und Reallexika. Die Lesegesellschaften bilden in den meisten Städten die ersten Institutionen, in denen sich das Bürgertum treffen und austauschen kann. Eine ganz neue Öffentlichkeit bildet sich so heraus. Anders als in den Städten ist die Verteilung der Lektüre auf dem Land viel schwieriger, da eine entsprechende Infrastruktur fehlt.

1792 wird in Karlsruhe die *Gesellschaft zum Haarenen Ring* gegründet, der erstmals auch Frauen angehören. Alle Mitglieder der Gesellschaft tragen bei den Treffen einen Ring, der aus ihren eignen Haaren gefertigt wurde, daher der ungewöhnliche Name.

Die Literatur der Aufklärung im 18. Jahrhundert
Als Aufklärung bezeichnet man literaturhistorisch die Zeit zwischen 1720 und 1800. Sie umfasst damit auch die Literatur der „Empfindsamkeit" und des „Sturm und Drang".

Moralische Wochenschriften
Die Verbreitung der aufklärerischen Ideen und Schriften erfolgt über die so genannten „Moralischen Wochenschriften" – ein Zeitschriftentyp, der sich in Deutschland nach englischen und französischen Vorbildern in der ersten Hälfte des 18. Jahrhunderts herausbildet. Der Literaturtheoretiker und Schriftsteller Johann Christoph Gottsched (1700–1766) lässt ab 1720 englische und französische Wochenschriften ins Deutsche übersetzen und verbreiten. Daraus entwickeln

Johann Christoph
Gottsched
(1700–1766)

sich die deutschen moralischen Wochenschriften, die als wichtigstes Medium die aufklärerischen Gedanken und Ideen in weite Bevölkerungsschichten tragen und erstmals auch die Frauen als wesentliche Zielgruppe berücksichtigen. Damit tragen die Wochenschriften maßgeblich zur Bildung einer weiblichen Leserschaft in Deutschland bei. In der ersten Hälfte des 18. Jahrhunderts erscheinen die ersten Zeitschriften, die sich ausschließlich an Frauen wenden, darunter die von Gottsched herausgegebene Zeitschrift *Die vernünftigen Tadlerinnen* (1725/26).

Zu den bedeutendsten moralischen Wochenschriften des beginnenden 18. Jahrhunderts gehört *Der Patriot*, der von 1724 bis 1726 in Hamburg erscheint.

Johann Christoph Gottsched (1700–1766)

Johann Christoph Gottsched hat für die Literatur der Aufklärung eine ähnliche Bedeutung, wie Martin Opitz für die des Barock. Gottsched wird 1700 in Ostpreußen geboren, studiert Philosophie, Mathematik, Physik, klassische Philologie und Rhetorik in Königsberg bei dem bedeutenden Philosophen der Aufklärung Christian Wolff (1679–1754). 1725 beginnt Gottsched mit der Lehrtätigkeit an der Universität Leipzig und unterrichtet Philosophie. Ab 1730 kommen Poesie und Metaphysik hinzu. Parallel verfasst er zahlreiche Schriften, die sich mit theoretischen Fragen der Literatur befassen. 1731 wird sein einziges literarisches Werk, *Der sterbende Cato,* uraufgeführt.

Gottsched leistet einen entscheidenden Beitrag zur Entwicklung des deutschsprachigen Theaters. In Leipzig lernt er 1724 die Frau des Theaterleiters Johann Neuber, die Schauspielerin Friederike Caroline Neuber (1697–1760) – genannt die Neuberin – kennen, mit der er ab 1727 zusammenarbeitet. Gemeinsam setzen sie sich für die Anerkennung des Schauspielerberufes und die Errichtung eines Theaters in eigens dafür gebauten Gebäuden mit einem schriftlich fixierten Spielplan ein. Bis dahin dominieren Wanderbühnen, die auf ihren Tourneen ein improvisiertes und unterhaltendes Programm darbieten und keinerlei literarischen Anspruch erfüllen.

Gottscheds kritische Schriften

Gottscheds Hauptwerk *Versuch einer critischen Dichtkunst* erscheint 1729. Seine „critische Dichtkunst" – mit „critisch" meint er „vernünftig" – orientiert sich am französischen Klassizismus und stellt die Vernunft in den Mittelpunkt. Er betrachtet Dichtung als reine Verstandesdichtung: schnörkellos, übersichtlich und festen Regeln folgend. Diese Regeln orientieren sich an der Vernunft und schließen alles Unwahrscheinliche und Fantastische aus. Dichtung muss nachvollziehbar, realistisch und „wahrscheinlich" sein, Ort und Zeit müssen eine Einheit bilden und Nebenhandlungen klar abgegrenzt sein. Ein Stück muss in fünf Akte unterteilt sein, die Ständeklausel gewahrt werden und das Geschehen anständig und sittlich sein. Literatur muss „nutzen und erfreuen". All diese Regeln dienen dazu, die Menschen vernünftiges, sittsames Handeln zu lehren.

Einer der wichtigsten Lehrsätze Gottscheds lautet:

Der Poet wählet sich einen moralischen Lehrsatz, den er seinen Zuschauern auf eine sinnliche Art einprägen will. Dazu ersinnt er sich eine allgemeine Fabel, woraus die Wahrheit eines Satzes erhellet. Hiernächst suchet er in der Historie solche berühmte Leute, denen etwas Ähnliches begegnet ist: und von diesen entlehnet er die Namen, für die Personen seiner Fabel; um derselben also ein Ansehen zu geben. Er erdenket sodann alle Umstände dazu, um die Hauptfabel recht wahrscheinlich zu machen: und das werden die Zwischenfabeln, oder Episodia nach neuer Art, genannt. Dieses theilt er dann in fünf Stücke ein, die ohngefähr gleich groß sind, und ordnet sie so, daß natürlicher Weise das letztere aus dem vorhergehenden fließt; bekümmert sich aber weiter nicht, ob alles in der Historie wirklich so vorgegangen, oder ob alle Nebenpersonen wirklich so, und nicht anders geheißen haben.
(*Critische Dichtkunst*: 2. Teil, 1. Abschnitt, 10. Hauptstück.)

Ein weiteres wichtiges Werk Gottscheds ist *Die Deutsche Schaubühne nach den Regeln und Exempeln der Alten*. In dieser Sammlung hat er eine Anzahl an „Musterdramen" zusammengetragen, darunter Übersetzungen antiker Dramen und Neudichtungen.

Funktion der Literatur – *delectare et prodesse*

Dichtung ist Nachahmung der Realität und folgt festgesetzten Regeln. Im Mittelpunkt steht der Mensch, der sich durch zweckbewusstes, vernünftiges Handeln weiterbildet und in der Lage ist, seine Gefühle und Leidenschaften zu beherrschen. Dichtung soll darüber hinaus jedoch auch unterhaltsam sein. Sie soll nutzen (*prodesse*) und erfreuen (*delectare*).

Diese vielfältigen Funktionen, welche Literatur im 18. Jahrhundert zu erfüllen hat, zeigen sich in einer Fülle an literarischen Formen. Zu den wichtigsten gehören das Bürgerliche Trauerspiel, der Roman, die Fabel, die Parabel und die Volkspoesie.

Einheit von Ort, Zeit und Handlung: Ein Stück darf nur an einem Ort spielen, es darf nur eine Handlung ohne Nebenhandlungen erzählt werden und diese muss sich innerhalb vom 12 Stunden abspielen.

Nationaltheater Mannheim seit 1777

Das älteste kommunale Theater der Welt steht in Mannheim. Das deutsche **Nationaltheater in Mannheim** wurde 1777 auf Anregung des Kurfürsten Karl Theodor (1724 – 1799) als stehende Bühne mit festem Ensemble und festem Spielplan gegründet. Ab 1839 wurde es als erstes Theater überhaupt vollständig von der Stadt verwaltet – und das bis in unsere Zeit. Ab 1778 leitete Wolfgang Heribert von Dahlberg das Theater, an dem Friedrich Schillers aufsehenerregendes Stück Die Räuber 1782 uraufgeführt wurde.

Das Bürgerliche Trauerspiel

Das Bürgerliche Trauerspiel entwickelt sich in Deutschland durch die Abkehr von den Regeln der französisch-klassizistischen Tragödie, bei der der adelige Held im Mittelpunkt steht und die Einheit von Ort, Zeit und Handlung einzuhalten ist. Das Publikum ist in der Regel adelig, die Dramenhandlung dreht sich um große, staatstragende Aktionen, die adeligen Helden zeichnen sich durch ihre Tugendhaftigkeit aus. Die Handlung des Bürgerlichen Trauerspiels verlagert das Geschehen vom Raum der großen „Staatsaktionen" der adeligen Höfe in die häuslich-private Welt des Bürgertums und des niedrigen Landadels.

Gotthold Ephraim Lessing (1729 – 1781)

Als Sohn einer protestantischen Theologenfamilie wird Gotthold Ephraim Lessing 1729 in der Oberlausitz geboren. Nach der Klosterschule studiert er an der Universität Leipzig Theologie und Medizin und wird zu einem häufigen Gast bei den Aufführungen der Theatergruppe der Friederike Karoline Neuber. Parallel zum Studium widmet er sich seiner schriftstellerischen Arbeit. Sein erstes Stück *Der junge Gelehrte*, eine Komödie, wird 1748 von der Theatergruppe der Neuberin aufgeführt. Nach dem Studium bestreitet er seinen Lebensunterhalt überwiegend als freier Schriftsteller in Berlin, wo er auf eine der herausragenden Persönlichkeiten der Aufklärung, den französischen Philosophen und Schriftsteller Voltaire trifft.

Die Wochenzeitschrift *Briefe, die neueste Literatur betreffend*

Zusammen mit dem Verleger und Schriftsteller Friedrich Nicolai (1733–1811) und dem Philosophen Moses Mendelssohn (1729–1786), die zu seinen engen Freunden zählen, gibt Lessing zwischen 1759 und 1765 die Wochenzeitschrift *Briefe, die neueste Literatur betreffend* heraus und arbeitet als Redakteur und Literaturkritiker für die Zeitschrift. Lessing und seine Freunde verpacken ihre Literaturkritiken in fiktive Briefe eines verletzten Offiziers, der, ans Krankenbett gebunden, sämtliche zeitgenössischen Werke der deutschen Literatur liest und sich dazu in Briefen kritisch, spöttisch und teilweise aggressiv äußert. Warum diese Fiktion? Lessing, Mendelssohn und Nicolai wollen durch die persönliche Briefform eine größere Nähe zum Lesepublikum erzeugen. Die Leserschaft soll mit Hilfe von anschaulichen Beispielen zum kritischen Lesen angeregt werden.

Im 17. Literaturbrief kritisiert Lessing Gottscheds von französischen Vorbildern geprägte Auffassung vom Drama:

„Niemand", sagen die Verfasser der Bibliothek, „wird leugnen, daß die deutsche Schaubühne einen großen Teil ihrer ersten Verbesserung dem Herrn Professor Gottsched zu danken habe." Ich bin dieser Niemand; ich leugne es gerade zu. Es wäre zu wünschen, daß sich Herr Gottsched niemals mit dem Theater vermengt hätte. Seine vermeinten Verbesserungen betreten entweder entbehrliche Kleinigkeiten, oder sind wahre Verschlimmerungen.
Als die Neuberin blühte, und so mancher den Beruf fühlte, sich um sie und die Bühne verdient zu machen, sahe es freilich mit unserer

Gotthold Ephraim
Lessing (1729 – 1781)

François-Marie
Arouet, genannt
Voltaire (1694 – 1778)

dramatischen Poesie sehr elend aus. Man kannte keine Regeln; man bekümmerte sich um keine Muster. Unsre Staats- und Helden-Aktionen waren voller Unsinn, Bombast, Schmutz und Pöbelwitz. Unsre Lustspiele bestanden in Verkleidungen und Zaubereien; und Prügel waren die witzigsten Einfälle derselben. Dieses Verderbnis einzusehen, brauchte man eben nicht der feinste und größte Geist zu sein. Auch war Herr Gottsched nicht der erste, der es einsahe; er war nur der erste, der sich Kräfte genug zutraute, ihm abzuhelfen. Und wie ging er damit zu Werke? Er verstand ein wenig Französisch und fing an zu übersetzen; er ermunterte alles, was reimen und Oui Monsieur verstehen konnte, gleichfalls zu übersetzen; er verfertigte, wie ein Schweizerischer Kunstrichter sagt, mit Kleister und Schere seinen „Cato"; [...] er legte seinen Fluch auf das extemporieren; er ließ den Harlekin feierlich vom Theater vertreiben, welches selbst die größte Harlekinade war, die jemals gespielt worden; kurz, er wollte nicht sowohl unser altes Theater verbessern, als der Schöpfer eines ganz neuen sein. [...]

Während Gottsched die scherzhafte Harlekinade in der Art der italienischen *Commedia dell'arte* durch das Einführen fester Regeln von der Schaubühne verbannen und das Niveau der Stücke nach französischem Vorbild anzuheben versucht, entwickelt Lessing seine eigene Auffassung vom Drama. Er orientiert sich an den Dramen des englischen Schriftstellers William Shakespeare. Demnach schreibt er im 17. Literaturbrief:

Auch nach den Mustern der Alten die Sache zu entscheiden, ist Shakespeare ein weit größerer tragischer Dichter als Corneille; obgleich dieser die Alten sehr wohl, und jener fast gar nicht gekannt hat. Corneille kömmt ihnen in der mechanischen Einrichtung, und Shakespeare in dem Wesentlichen näher. Der Engländer erreicht den Zweck der Tragödie fast immer, so sonderbare und ihm eigene Wege er auch wählet; und der Franzose erreicht ihn fast niemals, ob er gleich die gebahnten Wege der Alten betritt.

Seiner Auffassung nach muss die Handlung der Lebenswelt des bürgerlichen Publikums entsprechen. Damit steht für ihn fest, dass auch Bürgerliche in der Tragödie auftreten müssen. Seine Vorstellung eines Bürgerlichen Trauerspiels verwirklicht er in seinem Stück *Miss Sara Sampson*.

Miss Sara Sampson
Bei der Uraufführung der *Miss Sara Sampson* 1755 sollen die Zuschauer *„drei und eine halbe Stunde zugehört, stille gesessen wie Statuen, und geweint"* haben, so der Bericht eines Zuschauers. Denn die Geschichte ist für damalige Verhältnisse geradezu ungeheuerlich: Sie besagt, die Moral der mittleren Schichten stehe über jener des adeligen Standes.

Die tugendhafte Miss Sara Sampson gehört dem niedrigen Landadel an, ihr Verehrer Mellefont ist höheren Standes. Mellefonts frühere Geliebte Marwood will ihn wieder zurück erobern, doch das klappt

Miss Sara Sampson, erste Separatausgabe ohne Namen des Verfassers und Druckort, 1757

nicht, denn Mellefont will nicht von Sara lassen. Marwood vergiftet die unerwünschte Rivalin Sara, um sie aus dem Weg zu schaffen. Kurz bevor sie stirbt verzeiht Sara großherzig ihrer Mörderin. Mellefont erkennt, was er angerichtet hat und bringt sich um. Zuvor bittet er Saras Vater um Gnade. Der Vater bietet dem untreuen Verehrer seine väterliche Liebe an.

Lessing stellt Sara und ihren Vater, beide Personen niedrigeren Standes, als die moralisch und sittlich höher stehenden dar, während die der höfischen Welt entstammenden Mellefont und Marwood korrupt und unmoralisch handeln.

Die *Hamburgische Dramaturgie* – das Mitleiden als Programm

Titelseite des ersten Bandes von Lessings *Hamburgische[r] Dramaturgie*

Ende der 1760er Jahre gerät Lessing in finanzielle Schwierigkeiten und nimmt eine Festanstellung als Kritiker am neu gegründeten Hamburger Nationaltheater an. Zu Lessings wichtigsten theoretischen Werken gehört die *Hamburgische Dramaturgie*, eine Sammlung von 52 Theaterkritiken, die er zwischen 1767 und 1769 geschrieben hat. Diese Schrift hat die Dramenentwicklung maßgeblich beeinflusst. Seine Theorie der Tragödie geht vom Prinzip der Nachahmung (Mimesis) aus. Nachzuahmen sind nicht nur die Natur mit ihren Erscheinungen, sondern auch die Empfindungen des Menschen. Die Einhaltung von Regeln wie beispielsweise die der drei Einheiten ist nicht nötig, viel wichtiger ist es, die tiefere Einheit zwischen verschiedenen Handlungen und Empfindungen herauszuarbeiten. Das Theater wird so zu einer moralischen Institution der Selbsterkenntnis.

Die bisher geltende Wirkungsabsicht der Tragödie beruft sich auf Aristoteles und zielt darauf ab, beim Zuschauer Mitleid und Furcht zu erzeugen. Der Bösewicht schreckt ab und erzeugt Furcht, der Märtyrer Mitleid. Doch Lessing fordert „gemischte Charaktere", um den Zuschauer zum Mitleiden zu bringen. Der Zuschauer kann nur mitleiden, wenn auf der Bühne Personen agieren, die ihm ähnlich sind, mit denen er sich identifizieren kann, also „normale" Menschen, weder besonders böse noch ausgesprochen tugendhaft. Nur wenn der Zuschauer erkennen und nachempfinden kann, dass die Emotionen und Gefühle des Helden der Grund für sein Unglück sind und nicht ein unausweichliches Schicksal, empfindet er Mitleid. *„Die Namen von Fürsten und Helden können einem Stücke Pomp und Majestät geben; aber zur Rührung tragen sie nichts bei. Das Unglück derjenigen, deren Umstände den unsrigen am nächsten kommen, muss natürlicherweise am tiefsten in unsere Seele dringen; und wenn wir mit Königen Mitleid haben, so haben wir es mit ihnen als Menschen, und nicht als Königen.",* so Lessing im 14. Stück seiner *Hamburgische[n] Dramaturgie*.

Lessing beruft sich auf Aristoteles, ist aber der Meinung, man habe diesen bisher falsch verstanden: *„Denn er, Aristoteles, ist es gewiss nicht, der die mit Recht getadelte Einteilung der tragischen Leidenschaften in Mitleid und Schrecken gemacht hat. Man hat ihn falsch* *verstanden, falsch übersetzt. Er spricht von Mitleid und Furcht, nicht von Mitleid und Schrecken; und seine Furcht ist durchaus nicht die Furcht, welche uns das bevorstehende Übel eines andern für diesen andern erweckt, sondern es ist die Furcht, welche aus unserer Ähnlichkeit mit der leidenden Person für uns selbst entspringt; es ist die Furcht, dass die Unglücksfälle, die wir über diese verhängt sehen, uns selbst treffen können; es ist die Furcht, dass wir der bemitleidete Gegenstand selbst werden können. Mit einem Wort: Diese Furcht ist das auf uns selbst bezogene Mitleid."* (aus dem 75. Stück der Hamburgischen Dramaturgie).

Das Mitleid bildet den Kern von Lessings Theorie zur Wirkung der Tragödie. Doch was bewirkt das Mitleiden? Es soll eine Wandlung der Haltung bewirken und beim Zuschauer eine tugendhaftere Denkweise erreichen. Diesen Vorgang, den schon Aristoteles beschrieben hat, bezeichnet man als Katharsis.

Nach Lessings Deutung der Dramentheorie Aristoteles' besteht die Aufgabe des Dramas darin, dem Zuschauer moralisches Handeln vorzuführen.

Der Begriff **Katharsis** stammt vom griechischen Wort *kátharsis*, das „Reinigung" bedeutet. Ziel des Dramas ist die Reinigung von den Leidenschaften.

Neben *Miss Sara Sampson* gehört Lessings Stück *Emilia Galotti* ebenso wie Friedrich Schillers *Kabale und Liebe* (1784) zu den bedeutendsten Beispielen des Bürgerlichen Trauerspiels. Alle drei Stücke zeigen die Gegensätzlichkeit zwischen höfischer Welt und bürgerlicher Familie.

Emilia Galotti
Nachdem das Hamburger Nationaltheater aus finanziellen Gründen geschlossen werden muss, nimmt Lessing eine Stellung als herzoglicher Hofbibliothekar in Wolfenbüttel an. Dort vollendet er 1772 sein Bürgerliches Trauerspiel *Emilia Galotti*, das er bereits im Jahr 1757 begonnen hat. Lessing nimmt darin ein Motiv auf, das auf den römischen Geschichtenschreiber Titus Livius zurückgeht: Die junge Virginia wird von ihrem Vater getötet, weil er sie nur so vor Appius Claudius retten kann. Der Tod der Virginia ist Anlass für einen Aufstand gegen die herrschende Gewalt.

Lessings Stück spielt in einer kleinen Residenzstadt in Italien gegen Ende des 17. Jahrhunderts. Der Prinz von Guastalla, Hettore Gonzaga, verliebt sich in die schöne und tugendhafte Offizierstochter Emilia Galotti, die bereits mit dem Grafen Appiani verlobt ist und kurz vor der Hochzeit steht. Sie lebt mit ihrer Mutter in der Stadt, während ihr Vater Odoardo das Landleben dem verschwenderischen Treiben in der Residenz vorzieht. Appiani ist zwar adeliger Herkunft, doch nach der Hochzeit will er mit Emilia auf das Land ziehen und dem öffentlichen Leben den Rücken kehren. Das ist es, was Odoardo besonders an seinem zukünftigen Schwiegersohn schätzt.

Lessings
Emilia Galotti,
Stich von Johann
Friedrich Bolt, nach
Julius Schnorr von
Carolsfeld

Hettore, der Emilia unbedingt verführen will – als „Frauenheld" ist er bekannt – beauftragt seinen Kammerherren Marinelli damit, Emilia für ihn zu gewinnen und ihre Hochzeit zu verhindern. Der intrigante Marinelli entwickelt einen teuflischen Plan. Er führt den Prinzen auf sein Lustschloss, weiht ihn aber nicht vollständig in seinen Plan ein. Als Appiani mit Emilia und ihrer Mutter Claudia zur Hochzeit unterwegs ist, geraten sie in einen fingierten Überfall, bei dem Appiani von beauftragten Banditen erschossen wird. Hettore eilt der verzweifelten Emilia zu Hilfe und bringt sie zusammen mit ihrer Mutter im Schloss in Sicherheit. Er erweist sich den beiden Frauen als Held in der Not. Doch der sterbende Appiani verrät Claudia den Namen des Mörders: Es ist Marinelli. Sein Plan droht aufzufliegen, denn Hettore hat, entgegen seiner Vereinbarung mit Marinelli, Emilia seine Liebe ausgerechnet während der Messe in der Kirche gestanden. Diese hat ihre Mutter davon berichtet, was den Verdacht gegen Marinelli erhärtet.

Emilia: Was hab ich hören müssen? Und wo, wo hab ich es hören müssen?

Claudia: Ich habe dich in der Kirche geglaubt -

Emilia: Eben da! Was ist dem Laster Kirch' und Altar? - Ach, meine Mutter! (Sich ihr in die Arme werfend.)

Claudia: Rede, meine Tochter! - Mach meiner Furcht ein Ende. - Was kann dir da, an heiliger Stätte, so Schlimmes begegnet sein?

Emilia: Nie hätte meine Andacht inniger, brünstiger sein sollen als heute: nie ist sie weniger gewesen, was sie sein sollte.

Claudia: Wir sind Menschen, Emilia. Die Gabe zu beten ist nicht immer in unserer Gewalt. Dem Himmel ist beten wollen auch beten.

Emilia: Und sündigen wollen auch sündigen.

Claudia: Das hat meine Emilia nicht wollen!

Emilia: Nein, meine Mutter; so tief ließ mich die Gnade nicht sinken. - Aber daß fremdes Laster uns, wider unsern Willen, zu Mitschuldigen machen kann! .

Claudia: Fasse dich! - Sammle deine Gedanken, soviel dir möglich. - Sag es mir mit eins, was dir geschehen.

Emilia: Eben hatt' ich mich - weiter von dem Altare, als ich sonst pflege - denn ich kam zu spät -, auf meine Knie gelassen. Eben fing ich an, mein Herz zu erheben: als dicht hinter mir etwas seinen Platz nahm. So dicht hinter mir! - Ich konnte weder vor noch zur Seite rücken - so gern ich auch wollte; aus Furcht, daß eines andern Andacht mich in meiner stören möchte. - Andacht! das war das Schlimmste, was ich besorgte. - Aber es währte nicht lange, so hört' ich, ganz nah an meinem Ohre - nach einem tiefen Seufzer - nicht den Namen einer Heiligen - den Namen - zürnen Sie nicht, meine Mutter - den Namen Ihrer Tochter! - Meinen Namen! - O daß laute Donner mich verhindert hätten, mehr zu hören! - Es sprach von Schönheit, von Liebe - Es klagte, daß dieser Tag, welcher mein Glück mache - wenn er es anders mache - sein Unglück auf immer entscheide. - Es beschwor mich - hören mußt' ich dies alles. Aber ich blickte nicht um; ich wollte tun, als ob ich es nicht hörte. - Was konnt' ich sonst? - Meinen guten Engel bitten, mich mit Taubheit zu schlagen; und wann auch, wenn auch auf immer! - Das bat ich; das war das einzige, was ich be-

ten konnte. - Endlich ward es Zeit, mich wieder zu erheben. Das
heilige Amt ging zu Ende. Ich zitterte, mich umzukehren. Ich zitterte, ihn zu erblicken, der sich den Frevel erlauben dürfen. Und
da ich mich umwandte, da ich ihn erblickte -

Claudia: *Wen, meine Tochter?*

Emilia: *Raten Sie, meine Mutter, raten Sie - Ich glaubte in die Erde
zu sinken - Ihn selbst.*

Claudia: *Wen, ihn selbst?*

Emilia: *Den Prinzen.*

Als er vom fürchterlichen Überfall hört, eilt Odoardo an den Ort des
Geschehens. Ebenso die frühere Geliebte Hettores, Gräfin Orsina. Die
eifersüchtige Orsina erzählt Odoardo die ganze Geschichte. Er sinnt
auf Rache und will Hettore töten, doch schließlich beherrscht er sich.
Um nicht aufzufliegen gibt Marinelli sich als Freund und Rächer Ap-
pinanis aus und behauptet, ein Rivale um die Gunst Emilias hätte
diesen getötet. Um den Rivalen zu finden und zu stellen und Emilia
zu schützen soll sie in das Haus des Kanzlers Grimaldi gebracht werden. Dort könnte Hettore sie jederzeit sehen. Odoardo durchschaut
die Intrige sofort und lehnt ab. Doch auch Emilia selbst möchte dem
Prinzen nicht so nahe sein.

Emilia: *Ich allein in seinen Händen? - Nimmermehr, mein Vater. -
Oder Sie sind nicht mein Vater. - Ich allein in seinen Händen?
- Gut, lassen Sie mich nur, lassen Sie mich nur. - Ich will doch
sehn, wer mich hält - wer mich zwingt - wer der Mensch ist, der
einen Menschen zwingen kann.*

Odoardo: *Ich meine, du bist ruhig, mein Kind.*

Emilia: *Das bin ich. Aber was nennen Sie ruhig sein? Die Hände
in den Schoß legen? Leiden, was man nicht sollte? Dulden, was
man nicht dürfte?*

Odoardo: *Ha! wenn du so denkest! - Laß dich umarmen, meine Tochter! - Ich hab es immer gesagt: das Weib wollte die Natur zu ihrem Meisterstücke machen. Aber sie vergriff sich im Tone, sie nahm ihn zu fein. Sonst ist alles besser an euch als an uns. - Ha, wenn das deine Ruhe ist, so habe ich meine in ihr wiedergefunden! Laß dich umarmen, meine Tochter! - Denke nur: unter dem Vorwande einer gerichtlichen Untersuchung - o des höllischen Gaukelspieles! - reißt er dich aus unsern Armen und bringt dich zur Grimaldi.*

Emilia: *Reißt mich? bringt mich? - Will mich reißen, will mich bringen: will! will! - Als ob wir, wir keinen Willen hätten, mein Vater!*

Odoardo: *Ich ward auch so wütend, daß ich schon nach diesem Dolche griff (ihn herausziehend), um einem von beiden - beiden! - das Herz zu durchstoßen.*

Emilia: *Um des Himmels willen nicht, mein Vater! - Dieses Leben ist alles, was die Lasterhaften haben. - Mir, mein Vater, mir geben Sie diesen Dolch.*

Odoardo: *Kind, es ist keine Haarnadel.*

Emilia: *So werde die Haarnadel zum Dolche! - Gleichviel.*

Odoardo: *Was? Dahin wäre es gekommen? Nicht doch; nicht doch! Besinne dich. - Auch du hast nur ein Leben zu verlieren.*

Emilia: *Und nur eine Unschuld!*

Odoardo: *Die über alle Gewalt erhaben ist. -*

Emilia: *Aber nicht über alle Verführung. - Gewalt! Gewalt! wer kann der Gewalt nicht trotzen? Was Gewalt heißt, ist nichts: Verführung ist die wahre Gewalt. - Ich habe Blut, mein Vater, so jugendliches, so warmes Blut als eine. Auch meine Sinne sind Sinne. Ich stehe für nichts. Ich bin für nichts gut. Ich kenne das Haus der Grimaldi. Es ist das Haus der Freude. Eine Stunde da, unter den Augen meiner Mutter - und es erhob sich so mancher Tumult in meiner Seele, den die strengsten Übungen der Religion kaum in Wochen besänftigen konnten! - Der Religion! Und welcher Religion? - Nichts Schlimmers zu vermeiden, sprangen Tausende in die Fluten und sind Heilige! - Geben Sie mir, mein Vater, geben Sie mir diesen Dolch.*

Odoardo: *Und wenn du ihn kenntest, diesen Dolch! -*

Emilia: *Wenn ich ihn auch nicht kenne! - Ein unbekannter Freund ist auch ein Freund. - Geben Sie mir ihn, mein Vater, geben Sie mir ihn.*

Odoardo: *Wenn ich dir ihn nun gebe - da! (Gibt ihr ihn.)*

Emilia: *Und da! (Im Begriffe, sich damit zu durchstoßen, reißt der Vater ihr ihn wieder aus der Hand.)*

Odoardo: *Sieh, wie rasch! - Nein, das ist nicht für deine Hand.*

Emilia: *Es ist wahr, mit einer Haarnadel soll ich - (Sie fährt mit der Hand nach dem Haare, eine zu suchen, und bekommt die Rose zu fassen.) Du noch hier? - Herunter mit dir! Du gehörest nicht in das Haar einer - wie mein Vater will, daß ich werden soll!*

Odoardo: *Oh, meine Tochter! -*

Emilia: *Oh, mein Vater, wenn ich Sie erriete! - Doch nein, das wollen Sie auch nicht. Warum zauderten Sie sonst? - (In einem bittern Tone, während daß sie die Rose zerpflückt.) Ehedem wohl gab* *es einen Vater, der seine Tochter von der Schande zu retten, ihr den ersten, den besten Stahl in das Herz senkte - ihr zum zweiten Male das Leben gab. Aber alle solche Taten sind von ehedem! Solcher Väter gibt es keinen mehr!*

Odoardo: *Doch, meine Tochter, doch! (Indem er sie durchsticht.) - Gott, was hab ich getan! (Sie will sinken, und er faßt sie in seine Arme.)*

Emilia: *Eine Rose gebrochen, ehe der Sturm sie entblättert. - Lassen Sie mich sie küssen, diese väterliche Hand.*

Odoardo erkennt, dass nur der Tod Emilia vor der höfischen Verführung bewahren kann und tötet seine Tochter. Anschließend stellt er sich, in dem Bewusstsein, der Prinz als oberster Machthaber werde über ihn richten.

Lessing zeichnet den Prinzen mit allen Merkmalen höfischer Macht aus. Neu bei Lessing ist allerdings die Kritik, die vom Adel und nicht vom Bürgertum am höfischen Leben geübt wird. Hettore beklagt sich über das herrschende Zeremoniell, den Zwang, aus politischen Gründen zu heiraten, die Langeweile, den Mangel an wahren Freunden und die Einsamkeit. Dennoch scheut er weder Betrug noch Verbrechen, um sein Ziel zu erreichen. Es ist zwar Marinelli, der die Handlungen ausführt, doch Hettore ist der Auftraggeber. Er gibt Marinelli freie Hand, alles zu tun, was nötig ist, damit er Emilia verführen kann. Als Gegengewicht zur lasterhaften Welt des Hofes steht bei Lessing – wie auch bei Schiller in *Kabale und Liebe* – die bürgerliche Welt der Familie. Diese jedoch scheitert an den realen feudalen Machtverhältnissen.

Die Personenzusammenstellung ist modellhaft für das Bürgerliche Trauerspiel: Die brave, tugendhafte Tochter, der Vater, der ihre Unschuld und Ehre bewahren und sie um jeden Preis vor den verdorbenen aristokratischen Kreisen schützen will und die Mutter, die den Eintritt in das höfische Leben als sozialen Aufstieg der Tochter versteht. Doch auch die bürgerliche Ordnung und Tugendhaftigkeit trägt ihren Teil zum tragischen Ausgang bei: Odoardo hat Emilia nicht genügend auf die Gefahren des höfischen Lebens vorbereitet. Stattdessen hat er zeitlebens versucht, seine Familie von dem lasterhaften Leben in der Residenz fern zu halten. Er kann schließlich ihre Ehre nur retten, indem er ihrem Willen folgt und sie tötet.

Merkmale des Bürgerlichen Trauerspiels
- Abschaffung der Ständeklausel
- teilweise Verlagerung der Handlung in den privaten Familienkreis anstelle des Raums des Hofes
- moralische Belehrung des Zuschauers
- Etablierung einer neuen bürgerlichen Moral- und Tugendlehre und einer empfindsam-moralischen Gefühlskultur

auch die niedrigen Schichten zu achten und Menschen in Not zu helfen, unabhängig von ihrer gesellschaftlichen Stellung. Nach dem Tod des Vaters muss die gebildete und selbstbewusste junge Frau zu Verwandten in die Stadt ziehen. Um ihrem Onkel einen politischen Vorteil zu verschaffen, soll sie als Geliebte des Fürsten am Hofe leben und sich um ihr Äußeres und weniger um ihre Bildung kümmern.

Sophies Vorstellung von Moral und Tugend entspricht nicht den Sitten des Hofes, wo ausufernde Vergnügungen den Tagesablauf bestimmen. Sie findet Halt in der Welt der Literatur. Als man ihr die geliebten Bücher wegnimmt, beginnt sie, Briefe an ihre Freundin Emilia zu schreiben.

Auf einer der vielen langweiligen Gesellschaften am Hofe lernt sie zwei englische Lords kennen, Lord Derby und Lord Seymour. Sie fühlt sich zu Lord Seymour hingezogen, doch durch eine Intrige ihrer Tante wendet sich dieser von ihr ab. Lord Derby, den sie zunächst nicht mag, erweist sich hingegen als hilfsbereiter und tugendhafter Mann, so dass sie mit ihm die Ehe eingeht, um ihrem Leben als Geliebte des Fürsten zu entgehen. Doch der Lord inszeniert eine Scheinhochzeit. Lord Derby ist von Sophies vermeintlicher Schwermut schnell gelangweilt. Er geht zurück nach England, die Scheinehe fliegt auf, Sophie ist am Boden zerstört und nennt sich fortan „Madame Leidens".

In einem ihrer Briefe schreibt sie:
Warum glaubte ich dem Schein? – Aber, o Gott! wo soll ein Herz wie dies, das du mir gabst, wo soll es den Gedanken hernehmen, bei einer edlen, bei einer guten Handlung böse Grundsätze zu argwöhnen! […] Ich bin in den Staub erniedriget; auf der Erde liege ich, und bitte Gott, mich nur so lange zu erhalten, bis ich bei Ihnen bin, und den Trost genieße, daß Sie die Unschuld meines Herzens sehen, und eine mitleidige Träne über mich weinen.

Sophie unterrichtet Mädchen der untersten Schichten an einer Gesindeschule und will ihnen Tugendhaftigkeit vermitteln. Die zufällige Bekanntschaft mit der englischen Lady Summers führt sie als Gesellschafterin auf deren Gut nach England. Dort lernt sie den Bruder Seymours kennen, Lord Rich, der sich in sie verliebt. Derby, mittlerweile mit der Schwester Lady Summers verheiratet, lässt Sophie vom Gut entführen, bevor er mit seiner Frau zu Besuch kommt, denn er befürchtet, sie könnte die hässliche Geschichte der Scheinehe preisgeben. Obwohl er nun selbst verheiratet ist, kann er es nicht lassen, sich Sophie anzunähern. Als diese ablehnt, lässt er sie einkerkern. Derby erkrankt schwer und leidet am schlechten Gewissen gegenüber Sophie. Er verrät Seymour und Rich Sophies Aufenthaltsort. Die Erleichterung und Freude ist groß, als sie Sophie gesund vorfinden. Seymour und Sophie heiraten schließlich. Sie bekommt einen Sohn und führt ein tugendhaftes Leben als Mutter und Ehefrau.

Sophie La Roche hat als Erste einen deutschsprachigen empfindsamen Familienroman nach englischem Vorbild verfasst. Sie schildert eine ideale bürgerliche Welt, in der Tugendhaftigkeit, Bildung, Familiensinn und Empfindsamkeit herrschen, während das Leben des Adels scheinheilig, verlogen und bestechlich ist. Sie stellt aber nicht nur bürgerliche und adelige Welt gegenüber, sondern geht auch auf die Gegensätze zwischen Stadt und Land, Mann und Frau ein. Für die Frau entwirft sie ein eng umgrenztes, tugendhaftes Leben mit wohltätigen Beschäftigungen und Pflichten als Mutter und Ehefrau.

Der Roman verfolgt eine erzieherische Aufgabe, indem er die Entwicklung über 1. Verführung, 2. Erniedrigung durch die Scheinehe und schließlich 3. Heirat und tugendhaftes Leben als Mutter und Ehefrau darstellt. Neu sind vor allem die empfindsam-rührende Sprache und die Form des Briefromans, die Johann Wolfgang von Goethe in seinem Roman *Die Leiden des jungen Werther* (1774) dann ebenfalls aufnimmt.

Der Bildungsroman entsteht –
Christoph Martin Wieland (1733–1813)

Christoph Martin Wielands *Geschichte des Agathon* (1766/67) gilt als einer der wegweisenden Bildungsromane der Zeit. Die Romanhandlung ist im 4. Jahrhundert v. Chr. angesiedelt und schildert die Lebensgeschichte des griechischen Jünglings Agathon. Der historische Rahmen erlaubt Wieland sich mit verschiedenen religiösen, philosophischen, gesellschaftlichen und politischen Themen kritisch auseinanderzusetzen, ohne Kirche und Staat gegen sich aufzubringen. Den Vorstellungen der Aufklärung und Empfindsamkeit entsprechend entwickelt der griechische Romanheld Agathon nicht nur sein von der Vernunft gesteuertes Denken, sondern auch sein Empfindungsvermögen. Das Zusammenspiel von äußeren und inneren Erfahrungen trägt zur Entwicklung des Helden vom idealistischen jungen Träumer zum Mann bei, der in der Lage ist, die Welt realistisch einzuschätzen. Wielands psychologische Erzählkunst führt die Entwicklung Agathons zu einem moralisch handelnden, sittlich gebildeten und geistig unabhängigen Menschen anhand seiner wechselvollen Lebens- und Bildungsgeschichte vor.

Wieland, der Wegbereiter der Weimarer Klassik, wird im oberschwäbischen Oberholzheim geboren und verbringt nach verschiedenen Stationen viele Jahre als Hofrat, Senator und Kanzleiverwalter im nahe gelegenen Biberach. In dieser Zeit übersetzt er die Dramen Shakespeares. 1772 beruft die Herzogin Anna Amalia den Aufklärer als Erzieher ihrer Söhne nach Weimar. Dort gibt er zwischen 1773 und 1810 die Zeitschrift *Der teutsche Merker* heraus und steht in enger Verbindung mit Goethe und Herder. Nach seiner Pensionierung lebt er als freier Schriftsteller zunächst noch in Weimar, dann auf seinem Gut Oßmannstedt, wo sich heute eine Forschungsstelle befindet. Das Gut gehört zur Klassik-Stiftung Weimar. 1803 kehrt er nach Weimar zurück, wo er bis zu seinem Tod 1813 lebt.

Christoph Martin
Wieland (1733–1813)

*Wielandgedenkstätte
Oßmannstedt
Wielandstraße 16
99510 Oßmannstedt
www.klassik-stiftung.de*

Wielands
Die Abderiten, Stich
von H. Lips, nach
H. Ramberg, 1796

Die Geschichte der Abderiten (1774), ein weiterer bedeutender Roman Wielands, schildert spöttisch und kritisch das Verhalten der Bewohner der antiken Kleinstadt Abdera. Wieland zielt auf das zeitgenössische deutsche Bürgertum, das er als naiv und einfältig beschreibt.

Der autobiografische Roman

In der Aufklärung tritt das Interesse an den einzelnen Charakteren in den Vordergrund. Wie entwickeln sie sich im Verlauf des Romans, welchen Einfluss hat ihre Umgebung oder andere Personen auf die Entwicklung? Es sind also vor allem psychologische Fragestellungen, die nicht nur im Bildungsroman, sondern auch im jetzt sich entwickelnden autobiografischen Roman thematisiert werden.

Als eine der ersten Autobiografien gilt der Roman *Die Bekenntnisse*, im französischen Original *Les Confessions*, des französischen Philosophen und Schriftstellers Jean-Jacques Rousseau. Der Roman entsteht zwischen 1765 und 1771, wird jedoch erst 1782, nach Rousseaus Tod, veröffentlicht. Er beschreibt in zwölf Kapitel seine Kindheit, die Wander- und Lehrjahre, seine berufliche Laufbahn und seine zahlreichen Beziehungen. Immer wieder betrachtet er kritisch die gesellschaftlichen Zustände seiner Zeit. In einigen Passagen schreibt er auch über seine Sehnsucht nach einem einfachen Leben im Einklang mit der Natur. Im Vorwort heißt es: *„Dies ist das einzige Bild eines Menschen, genau nach der Natur und in seiner ganzen Wahrheit gemalt, das es gibt und wahrscheinlich je geben wird."*

Anton Reiser – ein psychologischer Roman
von Karl Philipp Moritz (1756 – 1793)

Zu den bedeutendsten frühen psychologischen und autobiografischen Romanen in Deutschland gehört Karl Philipp Moritz' *Anton Reiser*. Die ersten drei Teile des Romans erscheinen 1785/86, der vierte Teil 1790. Der Roman schildert die Kindheit und Jugend des aus armen Verhältnissen stammenden Titelhelden Anton Reiser. Der Junge ist begabt und strebt nach Anerkennung, doch während seiner Lehre zum Hutmacher hat er mit ständigen Erniedrigungen zu kämpfen, die ihn schließlich zu einem Selbstmordversuch treiben. Um der kleinbürgerlichen Welt seiner Familie zu entkommen besucht er als Stipendiat eine Lateinschule. Doch auch hier macht er schlechte Erfahrungen. Nur sein unbändiger Wille, selbstständig zu sein, motiviert ihn, die Kränkungen und Demütigungen seiner Mitmenschen zu ertragen. Doch er wird menschenscheu und flüchtet sich in die Fantasiewelt der Literatur und des Theaters. Schließlich gibt er die Schule auf, um Schauspieler zu werden, doch auch dieser Plan scheitert.

Karl Philipp Moritz
(1756–1793)

Moritz verknüpft im Roman geschickt Fiktion mit Erlebtem und beschreibt die Entwicklung eines Jugendlichen mit all seinen sozialen und moralischen Problemen und den Hoffnungen auf Anerkennung und Erfolg.

Fabeldichtung

Als besonders geeignet für die Darstellung der aufklärerischen Denkweise gelten das Lehrgedicht und die Fabel. Sie dienen zur Enthüllung der moralischen Wahrheit und verfolgen die Absicht, die Leserschaft auf witzige Weise zu bilden. Als Meister dieser Form gelten Lessing und Gellert.

Mit seinem Werk *Fabeln. Drei Bücher nebst Abhandlungen mit dieser Dichtungsart verwandten Inhalts* (1759) definiert Lessing die Funktion der Fabel als belehrend, nicht als belustigend. Der Zweck einer Fabel besteht darin, am Ende einen „moralischem Lehrsatz" zu formulieren, der in der Form der „anschaulichen Erkenntnis" dargeboten werden muss und in einem moralischen Satz die Lebensweisheit vermittelt. Ein Großteil seiner Fabeln sind Tierfabeln, die kurz, präzise und anschaulich einen moralischen Satz so verständlich wie möglich vermitteln. Um dies zu erreichen sind sie als Dialog aufgebaut. Die letzte Aussage beinhaltet die beabsichtigte Einsicht, die den Schwachen und den unteren Schichten die Blößen der Mächtigen aufzuzeigen versucht, wie in Lessings Fabel *Der Tanzbär*:

Kupfertitel zu Lessings *Fabeln. Drei Bücher nebst Abhandlungen mit dieser Dichtungsart verwandten Inhalts* (1759) von Johann Wilhelm Meil

Der Tanzbär

Ein Tanzbär war der Kett entrissen,
Kam wieder in den Wald zurück,
Und tanzte seiner Schar ein Meisterstück
Auf den gewohnten Hinterfüßen.
„Seht", schrie er, „das ist Kunst; das lernt man in der Welt.
Tut mir es nach, wenns euch gefällt,
Und wenn ihr könnt!" „Geh", brummt ein alter Bär,
„Dergleichen Kunst, sie sei so schwer,
Sie sei so rar sie sei!
Zeigt deinen niedern Geist und deine Sklaverei."

Ein großer Hofmann sein,
Ein Mann, dem Schmeichelei und List
Statt Witz und Tugend ist;
Der durch Kabalen steigt, des Fürsten Gunst erstiehlt,
Mit Wort und Schwur als Komplimenten spielt,
Ein solcher Mann, ein großer Hofmann sein,
Schließt das Lob oder Tadel ein?

Nathan der Weise – ein Modell für religiöse Toleranz

Die Handlung des „dramatischen Gedichts", Lessings letztem Theaterstück, das 1779 erscheint, spielt sich in Jerusalem zur Zeit der Kreuzzüge zwischen dem 12. und 13. Jahrhundert ab: Christentum, Judentum und Islam treffen aufeinander.

Der reiche Jude Nathan hat bei einem Pogrom – das gewaltsame Vorgehen gegen Menschen einer bestimmten Religionszugehörigkeit – seine gesamte Familie verloren. Bei seiner Rückkehr von einer längeren Reise erfährt er, dass seine Pflegetochter Recha von einem jungen christlichen Tempelritter vor dem Feuertod gerettet worden ist. Recha ist ein christliches Waisenkind, das Nathan nach dem Tod seiner Familie in Pflege nahm und wie eine eigene Tochter liebt. Der Tempelritter, der Recha rettete, wurde erst kurz vorher vom Sultan Saladin als einziger zum Tode Verurteilter begnadigt, da er Saladins verschollenem Bruder so ähnlich sieht. Was für ein Glück für Recha, es scheint beinahe ein Wunder, dass sie gerettet werden konnte. Doch Nathan glaubt nicht an Wunder und überzeugt auch Recha von seinen Ansichten. Es gelingt ihm, den Templer dazu zu bringen, seiner Tochter zum Dank für die Rettung einen Besuch abzustatten.

Zeitgleich plagen den islamischen Sultan Geldsorgen. Bevor er sich Geld vom reichen Juden Nathan leiht, will er ihn und vor allem seine viel gepriesene Vernunft testen: Er stellt ihm die Frage nach der wahren Religion. Nathan erkennt die Falle und gibt weder seine noch die Religion des Sultans als die Wahre an. Denn würde er seine nennen, so wäre der Sultan beleidigt. Würde er hingegen die des Sultans oder das Christentum nennen, so müsste er die Frage beantworten, warum er immer noch Jude sei und kein Moslem oder Christ. Und was macht Nathan in dieser Situation? Er beantwortet die Frage mit einer Parabel, der so genannten Ringparabel:

Nathan: Vor grauen Jahren lebt' ein Mann in Osten,
  Der einen Ring von unschätzbarem Wert
  Aus lieber Hand besaß. Der Stein war ein
  Opal, der hundert schöne Farben spielte,
  Und hatte die geheime Kraft, vor Gott
  Und Menschen angenehm zu machen, wer
  In dieser Zuversicht ihn trug. Was Wunder,
  Daß ihn der Mann in Osten darum nie
  Vom Finger ließ; und die Verfügung traf,
  Auf ewig ihn bei seinem Hause zu
  Erhalten? Nämlich so. Er ließ den Ring
  Von seinen Söhnen dem geliebtesten;
  Und setzte fest, daß dieser wiederum
  Den Ring von seinen Söhnen dem vermache,
  Der ihm der liebste sei; und stets der liebste,
  Ohn' Ansehn der Geburt, in Kraft allein
  Des Rings, das Haupt, der Fürst des Hauses werde. –
  Versteh mich, Sultan.
  Saladin: Ich versteh dich. Weiter!
  Nathan: So kam nun dieser Ring, von Sohn zu Sohn,
  Auf einen Vater endlich von drei Söhnen;
  Die alle drei ihm gleich gehorsam waren,
  Die alle drei er folglich gleich zu lieben
  Sich nicht entbrechen konnte. Nur von Zeit
  Zu Zeit schien ihm bald der, bald dieser, bald
  Der dritte, – sowie jeder sich mit ihm
  Allein befand, und sein ergießend Herz
  Die andern zwei nicht teilten, – würdiger
  Des Ringes; den er denn auch einem jeden

Die fromme Schwachheit hatte, zu versprechen.
Das ging nun so, solang es ging. – Allein
Es kam zum Sterben, und der gute Vater
Kömmt in Verlegenheit. Es schmerzt ihn, zwei
Von seinen Söhnen, die sich auf sein Wort
Verlassen, so zu kränken. – Was zu tun? –

Der alte Herrscher ist unfähig, sich zwischen seinen Söhnen zu entscheiden, so dass er von einem Künstler nach dem Muster des „echten" Ringes zwei identische Ringe anfertigen lässt. So bekommt jeder seiner drei Söhne vor seinem Tod einen Ring. Alle drei erheben nun den Anspruch, Fürst des Hauses zu sein, denn es ist nicht zu erkennen, welcher der Ringe der echte ist.

Nathan: *[…]*
   Fast so unerweislich, als
   Uns itzt – der rechte Glaube.
   Saladin: Wie? das soll
   Die Antwort sein auf meine Frage?
   […]
Saladin:*Ich dächte,*
   Daß die Religionen, die ich dir
   Genannt, doch wohl zu unter-
   scheiden wären.
   Bis auf die Kleidung, bis auf Speis'
   und Trank!
Nathan: *Und nur von seiten ihrer*
   Gründe nicht.
   Denn gründen alle sich nicht auf Geschichte?
   Geschrieben oder überliefert! – Und
   Geschichte muß doch wohl allein auf Treu
   Und Glauben angenommen werden? – Nicht? –
   Nun, wessen Treu und Glauben zieht man denn
   Am wenigsten in Zweifel? Doch der Seinen?
   Doch deren Blut wir sind? doch deren, die
   Von Kindheit an uns Proben ihrer Liebe
   Gegeben? die uns nie getäuscht, als wo
   Getäuscht zu werden uns heilsamer war? –
   Wie kann ich meinen Vätern weniger
   Als du den deinen glauben? Oder umgekehrt. –
   Kann ich von dir verlangen, daß du deine
   Vorfahren Lügen strafst, um meinen nicht
   Zu widersprechen? Oder umgekehrt.
   Das nämliche gilt von den Christen. Nicht? -
Saladin: *(Bei dem Lebendigen! Der Mann hat recht.*
   Ich muß verstummen.)

In dem Gleichnis wird keine der Religionen als die „wahre" bezeichnet. Der Sultan schlussfolgert, Religion, in welcher Gestalt sie auch auftreten mag, müsse sich durch praktische Menschenliebe ausweisen. Überzeugt von der Weisheit Nathans bietet der Sultan ihm seine Freundschaft an.

Währenddessen hat sich der Tempelritter in Recha verliebt und will sie heiraten. Es stellt sich schließlich heraus, dass er der Bruder des christlichen Waisenmädchens ist und der Sohn Assams, dem verschollenen Bruder Saladins. Saladin kann den Tempelritter als seinen Neffen akzeptieren, obwohl er christlich erzogen wurde. Nathan wird von Recha und dem Tempelritter als seelenverwandter Vater anerkannt. Damit können Christen, Juden und Moslems zu einer Familie zusammenwachsen.

Empfindsamkeit (1740–1780)

Zwischen 1740 und 1780 entsteht eine Vielzahl sehr gefühlsbetonter Dichtungen. Deshalb bezeichnet man diese literarische Strömung als Empfindsamkeit. Die Dichter der Empfindsamkeit betrachten das Gefühl nicht als Gegensatz zum Verstand, sondern als eine notwendige Ergänzung. Sie streben nach einem Gleichgewicht zwischen Verstand und Gefühl. Werte wie maßvolles und tugendhaftes Verhalten, Zärtlichkeit, Freundschaft, Geselligkeit und Nächstenliebe gewinnen an Bedeutung. Leidenschaft, Schwärmerei und Melancholie werden aufgrund der Überbetonung der Gefühle abgelehnt. Es entstehen Freundschaftszirkel – der *Göttliche Hain* ist einer der bekanntesten Dichterbünde – in denen gegenseitige sittlich-moralische Erziehung im Gespräch oder durch gemeinsame Lektüre erzielt werden soll. Die Mitglieder drücken und tauschen ihre Gedanken und Gefühle in Tagebüchern, Briefen und autobiografischen Aufzeichnungen aus.

Geburtshaus von Friedrich Gottlieb Klopstock, Städtische Museen Quedlinburg

*Klopstockhaus
Schlossberg 12
06484 Quedlinburg
www.quedlinburg.de*

Zu den bedeutendsten Autoren der Empfindsamkeit gehören Friedrich Gottlieb Klopstock (1714–1803), Matthias Claudius (1740–1813) und Johann Heinrich Voß (1751–1826). Die Autoren sind darum bemüht, seelische Empfindungen und Selbstbeobachtungen in Worte zu fassen und entwickeln dabei neue literarische „Bilder" und Vergleiche.

Friedrich Gottlieb Klopstock (1724–1803)
Als Höhepunkt der empfindsamen Dichtung gilt Friedrich Gottlieb Klopstocks (1724–1803) biblisches Epos *Der Messias. Ein Heldengedicht* (1773).

Friedrich Gottlieb Klopstock wird 1724 als Ältester von 17 Geschwistern in Quedlinburg im heutigen Sachsen-Anhalt geboren. Schon als Schüler entwickelt er eine Vorliebe für antike Sprachen und Dichtung. Er studiert Theologie und ist zunächst als Hauslehrer tätig. Anschließend reist er auf Einladung König Friedrichs V. nach Dänemark, wo er insgesamt drei Jahre verbringt. Der Kopenhagener Hof, der enge Beziehungen zu deutschen Residenzen unterhält, bietet

Dichtern und Gelehrten ein geistiges Zentrum, das in dieser Form in Deutschland noch nicht existiert und erst Jahre später in Weimar entsteht. Nach Stationen in seiner Geburtsstadt Quedlinburg, Braunschweig und Halberstadt, kehrt er nach dem Tod seiner ersten Ehefrau 1762 wieder nach Dänemark zurück und verbringt knapp zehn Jahre in Kopenhagen.

Zurück in Deutschland erscheint 1773 die erste Gesamtausgabe des *Messias*. Drei Jahre später nimmt Klopstock die Einladung des Markgrafen Karl Friedrich von Baden (1728–1811) an und verbringt eine kurze Zeit in Karlsruhe. Er erinnert sich später gerne an die Monate in der Residenzstadt und an den Markgrafen, der *„sich nicht ein höheres Wesen zu sein dünke wie die meisten Fürsten und der als Privatmann wert wäre ein Fürst zu sein"*. Klopstock stirbt 1803 in Hamburg, dem bürgerlichen Zentrum Deutschlands im 18. Jahrhundert.

Der Messias. Ein Heldengedicht

Klopstocks Heldengedicht *Der Messias* besteht aus 20 Gesängen. Bereits während seiner Gymnasialzeit und angeregt durch die Lektüre von John Miltons (1608–1674) epischem Gedicht *Paradise Lost* (1667), *Das verlorene Paradies*, beginnt er mit der Arbeit an seiner Messiade. Das Epos ist zunächst in Prosa gehalten, in der Endfassung besteht es aus 20 Gesängen. Es ist in Hexametern verfasst, dem Versmaß, das schon in der Antike beispielsweise Homer in seiner *Ilias* verwendet. Klopstock ist der erste deutsche Dichter, der dieses Versmaß wieder aufnimmt.

Die ersten drei Teile des *Messias* erschienen 1748, das gesamte Werk erst 1773. Bis ins hohe Alter feilt Klopstock immer wieder an den Versen. 1781 und 1798 folgen zwei weitere überarbeitete Gesamtausgaben. Klopstocks Monumentalwerk beschreibt den Leidensweg Christi. Der Messias nimmt die Rolle des Mittlers zwischen dem zürnenden Gottvater und der gefallenen Menschheit ein. Zunächst verschwört sich die Welt des Satans gegen den Messias und erreicht seine Verurteilung. Ab dem 5. der 20 Gesänge hält sich Klopstock nahe am biblischen Bericht und schildert Kreuzigung, Totenklage, Grablegung, Auferstehung und Himmelfahrt Christi sowie eine Vision des Jüngsten Gerichts.

Zeitgleich zum Erscheinen des *Messias* 1748 entstehen auch seine ersten *Oden*. Die schönsten dichtet er für seine innig von ihm geliebte „Fanny" Sophie Schmidt.

Friedrich Gottlieb Klopstock (1724–1803)

Der Begriff **Hexameter** stammt vom Griechischen *hex* (sechs) und *métron* (Maß). Der Hexameter ist der Grundvers des griechischen und lateinischen Epos. In die deutschsprachige Dichtung findet das Versmaß im 14. Jahrhundert Eingang. Der Vers besteht aus sechs Daktylen. Die ersten vier Daktylen können durch Spondeen ersetzt werden, die Zäsur kann variabel gesetzt werden. Klopstock und Gottsched führen die reimlosen, akzentuierenden Hexameter in die deutsche Dichtung ein.

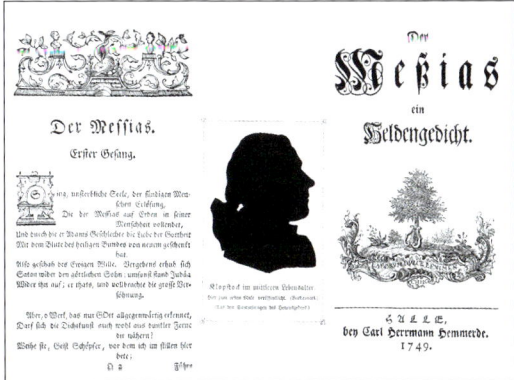

Friedrich Gottlieb Klopstock, *Der Mesias*, Anfang des ersten Druckes aus Band 4, Stück 4 der „Neuen Beiträge zum Vergnügen des Verstandes und Witzes" (Bremen und Leipzig, 1748)

Titelblatt der Erstausgabe der ersten drei Gesänge (1749)

Matthias Claudius
(1740–1815)

Matthias Claudius (1740–1815) veröffentlicht als Herausgeber der weitverbreiteten Zeitschrift *Wandsbecker Boten* zwischen 1771 und 1775 neben Texten von Klopstock auch zahlreiche eigene volkstümliche Gedichte. In seinen schlichten Versen drückt er seine Vorliebe für das Einfache und Ländliche aus, so beispielsweise in dem bis heute bekannten *Abendlied*.

Abendlied

Der Mond ist aufgegangen,
Die goldnen Sternlein prangen
Am Himmel hell und klar;
Der Wald steht schwarz und schweiget,
Und aus den Wiesen steiget
Der weiße Nebel wunderbar.

Wie ist die Welt so stille,
Und in der Dämmrung Hülle
So traulich und so hold!
Als eine stille Kammer,
Wo ihr des Tages Jammer
Verschlafen und vergessen sollt.

Seht ihr den Mond dort stehen?
Er ist nur halb zu sehen,
Und ist doch rund und schön!
So sind wohl manche Sachen,
Die wir getrost belachen,
Weil unsre Augen sie nicht sehn.

Wir stolze Menschenkinder
Sind eitel arme Sünder
Und wissen gar nicht viel;
Wir spinnen Luftgespinste
Und suchen viele Künste
Und kommen weiter von dem Ziel.
[…]

Sturm und Drang (1767–1785)

Frankfurt, Zürich und Straßburg entwickeln sich in der Zeit zwischen 1770 und 1776 zum Zentrum einer jungen literarischen Bewegung. Als die Geburtsstunde des Sturm und Drang wird die Begegnung Goethes, der als Student in Straßburg lebt, mit Herder am 5. Oktober 1770 betrachtet: „[…] *das bedeutendste Ereignis, was die wichtigsten Folgen für mich haben sollte, war die Bekanntschaft und die daran sich knüpfende nähere Verbindung mit Herder*", so berichtet Goethe. In seinem Gespräch mit Herder setzt er das von Fantasie, Gefühl, Leidenschaft und Spontaneität geleitete „Genie" gegen das vom Verstand bestimmte aufklärerische Denken. Eine ganze Generation rebelliert gegen das Denken der Väter.

Die Bezeichnung der literarischen Strömung geht zurück auf ein Drama von Friedrich Maximilian Klinger (1752–1831) mit
dem Titel *Wirrwarr* (1776), das der Schweizer Christoph Kaufmann (1753–1795) in
Sturm und Drang umbenennt. Sturm und
Drang passt sehr gut zum Lebensgefühl der
jungen Intellektuellen, die gegen die Willkür der herrschenden Fürsten protestieren.
Gleichzeitig lehnen sie sich gegen die Forderung der Aufklärer auf, stets vernünftig
zu handeln. Der individuelle Mensch agiert
„aus dem fühlenden Herzen". Nur dann
können sich seine Einzigartigkeit und Originalität entfalten.

GOETHE IM GESPRÄCH MIT HERDER

Originalität kann nicht durch Erziehung erreicht werden, sie muss sich ganz natürlich
entfalten. Wie bei einer Blume, deren Größe, Gestalt und Duft schon im Samen ange-
legt ist und sich entfaltet, wenn die Pflanze
wächst, so besitzt auch jeder Mensch eine
ursprüngliche Originalität, die sich nur
dann entfalten und zur Geltung kommen
kann, wenn der Mensch zu seiner eigenen Bestimmung geführt wird.

Im Sturm und Drang wird die Natur verehrt, ja vergöttert. *„Zurück
zur Natur"* fordert Jean-Jacques Rousseau. Die von der Wissenschaft
geprägte Aufklärung hat den Menschen jede Natürlichkeit genommen. Nach Rousseau ist der Mensch von Natur aus gut, doch die Zi-
vilisation verdirbt ihn. Als natürlich werden Kinder, die naive Landbevölkerung, das Kleinbürgertum und Handwerker betrachtet. Die
Vergangenheit, das Mittelalter, das alte Germanien und das alte Grie-
chentum werden als Zeiten großer individueller Freiheit verherrlicht.

Die Stürmer und Dränger erwarten besonders von Künstlern Individualität und Einzigartigkeit. Sie betrachten den Künstler als ein „Originalgenie", das nur seinen eigenen Gesetzen folgt. Eine Regelpoetik, wie
in der frühen Aufklärung von Gottsched oder im Barock von Opitz
gefordert, lehnen sie ab. Dichtung muss ursprünglich und nicht
zweckgebunden sein, Gattungsgrenzen verschmelzen, nur die Dichtung, die auf eigenen Erfahrungen basiert, gilt als geniale Dichtung.

Vorbilder sind die schon von Lessing bewunderten Shakespeare, Homer und die Gesänge des Ossian, ein vermeintlich keltisches Epos
um Heldenschicksale und kriegerische Auseinandersetzungen um
Königreiche. In Wirklichkeit jedoch war Ossian ein Zeitgenosse der
Stürmer und Dränger. Es ist der schottische Schriftsteller James Macpherson (1736–1796), der in seinem Epos eine ursprüngliche und
wilde Stimmung ganz unmittelbar und volksnah ausdrückt und den
Mythos von Ossian geprägt hat.

Johann Gottfried
Herder (1744–1803)

Von deutscher Art
und Kunst. Einige
fliegende Blätter,
Heidelberg 1773,
Titelblatt

Johann Wolfgang von
Goethe (1749–1832)

Johann Gottfried Herder (1744–1803)

Neben Goethe und Schiller nimmt Johann Gottfried Herder eine zentrale Stellung im Sturm und Drang ein. Er gilt als der bedeutendste Theoretiker der „Geniezeit". Sein *Fragment über die neuere deutsche Literatur*, das 1767 erscheint, begründet die Epoche des Sturm und Drang. Herder versucht darin eine eigene Deutung der deutschen Literatur und fordert die Rückkehr zur „natürlichen Sprache" und zu einer nationalen Originalität, die seiner Meinung nach zuvor nur die alten Volkslieder und die Dichtung des Mittelalters wiedergeben.

Seine Tätigkeit als Pfarrer und Lehrer in Riga gibt der studierte Theologe, Schriftsteller und Übersetzer Herder frühzeitig auf, um nach Frankreich zu reisen. Anschließend verfasst er sein *Journal meiner Reise im Jahr 1769*, das erst lange nach seinem Tod im Jahr 1864 erscheint. Darin befasst er sich ausführlich mit dem Geniebegriff. Auf weiteren Reisen über Antwerpen, Brüssel und Amsterdam lernt er in Hamburg Lessing, später in Straßburg Goethe kennen. Ihn macht er mit der Literatur des Mittelalters, der Volkspoesie und vor allem mit Shakespeare vertraut.

Von deutscher Art und Kunst – das Manifest des Sturm und Drang

Eine der bedeutendsten theoretischen Schriften für den Sturm und Drang sind die 1773 von Herder herausgegebenen „Fliegenden Blätter" *Von deutscher Art und Kunst*. Die Sammlung enthält Herders Beiträge zu den Ossian-Gesängen und den Werken Shakespeares. Herder bekundet darin seine Verehrung gegenüber dem Mittelalter und der Volkspoesie. Goethes Aufsatz *Von deutscher Baukunst* und die Abhandlung *Deutsche Geschichte* des Politikers und Publizisten Justus Möser (1720–1794) lassen die Sammlung zum Manifest des Sturm und Drang werden.

Der junge Johann Wolfgang von Goethe (1749–1832)

Johann Wolfgang von Goethe wird 1749 in Frankfurt am Main als Sohn hoch gebildeter, wohlhabender und angesehener Frankfurter Bürger geboren. Goethe besucht keine öffentliche Schule, er erhält Privatunterricht von einem Hauslehrer. Schon früh wird er in den alten und neuen Sprachen unterrichtet und besucht regelmäßig Theateraufführungen. Von 1765 bis 1768 studiert er Jura in Leipzig. Parallel besucht der die Poesie-Vorlesungen der beiden berühmten Aufklärer Johann Christoph Gottsched und Christian Fürchtegott Gellert und nimmt Zeichenunterricht. Aufgrund gesundheitlicher Probleme kehrt er 1768 nach Frankfurt zurück und befasst sich in den folgenden zwei Jahren mit mystischen und pietistischen Werken. Gleichzeitig erwacht sein Interesse für die Naturwissenschaften. In seiner Schrift *Aus meinem Leben. Dichtung und Wahrheit* (1811–1831) berichtet er später rückblickend über seine Jugend, Studium und literarische Anfänge bis zu seiner Reise nach Italien.

Sesenheimer Lieder der Straßburger Zeit

In Straßburg setzt Goethe nach seiner Genesung sein unterbrochenes Jurastudium fort, widmet sich aber zunehmend der Medizin und den Staatswissenschaften. Nicht nur wissenschaftlich bildet Straßburg einen Wendepunkt in Goethes Leben. Er entdeckt seine Liebe zu den damals wenig geschätzten gotischen Bauwerken, die er in seinem Aufsatz *Von deutscher Baukunst* beschreibt. Über die einzigartige Architektur des Straßburger Münsters schreibt er:

Mit welcher unerwarteter Empfindung überraschte mich der Anblick, als ich davor trat. Ein ganzer, großer Eindruck füllte meine Seele, den, weil er aus tausend harmonierenden Einzelheiten bestand, ich wohl schmecken und genießen, keineswegs aber erkennen und erklären konnte. Sie sagen, daß es also mit den Freuden des Himmels sei, und wie oft bin ich zurückgekehrt, diese himmlisch-irdische Freude zu genießen.

Mit der Pfarrerstochter Friederike Brion (1752–1813) aus Sesenheim bei Straßburg verbindet Goethe eine stürmische Liebesbeziehung, der er in einer Reihe von Gedichten, den so genannten *Sesenheimer Liedern*, Ausdruck verleiht. Er folgt Herders Vorstellung über die Entstehung eines Sturm und Drang-Gedichtes im Gegensatz zu einem Aufklärungs-Gedicht: *„schnell und würksam empfunden"* sind erstere und *„lange und stark und lebendig gedacht"* letztere. Goethes Lyrik der Sesenheimer Zeit entspricht genau dieser *„Ausströmung der Leidenschaft und Empfindung"*. Die Sesenheimer Lieder sind zunächst nicht zur Veröffentlichung gedacht, erst 1775, vier Jahre nach ihrer Entstehung, werden sie in der von Johann Georg Jacobi (1740–1814) in Düsseldorf herausgegebenen Zeitschrift *Iris* abgedruckt. Das berühmteste Gedicht dieser Periode ist *Willkomm und Abschied*. In den Versen artikuliert sich eine ganz neue Sprache:

Willkomm und Abschied (erste Fassung 1771)

Mir schlug das Herz; geschwind zu Pferde,
Und fort, wild, wie ein Held zur Schlacht!
Der Abend wiegte schon die Erde,
Und an den Bergen hieng die Nacht;
Schon stund im Nebelkleid die Eiche,
Ein aufgethürmter Riese, da,
Wo Finsterniß aus dem Gesträuche
Mit hundert schwarzen Augen sah.

Der Mond von seinem Wolkenhügel,
Schien kläglich aus dem Duft hervor;
Die Winde schwangen leise Flügel,
Umsausten schauerlich mein Ohr;
Die Nacht schuf tausend Ungeheuer –
Doch tausendfacher war mein Muth;
Mein Geist war ein verzehrend Feuer,
Mein ganzes Herz zerfloß in Gluth.

Gedenktafel am Straßburger Münster mit der Inschrift
G&F Comites de Stolberg, Goethe, Schlosser, Kaufmann, Ziegler, Lenz, Wagner, Lindau, Herder, Lavater, Pfenninger, Haefelin, Blessigstolz, Tobler, Roederer, Bassavant, Kaiser, Ehrmann, Engel,
1776

Friederike Brion
(1752–1813)

Ich sah dich, und die milde Freude
Floß aus dem süßen Blick auf mich.
Ganz war mein Herz an deiner Seite,
Und ieder Athemzug für dich.
Ein rosenfarbes Frühlings Wetter
Lag auf dem lieblichen Gesicht,
Und Zärtlichkeit für mich, ihr Götter!
Ich hofft' es, ich verdient' es nicht.

Der Abschied, wie bedrängt, wie trübe!
Aus deinen Blicken sprach dein Herz.
In deinen Küßen, welche Liebe,
O welche Wonne, welcher Schmerz!
Du giengst, ich stund, und sah zur Erden,
Und sah dir nach mit naßem Blick;
Und doch, welch Glück! geliebt zu werden,
Und lieben, Götter, welch ein Glück!

Das Gedicht
Willkomm und
Abschied in Goethes
Handschrift

Thema des Gedichts ist, ebenso wie in *Mailied* und *Heidenröslein*, eine stürmische Liebe. Der Sprecher erzählt vom nächtlichen Ritt, der Ankunft bei der Geliebten und dem Abschied am nächsten Morgen. Über das Mädchen erfährt der Leser kaum etwas. Schon die erste Zeile vermittelt den Eindruck der jugendlichen Kraft und des Gefühlsüberschwangs des Helden. Die folgende Naturbeschreibung – *„kläglich"* und *„schauerlich"* – spiegelt den inneren Gefühlszustand des jungen Mannes, doch trotz der bedrohlichen *„Ungeheuer"* ist *„tausendfacher"* noch sein *„Mut"*. In der dritten Strophe folgt endlich die herbeigesehnte Begegnung mit der Geliebten, der Abschiedsschmerz am nächsten Morgen, als die Liebenden sich trennen müssen. Trotz der Trennung überwiegt die Freude, denn lieben und geliebt zu werden ist das größte Glück.

Die Sesenheimer Gedichte werden als „Erlebnislyrik" bezeichnet, weil sie den Eindruck vermitteln, unmittelbar aus dem Erlebnis heraus verfasst worden zu sein. Die Annahme, Goethe habe darin seine ganz persönlichen Erlebnisse mit Friederike Brion in Worte gefasst, war weit verbreitet. Die eigene Erfahrung liegt ihnen zugrunde, sie erscheinen aber künstlerisch gesteigert.

Erstes Drama und erster Roman in der Frankfurter Zeit
Nach dem Ende seines Jurastudiums 1771 kehrt er nach Frankfurt zurück und beendet abrupt den Kontakt zu Friederike Brion. In den folgenden vier Jahren arbeitet er als Rechtsanwalt. Der Aufenthalt in Wetzlar am Reichskammergericht fällt jedoch kürzer als geplant aus, denn dort lernt er Charlotte Buff kennen und verliebt sich leidenschaftlich in sie. Charlotte ist verlobt und damit unerreichbar für Goethe. Enttäuscht kehrt er nach Frankfurt zurück.

Die Literatur lässt ihn weiterhin nicht los. 1771 verfasst er die für den Sturm und Drang richtungsweisende Rede *Zum Shäkspeares Tag*.

Götz von Berlichingen

Das erste Drama Goethes ist *Götz von Berlichingen mit der eisernen Hand*. Der junge Dichter schreibt eine erste Version 1771 in nur sechs Wochen, ohne vorher ein Konzept entwickelt zu haben. Auf Herders Anregung nimmt er einige Korrekturen vor, bevor das Drama 1773 anonym im Selbstverlag erscheint und 1774 uraufgeführt wird. Es basiert auf der 1731 gedruckten autobiografischen Lebensbeschreibung der historischen Figur Gottfried von Berlichingen, eines um 1480 in Jagsthausen geborenen Reichsritters. Wieso wählt Goethe diese Figur? Weil er Shakespeare verehrt und dieser in seiner Dichtung große historische Persönlichkeiten gestaltet. Durch Herder wird Goethes Interesse an der älteren deutschen Geschichte geweckt. Beides sieht er in der Figur des Reichsritters vereint.

Goethe verzichtet komplett auf die Regeln des klassisch-französischen Dramas: Er beachtet die Einheit von Ort und Zeit nicht, gliedert die Handlung, die auf und in unbestimmter Zeit zwischen Götz' Burg Jagsthausen und dem Bischofssitz in Bamberg spielt, in mehr als 50 Szenen.

Götz liefert sich ein blutiges Gefecht mit dem Bischof von Bamberg, der einen seiner Reiterbuben gefangen nehmen ließ und ihn foltert. Es gelingt Götz, seinen Jugendfreund Adelbert von Weislingen gefangen zu nehmen und auf seiner Burg in Jagsthausen einzusperren. Dort versucht er, den im Dienst des Bischofs stehenden Adelbert davon zu überzeugen, sich auf seine Seite zu schlagen. Der Plan geht auf und Adelbert verlobt sich mit Götz' Schwester Maria. Doch der Bischof versucht, Adelbert wieder nach Bamberg zu locken mit *„Weiber-, Fürstengunst und Schmeichelei"*. Dieser gibt nach und tritt wieder in den Dienst des Bischofs. In der Bischofsresidenz verliebt er sich in Adelheid von Walldorf. Götz' Schwester Maria geht eine Verbindung mit Franz von Sickingen ein.

Götz von Berlichingen-Statue in Jagsthausen

Der Reichsritter Götz wird vom Kaiser geächtet und gejagt, da er reiche Kaufleute überfallen hat. Seine Burg wird belagert, doch Götz verhandelt freien Abzug. Er wird verraten und fällt in die Hand des Feindes. Im Rathaus von Heilbronn beteuert er seine Unschuld. Schließlich wird er mit Gewalt von Franz von Sickingen befreit und zieht sich wieder auf seine Burg zurück. Götz hat den Urfehdeschwur geleistet und damit eigentlich auf Rache für seine Festnahme verzichtet, dennoch lässt er sich von den aufständischen Bauern zu ihrem Hauptmann wählen – unter der Bedingung, dass sie auf Gewalttaten verzichten. Als er versucht, ihren Ausschreitungen ein Ende zu setzen, wenden sich die Bauern von ihm ab. Im Kampf gegen das Reichsheer, das den Bauernaufstand niederwerfen will, wird Götz von Weislingens Reitern festgenommen.

Adelheid ist gelangweilt von Weislingen. Sie überredet ihren Geliebten Franz, Weislingens Diener, seinen Herren zu vergiften. Franz bringt sich aus Verzweiflung über seine Tat um, Adelheid wird wegen Ehebruch und Mord zum Tode verurteilt. Götz stirbt in Gefangenschaft.

*Schlossmuseum Jagsthausen
Schloßstraße 17
74249 Jagsthausen
Burgfestspiele Jagsthausen
www.jagsthausen.de*

Die Leiden des jungen Werther – ein internationaler Bestseller

Der erste Roman Goethes, *Die Leiden des jungen Werther*, ist in Brief-form verfasst und verhilft dem Autor, der schon durch *Götz von Ber-lichingen* bekannt ist, zum internationalen Durchbruch. Der Roman erscheint 1774 auf der Leipziger Buchmesse und wird gleich zum Bestseller. Bereits 1775 wird er ins Französische übersetzt, 1779 ins Englische und 1781 ins Italienische.

Goethe kennt die englischen Briefromane Samuel Richardsons eben-so wie Sophie La Roches *Geschichte des Fräuleins von Sternheim*. Beide dienen ihm als Orientierung beim Verfassen seines Romans.

Die Leiden des jungen Werther wird heftig diskutiert, denn er scheint gegen alle Normen der Aufklärung zu verstoßen. Goethe erzählt die Geschichte eines jungen Mannes, der eine glänzende Karriere auf-gibt, um seiner leidenschaftlichen Liebe zu einer verheirateten Frau nachzugehen. Nur von seinen Gefühlen geleitet verirrt er sich in seiner unerwiderten, unglücklichen Liebe und begeht schließlich Selbstmord, da er keinen Ausweg für seinen Schmerz am Leben sieht.

Am 27. Oktober
Ich möchte mir oft die Brust zerreißen und das Gehirn einstoßen, daß man einander so wenig sein kann. Ach die Liebe, Freude, Wär-me und Wonne, die ich nicht hinzubringe, wird mir der andere nicht geben, und mit einem ganzen Herzen voll Seligkeit werde ich den andern nicht beglücken, der kalt und kraftlos vor mir steht.
[…]
Am 4. Dezember
Ich bitte dich – siehst du, mit mir ist's aus, ich trag' es nicht länger! Heute saß ich bei ihr – saß, sie spielte auf ihrem Klavier, mannig-faltige Melodien, und all den Ausdruck! All! – All! – Was willst du? – Ihr Schwesterchen putzte ihre Puppe auf meinem Knie. Mir kamen die Tränen in die Augen. Ich neigte mich, und ihr Trauring fiel mir ins Gesicht – meine Tränen flossen – und auf einmal fiel sie in die alte, himmelsüße Melodie ein, so auf einmal, und mir durch die See-le gehn ein Trostgefühl und eine Erinnerung des Vergangenen, der Zeiten, da ich das Lied gehört, der düstern Zwischenräume des Ver-drusses, der fehlgeschlagenen Hoffnungen, und dann – ich ging in der Stube auf und nieder, mein Herz erstickte unter dem Zudringen. – „Um Gottes willen," sagte ich, mit einem heftigen Ausbruch hin gegen sie fahrend, „um Gottes willen, hören Sie auf!" – sie hielt und sah mich starr an. „Werther", sagte sie mit einem Lächeln, das mir durch die Seele ging, „Werther, Sie sind sehr krank, Ihre Lieblings-gerichte widerstehen Ihnen. Gehen Sie! Ich bitte Sie, beruhigen Sie sich". – ich riß mich von ihr weg und – Gott! Du siehst mein Elend und wirst es enden.

Der Roman hat zahlreiche Kritiker, darunter auch Lessing, der Goe-the vorwirft, die Geschichte ausschließlich aus der Perspektive Werthers zu erzählen. Zudem wird Goethe vorgeworfen, den Selbst-mord zu legitimieren und damit den „moralischen Endzweck" des Stückes verfehlt zu haben.

Lenz verteidigt Goethe: *„Und die moralische Wirkung [...] besteht im Falle des Werther gerade darin, dass er uns mit Leidenschaften und Empfindungen bekannt macht, die jeder in sich deutlich fühlt, die er aber nicht mit Namen zu nennen weiß. Darin besteht das Verdienst jedes Dichters."* Er versucht darzulegen, dass die Stürmer und Dränger durchaus die Forderungen der Aufklärung nach moralischer Belehrung berücksichtigen. Ihnen ist es aber wichtig, die Gefühle und Leidenschaften nicht der Vernunft unterzuordnen. Deshalb stellen sie diese in der Literatur dar und machen sie überhaupt erst erfahrbar. Der Mensch hat Anspruch auf Selbstverwirklichung und auf die Entfaltung aller Kräfte: Werther ist ein gebildeter, hochintelligenter junger Mann mit den besten Karrierechancen. Doch all das bedeutet ihm nichts. *„Ach was ich weiß, kann jeder wissen"*. Nur seine Leidenschaft hebt ihn von anderen ab und lässt ihn einzigartig sein. Dadurch lässt er das Gefühl und seine Emotionalität zum Motor seiner Handlungen werden – womit er scheitern muss.

Prometheus – „hier sitz ich, forme Menschen nach meinem Bilde"
Zwischen 1772 und 1774 entsteht eine Vielzahl an Hymnen. Die *Prometheus*-Hymne wird zu einem der bekanntesten Gedichte Goethes, da es die Charakteristiken der Sturm und Drang-Bewegung wie kein anderes vereint.

Prometheus

Bedecke deinen Himmel, Zeus,
Mit Wolkendunst!
Und übe, Knaben gleich,
Der Disteln köpft,
An Eichen dich und Bergeshöhn!
Mußt mir meine Erde
Doch lassen stehn,
Und meine Hütte,
Die du nicht gebaut,
Und meinen Herd,
Um dessen Glut
Du mich beneidest.

Ich kenne nichts Ärmeres
Unter der Sonn als euch Götter.
Ihr nähret kümmerlich
Von Opfersteuern
Und Gebetshauch
Eure Majestät
Und darbtet, wären
Nicht Kinder und Bettler
Hoffnungsvolle Toren.

Da ich ein Kind war,
Nicht wußte, wo aus, wo ein,
Kehrte mein verirrtes Aug

Zur Sonne, als wenn drüber wär
Ein Ohr zu hören meine Klage,
Ein Herz wie meins,
Sich des Bedrängten zu erbarmen.

Wer half mir wider
Der Titanen Übermut?
Wer rettete vom Tode mich,
Von Sklaverei?
Hast du's nicht alles selbst vollendet,
Heilig glühend Herz?
Und glühtest, jung und gut,
Betrogen, Rettungsdank
Dem Schlafenden dadroben?

Ich dich ehren? Wofür?
Hast du die Schmerzen gelindert
Je des Beladenen?
Hast du die Tränen gestillet
Je des Geängsteten?

Hat nicht mich zum Manne geschmiedet
Die allmächtige Zeit
Und das ewige Schicksal,
Meine Herren und deine?

Goethe
Nationalmuseum
Frauenplan
99423 Weimar

Weitere Informationen:
Klassik Stiftung
Weimar
Frauentorstraße 4
99423 Weimar
www.klassik-stiftung.de

Wähntest du etwa,
Ich sollte das Leben hassen,
In Wüsten fliehn,
Weil nicht alle Knabenmorgen-
Blütenträume reiften?

Hier sitz ich, forme Menschen
Nach meinem Bilde,
Ein Geschlecht, das mir gleich sei,
Zu leiden, weinen,
Genießen und zu freuen sich,
Und dein nicht zu achten,
Wie ich.

Goethe-
Nationalmuseum
in Weimar

1775 zieht Goethe auf Einladung des Fürsten Karl August von Sachsen-Weimar-Eisenach (1757–1828) nach Weimar, der Stadt, in der er bis auf wenige Unterbrechungen bis zu seinem Tod 1832 lebt. Es versammeln sich eine namhafte Anzahl von Geistesgrößen in der kleinen Stadt, darunter die Stürmer und Dränger Jakob Michael Reinhold Lenz und Friedrich Maximilian Klinger, auf Wunsch Goethes Johann Gottfried Herder und schließlich 1787 Friedrich Schiller. Damit werden sie zu den Begründern der Weimarer Klassik.

Jakob Michael Reinhold Lenz (1751–1792)

Jakob Michael Reinhold Lenz wird 1751 in Livland, im heutigen Lettland als Sohn eines pietistischen Pfarrers geboren. Sein Theologie- und Philosophiestudium bricht er ab, um 1771 nach Straßburg aufzubrechen, wo er unter anderem Johann Wolfgang von Goethe und Johann Heinrich Jung-Stilling (1740–1817) kennen lernt. Lenz entwickelt sich zu einem der radikalsten Vertreter des Sturm und Drang. In seinen *Anmerkungen übers Theater* übt er 1774 Kritik an der Aristotelischen Poetik und fordert eine offene Dramenform mit individualisierten Charakteren:

Jakob Michael
Reinhold Lenz
(1751–1792)

Wir nennen die Köpfe Genies, die alles, was ihnen vorkommt, gleich so durchdringen, durch und durch sehen, daß ihre Erkenntnis denselben Wert, Umfang, Klarheit hat, als ob sie durch Anschaun oder alle sieben Sinne zusammen wäre erworben worden.

Zu den bedeutendsten Werken Lenz' gehören *Der Hofmeister* (1774) und *Die Soldaten* (1776). Er verfasst außerdem Erzählungen, Romane, lyrische, satirische und sozialkritische Schriften. Im *Hofmeister* fordert Lenz die Abschaffung der Hauslehrer und stattdessen öffentliche Schulen, in den *Soldaten* kritisiert er die Gier des Bürgertums nach gesellschaftlichem Aufstieg und die Skrupellosigkeit des Adels. Lenz stirbt 1792 nach Jahren des Elends in Moskau.

Der junge Friedrich Schiller (1759–1805)

Friedrich Schiller wird 1759 im württembergischen Marbach am Neckar geboren. Seine Familie gilt als gottesfürchtig. Neben der regelmäßigen Lektüre der Bibel werden die Kirchenlieder und die *Geistlichen Oden und Lieder* von Christian Fürchtegott Gellert gelesen.

1767 lebt die Familie erstmals in einer großen Stadt mit Theater und Opernhaus, in Ludwigsburg. Beeinflusst vom dortigen kulturellen Leben ändern und erweitern sich Schillers Lesegewohnheiten. Gemeinsam mit seinem Vater besucht er Theateraufführungen und fühlt sich sofort angeregt, selbst Theaterstücke zu verfassen. Er besucht bis 1772 die Lateinschule und ab 1773 auf Wunsch des Herzogs Karl Eugen von Württemberg (1728–1793), in dessen Dienst Schillers Vater tätig ist, die Ludwigsburger „Militär-Pflanzschule". 1775 zieht die Schule nach Stuttgart und wird zur Hohen Karlsschule mit Universitätsrang umbenannt, an der Schiller neun Jahre unterrichtet wird: Gymnasialzeit (1772–1774), Studium der Rechte (1774–1776), Medizinstudium (1776–1780) und schließlich die Arbeit als Regimentsarzt (1780–1782) bilden eine bedrückende Lebensphase für Schiller, der unter der militärischen Strenge der Lebensbedingungen, dem Kontrollzwang und der mangelnden Privatsphäre leidet. Trotz der autoritären Erziehungsmethoden hat die Schule einen ausgezeichneten Ruf. Bereits im ersten Jahr lernt Schiller etwas über die neuere und neueste deutsche Literatur. Zu seiner Lektüre gehören Klopstocks *Messias* und *Oden*, Goethes *Götz von Berlichingen* und *Werther* sowie weitere Dramen des Sturm und Drang. Im *Schwäbischen Magazin von den Gelehrten Sachen* veröffentlicht er 1776 erstmals ein Gedicht, das seine Lektüre, insbesondere Klopstock, deutlich zeigt.

Friedrich Schiller
(1759–1805)

Die Literatur der Klassik (1786–1805)

Die Deutsche Klassik umfasst den Zeitraum von 1786 bis 1805. Da sich neben Johann Wolfgang von Goethe und Friedrich Schiller weitere Vertreter der Klassik in Weimar versammeln, spricht man von der Weimarer Klassik. Mit der Italienreise Goethes 1786 lässt man die Epoche beginnen. Schillers Tod im Jahr 1805 beschließt diese für die deutsche Literatur folgenreiche Epoche.

Was ist *klassisch*?

Der Begriff *klassisch* wird im 18. Jahrhundert erstmals von Schriftstellern verwendet und bezeichnet ein mustergültiges, meisterhaftes Werk von hohem Rang. Seit der Renaissance gilt die Antike als Vorbild und Maßstab, was dazu führt, dass im deutschen und französischen Sprachgebrauch *klassisch* mit *antik* gleichgesetzt wird. Doch nicht nur antike Werke werden als klassisch bezeichnet. Auch zeitgenössische, die antiken Maßstäben entsprechen, nennt man so. Schließlich wird dem Begriff eine dritte Bedeutung zugeordnet: Klassisch bezeichnet einen bestimmten Stil, den man als harmonisch, maßvoll, vollendet und in Form und Inhalt ausgewogen bezeichnen kann.

Der Archäologe und Begründer der Kunstgeschichte Johann Joachim Winckelmann (1717–1768) lenkt den Blick auf die griechische Antike. Davor galt das Interesse ausschließlich der römischen Kultur. Seine beiden Schriften *Gedanken über die Nachahmung griechischer Werke in der Malerei und Bildhauerkunst* (1755) sowie *Geschichte der Kunst des Altertums* (1764) prägen die Begriffe der „edlen Einfalt" und „stillen Größe" mit denen er die ästhetischen Maßstäbe der Antike klassifiziert. Diese gilt es in die Gegenwart zu übertragen. *„Der einzige Weg für uns, groß, ja wenn es möglich ist, unnachahmlich zu werden, ist die Nachahmung der Alten."* Er betrachtet die Darstellung der Schönheit als höchstes Ziel der Kunst.

Dem Ideal der Klassik entspricht ein Mensch, der das Gute, Wahre und Schöne anstrebt, an Selbstbestimmung und Selbstvollendung glaubt. Der Idealismus der Klassik basiert auf der Philosophie Immanuel Kants. Ausgehend von seinen beiden Schriften *Kritik der wahren Vernunft* (1781) und *Kritik der praktischen Vernunft* (1788) formuliert er den Leitsatz des klassischen Weltbildes: *„Handle so, dass du die Menschheit sowohl in deiner Person als in der Person eines jeden anderen jederzeit zugleich als Zweck, niemals bloß als Mittel brauchst."* Sittliches Handeln besteht nach Kant nur dann, wenn man freiwillig im Sinne bestimmter Gebote handelt. Wichtig ist das Wollen. Wer Gesetze nur pflichtgemäß befolgt, handelt nicht sittlich.

Entfaltung der Persönlichkeit bei gleichzeitigem Befolgen der Gesetze bezeichnet die Klassik als Humanität. Diese ist unabdingbar für das harmonische Zusammenleben der gesamten Menschheit. Nach Johann Gottfried Herder ist sie der einzige Weg, der zur Menschwerdung führt: *„Die Bildung zu ihr* [der Humanität] *ist ein Werk, das unablässig fortgesetzt werden muß oder wir sinken, höhere und niedere Stände, zur rohen Tierheit, zur Brutalität zurück."*

Anna Amalia von
Braunschweig-Wolfen-
büttel (1739–1807)

**Herzogin Anna
Amalia Bibliothek**
Der mit ausgewählten
Kunstwerken und zig-
tausende Büchern aus-
gestattete Rokokosaal
der Bibliothek ist welt-
berühmt. Seit 1998 ge-
hören sowohl der Ro-
kokosaal als auch das
Gebäude zum Weltkul-
turerbe der UNESCO.
Schon Ende des 18.
Jahrhundert gehört
die Bibliothek zu den
bedeutendsten in
Deutschland. Zwischen
1691 und 1830 wächst
der Bestand auf rund
80.000 Bände an.
Bei einem verheeren-
den Brand im Jahr
2004 wurden in etwa
110.000 Bücher durch
Feuer und Löschwasser
stark beschädigt und
zum Teil unwieder-
bringlich zerstört. Die
Bibliothek wurde nach
umfangreichen Restau-
rierungsmaßnahmen
2007 der Öffentlichkeit
wieder zugänglich ge-
macht.

*Herzogin Anna Amalia
Bibliothek
Platz der Demokratie 1
99423 Weimar
Weitere Informationen:
www.klassik-stiftung.de*

Weimar – das literarische Zentrum der Deutschen Klassik

Von 1775 bis 1828 wird das Herzogtum Weimar von Herzog Karl August
zu Sachsen-Weimar-Eisenach (1757–
1828) regiert, der seine ausgezeich-
nete Erziehung unter anderem bei
Christoph Martin Wieland genossen
hat. Karl August gilt als liberal und
duldet in Grenzen eine gewisse Mei-
nungs- und Pressefreiheit in der rund
6.000 Einwohner zählenden Stadt.

Herzog Karl August
zu Sachsen-Weimar-
Eisenach (1757–1828)

Da die kleine Residenz über keinerlei Industrie verfügt, fehlt eine breite,
wohlhabende Mittelschicht. Das kulturelle Leben konzentriert sich folg-
lich ganz auf den Hof, an dem Anna Amalia, die Mutter des Herzogs,
wichtige Persönlichkeiten versammelt. Zum „Weimarer Musenhof"
gehören neben den Schriftstellern Goethe, Schiller, Wieland und
Herder auch Verleger, Staatsdiener, Künstler und Wissenschaftler sowohl adeliger als auch bürgerlicher Herkunft. Als regelmäßige Treff-
punkte dienen das Wittumspalais, in dem Anna Amalia 1774 ihren
Witwensitz bezieht, das Schloss als Zentrum Weimars und Park Et-
tersburg sowie Schloss Tiefurt. Anna Amalia richtet zahlreiche Feste,
Vorträge und Lesungen, Theateraufführungen und Konzerte aus und
übernimmt 1766, während ihrer Regentschaft, die 1691 gegründete
und schließlich nach ihr benannte Weimarer Bibliothek. Später leitet Goethe über 35 Jahre lang die Bibliothek in seiner Funktion als
Staatsbeamter.

Die Weimarer „Meister" Goethe und Schiller

1775 bis 1786 – Goethe in Weimar

Der Einladung des jungen Herzogs Karl August folgend reist Goethe
1775 nach Weimar und tritt 1776 eine Stelle als oberster Beamter im
Staatsdienst an. Überraschend engagiert und pflichtbewusst für einen Dichter, doch nicht sonderlich erfolgreich, versucht er, finanzielle, wirtschaftliche und soziale Reformen durchzusetzen. 1779 wird
Goethe zum Geheimrat ernannt. In Weimar entwickelt sich sein Interesse an den Naturwissenschaften. So entdeckt er 1784 den menschlichen Zwischenkieferknochen. Seine Forschungen veröffentlicht er
in der Schrift *Über den Zwischenkieferknochen des Menschen und
der Thiere.*

Goethes Lyrik, die in dieser Zeit entsteht, so zum Beispiel die Ballade
Erlkönig (1782), steht noch im Zeichen des Sturm und Drang, lässt
aber schon erste maßvolle Züge erkennen. Er selbst beschreibt sie
später als „antiker Form sich nähernd".

Erlkönig

Wer reitet so spät durch Nacht und Wind?
Es ist der Vater mit seinem Kind;
Er hat den Knaben wohl in dem Arm,
Er faßt ihn sicher, er hält ihn warm.

Mein Sohn, was birgst du so bang dein Gesicht? –
Siehst Vater, du den Erlkönig nicht?
Den Erlenkönig mit Kron und Schweif?
Mein Sohn, es ist ein Nebelstreif.

„Du liebes Kind, komm, geh mit mir!
Gar schöne Spiele spiel ich mit dir;
Manch bunte Blumen sind an dem Strand,
Meine Mutter hat manch gülden Gewand."

Mein Vater, mein Vater, und hörest du nicht,
Was Erlenkönig mir leise verspricht?
Sei ruhig, bleibe ruhig, mein Kind;
In dürren Blättern säuselt der Wind.

„Willst, feiner Knabe, du mit mir gehn?
Meine Töchter sollen dich warten schön;
Meine Töchter führen den nächtlichen Reihn
Und wiegen und tanzen und singen dich ein."

Mein Vater, mein Vater, und siehst du nicht dort
Erlkönigs Töchter am düstern Ort?
Mein Sohn, mein Sohn, ich seh es genau:
Es scheinen die alten Weiden so grau.

„Ich liebe dich, mich reizt deine schöne Gestalt;
Und bist du nicht willig, so brauch ich Gewalt."
Mein Vater, mein Vater, jetzt faßt er mich an!
Erlkönig hat mir ein Leids getan!

Dem Vater grauset's, er reitet geschwind,
Er hält in den Armen das ächzende Kind,
Erreicht den Hof mit Mühe und Not;
In seinen Armen das Kind war tot.

Die Lyrik der Klassik löst sich von den freien Rhythmen des Sturm und Drang und setzt stattdessen auf die Formen der Antike. Dies bedeutet gleichzeitig eine Abkehr von der Tradition der alten Volkslieder mit ihrer „natürlichen Sprache", wie sie von Herder im Sturm und Drang gefordert wird. Goethes Wandel hin zur Klassik zeigt sich am deutlichsten an seinen Hymnen. Zwischen 1779 und 1783 entstehen mehrere Hymnen, darunter *Meine Göttin* (1780), *Grenzen der Menschheit* (1781) und *Das Göttliche* (1783). Insgesamt sind die Hymnen viel gegliederter als vorangehende Werke, der Ton ist ruhiger.

Der Begriff **Ballade** kommt vom italienischen *ballata* und dem provenzalischen *balada*. Der italienische und provenzalische Begriff, von dem sich die ursprüngliche Form der europäischen Ballade ableitet, meint ein refraingebundenes Liebeslied.

Der Begriff gelangt durch die Ausbreitung der ritterlichen Kultur von Nordfrankreich nach Deutschland. Im neuzeitlichen Sinn bezeichnet die Ballade ein Tanzlied. In Deutschland wird die lyrische Form des Tanzliedes mit epischen Inhalten verknüpft.

Seit Mitte des 18. Jahrhunderts wird der Begriff Ballade im Sinne von erzählendem Lied oder Gedicht gebraucht. Berichtet wird von einer konfliktreichen Begebenheit. Dabei können spannungsgeladene Dialoge zum Einsatz kommen oder eine stimmungsvolle Erzählform. Die Begebenheit kann sowohl komisch als auch tragisch sein.
Man unterscheidet zwischen belehrenden und unterhaltenden Balladen und solchen mit politischer Aussage. Es ist Goethe, der die Definition der Ballade prägt als Mischform zwischen Lyrik (Gedichtform), Epik (Erzählen des Ereignisses) und Dramatik (spannungsgeladene Dialoge).

Der Begriff **Hymne** stammt vom griechischen Wort *hymnos*. Die Hymne unterliegt keiner festen Form. Anders als in der Aufklärung, in der die Hymne zur Belehrung des Lesers dient, wird sie in der Klassik nach antikem Vorbild häufig zur Lobpreisung eines Gottes eingesetzt.

Grenzen der Menschheit

Wenn der uralte,
Heilige Vater
Mit gelassener Hand
Aus rollenden Wolken
Segnende Blitze
Über die Erde sät,
Küss' ich den letzten
Saum seines Kleides,
Kindlicher Schauer
Treu in der Brust.

Denn mit Göttern
Soll sich nicht messen
Irgendein Mensch.
Hebt er sich aufwärts
Und berührt
Mit dem Scheitel die Sterne,
Nirgends haften dann
Die unsichern Sohlen,
Und mit ihm spielen
Wolken und Winde.

Steht er mit festen,
Markigen Knochen
Auf der wohlgegründeten
Dauernden Erde:
Reicht er nicht auf,
Nur mit der Eiche
Oder der Rebe
Sich zu vergleichen.

Was unterscheidet
Götter von Menschen?
Daß viele Wellen
Vor jenen wandeln,
Ein ewiger Strom:
Uns hebt die Welle,
Verschlingt die Welle,
Und wir versinken.

Ein kleiner Ring
Begrenzt unser Leben,
Und viele Geschlechter
Reihen sich dauernd
An ihres Daseins
Unendliche Kette.

Goethe in der Campagna, Gemälde von Johann Heinrich Wilhelm Tischbein, 1787

In die frühe Weimarer Zeit fällt die Bekanntschaft Goethes mit der sieben Jahre älteren, hoch gebildeten, verheirateten Hofdame Charlotte von Stein, mit der ihn zeitlebens eine tiefe aber spannungsreiche Freundschaft verbindet. Charlotte von Steins Einfluss auf Goethe ist in den ersten Jahren sehr groß.

1786 bis 1788 – Goethe in Italien

Neben den Enttäuschungen seiner politischen Laufbahn ist es auch die konfliktreiche Beziehung zu Charlotte von Stein, die Goethe 1786 zu seiner eineinhalb Jahre andauernden Italienreise veranlasst. Bevor Goethe sich längere Zeit in Rom aufhält besucht er Verona, Vicenza und Venedig und besichtigt die berühmten Villen des italienischen Renaissance-Architekten Andrea Palladio (1508–1580). Seine bereits in Weimar begonnenen Werke *Egmont* und *Torquato Tasso* vollendet er in Italien, *Iphigenie auf Tauris* schreibt er unter dem Einfluss von Karl Philipp Moritz in Versform um. 1788 kehrt Goethe nach Weimar zurück – sein künstlerisches Weltbild hat sich in Italien radikal verändert.

Iphigenie auf Tauris

Das Drama *Iphigenie auf Tauris* steht ganz in Zeichen des klassischen Ideals bei dem nach Winckelmann die *„Figuren der Griechen bei allen Leidenschaften eine große und gesetzte Seele"* haben. Als Vorlage dient ihm das Stück *Iphigenie bei den Taurern* (um 414 v. Chr.) des griechischen Tragödiendichters Euripides. Zwar verzichtet Goethe auf den Chor, befolgt aber den in der Poetik des Aristoteles festgelegten streng symmetrischen Aufbau der klassischen griechischen Tragödie und die Einheit von Ort, Zeit und Handlung.

Goethes *Iphigenie* ist im Stil des französischen Klassizismus eines Jean Racine (1639–1699) verfasst: karge Szenen und sehr dialoglastig. *„Es ist reich an innerem Leben, aber arm an äußerem"* konstatiert Goethe später selbst gegenüber seinem engen Vertrauten, dem Dichter Johann Peter Eckermann.

Die Handlung konzentriert sich auf das Denken und Bewusstsein der Protagonisten und ihre Gespräche. Aus diesem Grund wird das Stück auch als „Seelendrama" bezeichnet. Nach der Umarbeitung in Italien findet Goethe endlich zur lange gesuchten harmonischen Form, die er für sein Werk anstrebt. Er verfasst das Stück in Blankvers, einem reinen fünfhebigen Jambus, den Lessing auch für *Nathan der Weise* verwendete und bringt die *„schlotternde Prosa"* der Erstfassung in einen *„gemeßnern Schritt"*, wie er in einem Brief an Herder kommentiert.

Die Vorgeschichte zu *Iphigenie auf Tauris* wird im Stück nicht erzählt. Es wird vorausgesetzt, eine Leserschaft vorzufinden, der die Thematik bekannt ist: Iphigenie entstammt dem Geschlecht der Tantaliden, das mit einem Fluch belegt ist. Ein Urahn Iphigenies, der überaus kluge Halbgott Tantalus, war aufgrund seines Wissens häufiger Gast bei den Göttern. Um das Allwissen der Götter auf die Probe zu stellen, serviert er ihnen bei einer Gegeneinladung seinen Sohn als Mahl. Doch die Götter durchschauen seine Tat und belegen ihn mit einem Fluch, dem Tantalidenfluch, der alle Nachfolgen mit Rache und Gewalt konfrontiert. Alle Nachgeborenen werden zu Mördern an oder Opfer von Familienmitgliedern.

Im Feldzug gegen Troja opfert Agamemnon seine älteste Tochter, um die Göttin Artemis sanft zu stimmen. Doch die Göttin Diana rettet das Mädchen und bringt sie nach Tauern, wo Iphigenie im Tempel Dianas als Priesterin dient. Einem alten Gesetz der Taurer zufolge wird jede fremde Person, die das Reich betritt, der Göttin geopfert. König Thoas hingegen schenkt Iphigenie das Leben. Damit bricht er das Gesetz.

Das Stück setzt mit einem Monolog Iphigenies ein, in dem sie über den Konflikt zwischen ihrer Sehnsucht, nach Griechenland zu ihrer Familie zurückzukehren und ihrer Pflicht, als Priesterin zu dienen, klagt. Zudem möchte König Thoas sie heiraten. Sie lehnt ab, denn sie wagt es nicht, ihre wahre Identität preiszugeben. Die Zurückwei-

Friedrich Weinbrenner (1766–1826)

Evangelische Stadtkirche Karlsruhe, nach Plänen des Architekten Friedrich Weinbrenner

sung verletzt Thoas. Er fordert sie auf, zwei Männer, die an der Küste gelandet sind, gefangen zu nehmen. Die Fremden sind Orest, Iphigenies Bruder, und dessen Freund Pylades. Zunächst bleiben die beiden Männer unerkannt.

Orest ist gekommen, um ein hölzernes Standbild der Göttin Diana zu entführen und nach Griechenland zu bringen. Er hat auf Anraten des Gottes Apoll seine Mutter Klytemnestra getötet und wird nun von Erinnyen verfolgt – das sind rasende Rachegöttinnen, auch Furien genannt. Apoll will ihn nur dann vor der Rache der Erinnyen in Schutz nehmen, wenn es ihm gelingt, seine Schwester nach Griechenland zurückzubringen. In der fälschlichen Annahme, Apoll meine seine eigene Schwester Diana, reist Orest nach Tauris.

Pylades und Orest erzählen Iphigenie von den Ereignissen in Griechenland, dem Tod ihres Vaters durch die Hand der Mutter sowie die Ermordung der Mutter durch den Bruder. Iphigenie ist erschüttert. Orest gibt sich schließlich zu erkennen. Er will lieber sterben, als in die Hände der Erinnyen zu fallen. Die drei entscheiden, gemeinsam zu fliehen. Doch Iphigenie hat Gewissensbisse, den König zu hintergehen. Sie weiß nicht was sie tun und wie sie sich entscheiden soll: für Flucht und Lüge oder für die Offenbarung der Wahrheit über ihre Identität und die der beiden Gefangenen.

Iphigenie:
O sähest du, wie meine Seele kämpft,
Ein bös Geschick, das sie ergreifen will,
Im ersten Anfall mutig abzutreiben!
So steh ich denn hier wehrlos gegen dich?
Die schöne Bitte, den anmut'gen Zweig,

> *In einer Frauen Hand gewaltiger*
> *Als Schwert und Waffe, stößest du zurück:*
> *Was bleibt mir nun, mein Innres zu verteid'gen?*
> *Ruf ich die Göttin um ein Wunder an?*
> *Ist keine Kraft in meiner Seele Tiefen?*

Thoas:

> *Es scheint, der beiden Fremden Schicksal macht*
> *Unmäßig dich besorgt. Wer sind sie, sprich,*
> *Für die dein Geist gewaltig sich erhebt?*
> *[…]*

Iphigenie:

> *[…]*
> *Allein euch leg ich's auf die Kniee! Wenn*
> *Ihr wahrhaft seid, wie ihr gepriesen werdet,*
> *So zeigt's durch euern Beistand und verherrlicht*
> *Durch mich die Wahrheit! – Ja, vernimm, o König,*
> *Es wird ein heimlicher Betrug geschmiedet:*
> *Vergebens fragst du den Gefangnen nach;*
> *Sie sind hinweg und suchen ihre Freunde,*
> *Die mit dem Schiff am Ufer warten, auf.*
> *Der älteste, den das Übel hier ergriffen*
> *Und nun verlassen hat – es ist Orest,*
> *Mein Bruder, und der andre sein Vertrauter,*
> *Sein Jugendfreund, mit Namen Pylades.*
> *[…]*

Iphigenie entscheidet sich für die Wahrheit. Sie gibt ihre und ihres Bruders Identität preis und berichtet Thoas vom Fluchtplan. Humanität bedeutet die Vereinigung von Vernunft und Gefühl, von Pflicht und Neigung zu einem harmonischen Ganzen. Dies erhofft sie sich von Thoas.

Thoas:

> *Du forderst viel in einer kurzen Zeit.*

Iphigenie:

> *Um Guts zu tun, braucht's keiner Überlegung.*

Thoas:

> *Sehr viel! denn auch dem Guten folgt das Übel.*

Iphigenie:

> *Der Zweifel ist's, der Gutes böse macht.*
> *Bedenke nicht; gewähre, wie du's fühlst.*

Thoas lässt die Drei ziehen. Orest begreift, dass es seine Schwester Iphigenie ist, die er nach Griechenland zurückbringen sollte, und nicht Apolls Schwester Diana.

Herder empfindet das Stück als wahrhaft klassisch: *„Iphigenie scheint bis zur Täuschung, sogar eines mit den Griechischen Dichtern wohl bekannten Lesers, ein alt Griechisches Werk zu seyn."*

Christiane von Goethe
(geborene Vulpius,
1765–1816) mit
Sohn August

1788 bis 1794 – die ersten klassischen Jahre Goethes

Kurz nach seiner Rückkehr nach Weimar lernt Goethe Christiane Vulpius kennen, ein junges, aus einfachen Verhältnissen stammendes Mädchen, in das sich der mittlerweile knapp Vierzigjährige verliebt. Die Weimarer Gesellschaft zeigt sich entrüstet über die Verbindung.

Seine politischen Aufgaben als Staatsbeamter lenkt Goethe zunehmend auf den kulturellen und künstlerischen Bereich. Zu seinen liebsten Beschäftigungen gehört die Leitung des Hoftheaters in Weimar, an dem er manchmal selbst mitspielt und dem er zu landesweiter Bedeutung verhilft.

Torquato Tasso –
„die Disproportion des Talents mit dem Leben"

Torquato Tasso gilt als eines der Hauptwerke der Weimarer Klassik. Die Arbeit am Drama erstreckt sich über zehn Jahre, erste Teile entstehen bereits 1780. Es erscheint schließlich 1790.

Nur fünf Personen lässt Goethe in seinem Stück auftreten: den Herzog Alfons von Ferrara, seine Schwester Leonore von Este, die Gräfin Leonore Sanvitale, Staatsekretär Antonio Montecatino und den Dichter Torquato Tasso. Im Mittelpunkt des Stückes steht der italienische Dichter Torquato Tasso (1544–1595) und das Leben am Hof von Ferrara. Verknüpft wird die Liebe Tassos zu Leonore von Este mit dem Verhältnis des bürgerlichen Dichters zur aristokratischen Hofgesellschaft, in der letztlich der Künstler nicht respektiert wird. Goethe lässt die Handlung innerhalb eines Tages im Lustschloss des Herzogs Alfonso II. von Ferrara spielen. Trotz der starken Emotionen der Protagonisten – es geht schließlich um glühende Liebe, Eifersucht und Enttäuschung – ist die Sprechweise aller fünf Figuren sehr kontrolliert, weder überschwänglich noch ausfallend.

Bei der Überarbeitung und Weiterentwicklung des Stückes nutzt Goethe die 1785 in Rom erschienene Biografie des historischen Tasso von Pierantonio Serassi (1721–1791) mit dem Titel *La vita di Torquato Tasso* (*Das Leben des Torquatto Tasso*). Der Hof, und dabei hat Goethe Weimar im Blick, verlangt eine höfisch-repräsentative Dichtung, die zu seiner Unterhaltung und Verherrlichung beiträgt. Goethe muss zwar keine Lobreden auf den Hof verfassen, doch fühlt auch er sich mit seiner Kunst nicht verstanden. In der Figur der Prinzessin Leonore von Este spiegelt sich zudem die spannungsreiche Beziehung zu Charlotte von Stein.

Dem gefühlsbetonten bürgerlichen Dichter Tasso steht der weltmännisch auftretende Staatsekretär Antonio gegenüber, der ein Auge auf Leonore von Este geworfen hat. Antonio ist pragmatisch und hat wenig für die Welt des Geistes und der Kunst übrig. Die Wissenschaft schätzt er *„wenn sie nutzt"*, die Kunst *„sofern sie ziert"*. Tasso hingegen gilt die Kunst und das Dichten als höchster Lebenszweck – sein Ideal ist die Autonomie der Kunst vor allen Zwecken. Er leidet darunter, nicht frei dichten zu können. Die Damenwelt ist allerdings voller

Bewunderung für Tasso: Leonore von Este und die Gräfin Sanvitale setzten ihm im Lustschloss Alfonsos den Lorbeerkranz auf. Dieser gilt seit der Antike als besondere Auszeichnung für herausragende Leistungen. Doch Tassos Freude über die Ehrung währt nicht lange. Es kommt zum Streit zwischen ihm und Antonio, in dessen Folge Tasso mit Arrest bestraft und vom Herzog aufgefordert wird, sich zu versöhnen. Er leistet der Aufforde-

rung nur zum Schein Folge. Nach dem Ende des Arrests glaubt er, eine Zukunft mit Leonore zu haben. Doch Leonore bewundert nur den Dichter – ohne seine Dichtung wirklich zu verstehen – und nicht den Menschen oder gar Mann Tasso. Dieser ist ihr zu lebensfern. Tasso drückt Leonore stürmisch an sich, sie weist ihn zurück. *„Er kommt von Sinnen, halt ihn fest"* fordert der Herzog Antonio auf.

Tasso*:*

> *O edler Mann! Du stehest fest und still,*
> *Ich scheine nur die sturmbewegte Welle.*
> *Allein bedenk', und überhebe nicht*
> *Dich deiner Kraft! Die mächtige Natur,*
> *Die diesen Felsen gründete, hat auch*
> *Der Welle die Beweglichkeit gegeben.*
> *Sie sendet ihren Sturm, die Welle flieht*
> *Und schwankt und schwillt und beugt sich schäumend über.*
> *In dieser Woge spiegelte so schön*
> *Die Sonne sich, es ruhten die Gestirne*
> *An dieser Brust, die zärtlich sich bewegte.*
> *Verschwunden ist der Glanz, entflohn die Ruhe.*
> *Ich kenne mich in der Gefahr nicht mehr,*
> *Und schäme mich nicht mehr es zu bekennen.*
> *Zerbrochen ist das Steuer, und es kracht*
> *Das Schiff an allen Seiten. Berstend reißt*
> *Der Boden unter meinen Füßen auf!*
> *Ich fasse dich mit beyden Armen an!*
> *So klammert sich der Schiffer endlich noch*
> *Am Felsen fest, an dem er scheitern sollte.*

Tasso klammert sich an Antonio. Die Konkurrenten, die Leonore als *„zwei Männer sind's, ich hab es lang gefühlt,/Die darum Feinde sind, weil die Natur/Nicht Einen Mann aus ihnen beiden formte"* beschreibt, stehen vereint nebeneinander.

In einem Brief an ihren Mann Johann Gottfried Herder erklärt Caroline Herder die Absicht, die Goethe beim Verfassen des Tasso verfolgt: *„Es ist die Disproportion des Talents mit dem Leben."* – das zielt auf die Schwierigkeit Tassos, seine dichterische Kreativität in Einklang mit den Erwartungen des Hofes zu bringen.

Römische Elegien

Ein Großteil der zwischen 1788 und 1790 entstandenen Gedichte des Zyklus *Römische Elegien,* der ursprünglich den Titel *Erotica Romana* trug, veröffentlicht Goethe 1795 in Schillers Monatsschrift *Die Horen.* Ungekürzt erscheinen die 20 Elegien erst 1914 in der Weimarer Ausgabe der Werke Goethes.

Fünfte Elegie

Froh empfind ich mich nun auf klassischem Boden begeistert,
Vor- und Mitwelt spricht lauter und reizender mir.
Hier befolg ich den Rat, durchblättre die Werke der Alten
Mit geschäftiger Hand, täglich mit neuem Genuß.
Aber die Nächte hindurch hält Amor mich anders beschäftigt;
Werd ich auch halb nur gelehrt, bin ich doch doppelt beglückt.
Und belehr ich mich nicht, indem ich des lieblichen Busens
Formen spähe, die Hand leite die Hüften hinab?
Dann versteh ich den Marmor erst recht: ich denk und vergleiche,
Sehe mit fühlendem Aug, fühle mit sehender Hand.
Raubt die Liebste denn gleich mir einige Stunden des Tages,
Gibt sie Stunden der Nacht mir zur Entschädigung hin.
Wird doch nicht immer geküßt, es wird vernünftig gesprochen,
Überfällt sie der Schlaf, lieg ich und denke mir viel.
Oftmals hab ich auch schon in ihren Armen gedichtet
Und des Hexameters Maß leise mit fingernder Hand
Ihr auf den Rücken gezählt. Sie atmet in lieblichem Schlummer,
Und es durchglühet ihr Hauch mir bis ins Tiefste die Brust.
Amor schüret die Lamp' indes und gedenket der Zeiten,
Da er den nämlichen Dienst seinen Triumvirn getan.

Die *Römischen Elegien* erzählen von der Liebe zu einer römischen Geliebten, die Witwe Faustina, aber auch von Arbeit und alltäglichen Begegnungen in Rom. Goethe beschreibt prächtige römische Paläste, Tempel und Gärten ebenso wie die Schönheit der Geliebten.

Goethes Auseinandersetzung mit der Französischen Revolution

Goethe sympathisiert nicht mit der Französischen Revolution. *„Revolutionen sind ganz unmöglich, sobald die Regierungen fortwährend gerecht und fortwährend wach sind, so dass sie ihnen* [dem Volk] *durch zeitgemäße Verbesserungen entgegenkommen und sich nicht so lange sträuben, bis das Notwendige von unten her erzwungen wird."* Er ergreift aber auch keine Partei für den Absolutismus, der ungehinderten Macht des Adels. Das bestehende System hat *„neben vielem Guten zugleich viel Schlechtes, Ungerechtes und Unvollkommenes"* und Goethe ist kein *„Freund des Veralteten und Schlechten",* wie er seinen Standpunkt 1824 zusammenfasst.

Eine **Elegie** ist ein Klagegedicht, das ursprünglich von Musik begleitet wurde. Zu den frühesten bekannten Elegien gehören die Taurischen Elegien des Euripides.
Das Versmaß älterer Elegien ist das Pentameter, später wurden Elegien in Distichen, das sind Zweizeiler, verfasst. Dieses Metrum verwendet Goethe für seine *Römischen Elegien.* Sie orientieren sich inhaltlich nicht an der griechischen, sondern an der römischen Tradition, bei der Elegien häufig Liebe und Erotik thematisieren.

Distichen sind Verspaare, die aus einem Hexameter und einem Pentameter bestehen, also einem Sechs- und einem Fünfmaß.

Er lehnt die Französische Revolution also nicht ab, weil er das Ancien Régime, das alte Herrschaftssystem, befürwortet, sondern weil ihn die revolutionären Gräueltaten erschüttern. Zudem war er 1792 beteiligt am Feldzug gegen Frankreich – er kennt den Krieg aus eigener Anschauung. In seiner unvollendeten Komödie *Die Aufgeregten* (1792) und in dem Lustspiel *Der Bürgergeneral* (1793) lässt er seine Protagonisten die Revolution von Frankreich nach Deutschland transportieren. Gegenüber seinem Sekretär Johann Peter Eckermann (1792–1854) bemerkt Goethe rückblickend, dass die *„revolutionären Aufstände der unteren Klassen eine Folge der Ungerechtigkeiten der Großen"* gewesen seien. In seinem Versepos *Hermann und Dorothea* bildet die Französische Revolution den Hintergrund einer Liebesgeschichte.

Johann Peter Eckermann (1792–1854)

1789 bis 1799 – Friedrich Schiller in Jena

1787 reist Schiller nach Weimar. Im selben Jahr erscheint sein Drama *Don Carlos*, in dem er sich vom Sturm und Drang zu lösen versucht. Schiller beschäftigt sich intensiv mit der Antike, übersetzt Werke des Euripides, darunter dessen *Iphigenie in Aulis*. Er plant, selbst ein Drama nach antikem Vorbild zu verfassen. Außerdem beschäftigt er sich mit geschichtlichen Themen. Sein Werk *Geschichte des Abfalls der Vereinigten Niederlande von der spanischen Regierung* (1788) bleibt zwar unvollendet, führt aber zu einer Professur für Geschichte an der Universität von Jena. 1790 heiratet Schiller die Weimarer Hofdame Charlotte von Lengenfeld. Die finanzielle Unterstützung durch den Erbprinzen Friedrich Christian von Schleswig-Holstein-Sonderburg-Augustenburg und den Grafen Ernst von Schimmelmann ermöglicht ihm die Aufnahme philosophischer Studien und die Auseinandersetzung mit den Werken Kants. Daraus gehen mehrere Schriften hervor, darunter die Abhandlung *Über die ästhetische Erziehung des Menschen* (1794), die als folgenreichste Abhandlung der Klassik zur Ästhetik anzusehen ist und in sich konzentriert die Ideale der Klassik entfaltet.

Charlotte von Schiller, geborene Lengefeld (1766–1826)

George Washington (1732–1799), von 1789 bis 1797 erster Präsident der Vereinigten Staaten von Amerika

1792 wird in Paris eine auf die Französische Revolution bezogene Version der „Räuber" aufgeführt. Die Aufführung wird ein großer Erfolg. Schiller genießt in Frankreich den Ruf eines Verfechters der Freiheit und eines sich gegen jede Ordnung auflehnenden Rebells. Im August 1792 wird er durch die Pariser Nationalversammlung zum Ehrenbürger Frankreichs ernannt. Ebenfalls geehrt werden Friedrich Gottlieb Klopstock, der Schriftsteller und Verleger Joachim Heinrich Campe (1746–1818), der amerikanische Präsident George Washington (1732–1799) und der bekannte Schweizer Pädagoge und Philosoph Johann Heinrich Pestalozzi (1746–1827).

Die Ernennung Schillers zum *Citoyen français* wird offiziell damit begründet, dass *„dieser Titel wohl mit mehr Recht denen gebührt, die – wo auch immer sie wohnen – all ihre Kräfte eingesetzt haben, um die Sache der Völker gegen der Despotismus der Könige zu verteidigen, die Vorurteile von der Erde zu verbannen und die Grenzen menschlichen Wissens zu erweitern."* Seinen Bürgerbrief und damit die französische Staatsbürgerschaft erhält Schiller aufgrund der Kriegswirren in Europa erst sechs Jahre später, als sämtliche Unterzeichner der Urkunde bereits selbst der revolutionären Gewalt zum Opfer gefallen waren.

Schillers Auseinandersetzung mit der Französischen Revolution
Schiller lehnt die Französische Revolution nach anfänglicher Zustimmung ab. Seinem Gönner Friedrich Christian von Augustenburg (1765–1814) schreibt er im Juli 1793:

Johann Heinrich Pestalozzi (1746–1827)

Der Versuch des Französischen Volks, sich in seine heiligen Menschenrechte einzusetzen, und eine politische Freiheit zu erringen, hat bloß das Unvermögen und die Unwürdigkeit desselben an den tag gebracht, und nicht nur dieses unglückliche Volk, sondern mit ihm auch einen beträchtlichen Theil Europens ein ganzes Jahrhundert in Barbarey und Knechtschaft zurückgeschleudert. Der Moment war der günstigste, aber er fand eine verderbte Generation, die ihn nicht werth war, und weder zu würdigen noch zu benutzen wußte. Der Gebrauch, den sie von diesem großen Geschenk des Zufalls macht und gemacht hat, beweist unwidersprechlich, daß das Menschengeschlecht der vormundschaftlichen Gewalt noch nicht entwachsen ist, daß das liberale Regiment der Vernunft da noch zu frühe kommt, wo man kaum damit fertig wird, sich der brutalen Gewalt der Thierheit zu erwehren, und daß derjenige noch nicht reif ist zur bürgerlichen Freiheit, dem noch so vieles zur menschlichen fehlt.

Er zeigt sich überaus enttäuscht darüber, dass sich die Einrichtung einer auf Vernunft gegründeten Republik nicht realisieren ließ. Resümierend konstatiert er, der Mensch sei noch nicht reif für die politische und bürgerliche Freiheit. Erst müsste der Einzelne seinen Charakter ändern, bevor die Gesellschaft geändert werden kann. *„Der Staat ist nur eine Wirkung der Menschenkraft, nur ein Gedankenwerk, aber der Mensch ist die Quelle der Kraft selbst und der Schöpfer des Gedankens."*

In seiner Schrift *Über die ästhetische Erziehung des Menschen in einer Reihe von Briefen* bezeichnet er es als Aufgabe der Kunst, für die Veredelung des menschlichen Charakters zu sorgen, wenn der Mensch selbst oder der Staat dazu nicht in der Lage sind.

Schillers *Maria Stuart* – „*das Fluchgeschick der Könige*"

Mit der Idee zu seinem Drama *Maria Stuart* befasst Schiller sich bereits 1783. Siebzehn Jahre später wird es am Weimarer Hoftheater uraufgeführt. Schiller geht der Frage nach, wie ein Volk das absolutistische System überwinden kann, ohne in „*Barbarey und Knechtschaft*" zu verfallen.

Die Handlung des Stückes beruft sich auf Leben und Sterben der schottischen Königin Maria Stuart, die nach der Ermordung ihres Mannes nach England flieht. Elisabeth, die englische Königin, lässt Maria einsperren und zum Tode verurteilen. Sie fürchtet den Verlust ihrer Macht, denn auch Maria hat Anspruch auf die englische Krone. Nach 19 Jahren Haft wird sie 1587 hingerichtet. Schillers Drama setzt drei Tage vor der Hinrichtung Maria Stuarts ein.

Mortimer, der Neffe des Wächters der schottischen Königin, soll die Hinrichtung vollziehen. Dieser ist in Maria verliebt und setzt alles daran, sie zu retten. Er weiht den Grafen von Leicester in seinem Plan ein. Leicester, der Geliebte Elisabeths, liebt ebenfalls Maria Stuart. Um sie zu retten, inszeniert er ein Treffen der beiden Königinnen, mit dem Ziel, bei Elisabeth Gnade zu erwirken. Der Plan scheitert. Die um Gnade flehende Maria trifft bei Elisabeth auf Hartherzigkeit:

Maria*:*
> *Womit soll ich den Anfang machen, wie*
> *Die Worte klüglich stellen, daß sie Euch*
> *Das Herz ergreifen, aber nicht verletzen!*
> *O Gott, gib meiner Rede Kraft und nimm*
> *Ihr jeden Stachel, der verwunden könnte!*
> *Kann ich doch für mich selbst nicht sprechen, ohne Euch*
> *Schwer zu verklagen, und das will ich nicht.*
> *- Ihr habt an mir gehandelt, wie nicht recht ist,*
> *Denn ich bin eine Königin wie Ihr,*
> *Und Ihr habt als Gefangne mich gehalten;*
> *Ich kam zu Euch als eine Bittende,*
> *Und Ihr, des Gastrechts heilige Gesetze,*
> *Der Völker heilig Recht in mir verhöhnend,*
> *Schloßt mich in Kerkermauern ein, die Freunde,*
> *Die Diener werden grausam mir entrissen,*
> *Unwürd'gem Mangel werd ich preisgegeben,*
> *Man stellt mich vor ein schimpfliches Gericht –*
> *Nichts mehr davon! Ein ewiges Vergessen*
> *Bedecke, was ich Grausames erlitt.*
> *- Seht! Ich will alles eine Schickung nennen:*
> *Ihr seid nicht schuldig, ich bin auch nicht schuldig,*
> *Ein böser Geist stieg aus dem Abgrund auf,*

Maria Stuart auf ihrem Todesweg, Aquarell von L. Wolf

Den Haß in unsern Herzen zu entzünden,
Der unsre zarte Jugend schon entzweit.
Er wuchs mit uns, und böse Menschen fachten
Der unglücksel'gen Flamme Atem zu.
Wahnsinn'ge Eifferer bewaffneten
Mit Schwert und Dolch die unberufne Hand –
Das ist das Fluchgeschick der Könige,
Daß sie, enzweit, die Welt in Haß zerreißendd
Und jeder Zwietracht Furien entfesseln.
[…]

Elisabeth:
Bekennt Ihr endlich Euch für überwunden?
Ist's aus mit Euren Ränken? Ist kein Mörder
Mehr unterwegs? Will kein Abenteurer
Für Euch die traur'ge Ritterschaft mehr wagen?
- Ja, es ist aus, Lady Maria. Ihr verführt
Mir keinen mehr. Die Welt hat andre Sorgen.
Es lüstet keinen, Euer – vierter Mann
Zu werden, denn Ihr tötet Eure Freier,
Wie Eure Männer!

Das Volk drängt auf die Vollstreckung des Todesurteils. Elisabeth hat Skrupel, das Urteil zu unterzeichnen, ihr guter Ruf steht auf dem Spiel. Außerdem sind zahlreiche Herrscher in Europa gegen sie, so dass sie Legitimationsprobleme befürchtet, sollte sie das Urteil tatsächlich unterschreiben. Letztlich tut sie es, versucht die Verantwortung für die Vollstreckung allerdings an ihren Staatssekretär abzugeben. Nachdem Maria hingerichtet wird, wenden sich alle Berater und auch Leicester von Elisabeth ab.

Schillers *Wilhelm Tell* –
„Gewaltherrschaft ward nie bei uns geduldet"

Das Drama um den berühmten Schweizer Freiheitskämpfer Wilhelm Tell ist das letzte vollendete Stück Friedrich Schillers. Es kommt 1804 zur Uraufführung im Weimarer Hoftheater. Schiller, der nie in der Schweiz gewesen ist, greift beim Verfassen seines Stückes auf historische und landeskundliche Quellen zurück, darunter Aegidius Tschudis *Chronicum Helveticum* (1734) und Johannes Müllers *Geschichte schweizerischer Eidgenossenschaft* (1786/87).

Den historischen Hintergrund bildet der Unabhängigkeitskampf der drei zusammengeschlossenen Schweizer Urkantone Uri, Schwyz und Unterwalden gegen die österreichischen Habsburger im Jahr 1291. Schiller hält sich eng an die historischen Fakten. Er verbindet geschickt die Geschichte der tyrannisierten Eidgenossen mit der des gequälten Vaters Tell, der zum berühmten „Apfelschuss" auf seinen Sohn gezwungen wird. Doch die historischen Fakten dienen Schiller nur als Rahmen, ihm geht es um die Themen Rebellion und Freiheit, ähnlich wie schon in seinem ersten Stück *Die Räuber*.

Das „Schauspiel", so die Gattungsbezeichnung, schildert den Kampf des natürlichen und freiheitsliebenden Schweizerischen Volkes und des Titelhelden gegen die Willkürherrschaft eines tyrannischen Stadthalters der Habsburger.

Erster Aufzug
Erste Szene
Hohes Felsenufer des Vierwaldstättersees, Schwyz gegenüber.

Der See macht eine Bucht ins Land, eine Hütte ist unweit dem Ufer, Fischerknabe fährt sich in einem Kahn. Über den See hinweg sieht man die grünen Matten, Dörfer und Höfe von Schwyz im hellen Sonnenschein liegen. Zur Linken des Zuschauers zeigen sich die Spitzen des Haken, mit Wolken umgeben; zur Rechten im fernen Hintergrund sieht man die Eisgebirge. Noch ehe der Vorhang aufgeht, hört man den Kuhreihen und das harmonische Geläut der Herdenglocken, welches sich auch bei eröffneter Szene noch eine Zeitlang fortsetzt.

Willhelm Tell, kolorierter Stich nach einem Gemälde von K. L. Kaaz

Trotz der idyllischen Szenerie thematisiert gleich die erste Szene politische Gewalt. Der Schwyzer Baumgarten ist auf der Flucht vor den kaiserlichen Reitern, da er den Habsburgischen Reichsvogt Hermann Gessler, der Baumgartens Frau vergewaltigen wollte, erschlagen hat. Ruodi, der Fischer, weigert sich, Baumgarten bei drohendem Gewitter über den See zu rudern. Wilhelm Tell taucht auf und übernimmt die Überfahrt. Baumgarten entkommt seinen Verfolgern. Diese setzen die Hütten am Seeufer in Brand. Die Idylle ist zerstört.

Wilhelm Tell befürwortet anfänglich den geplanten Aufstand nicht. Er vergleicht die Herrschaft der Habsburger mit Naturgewalten, die sich in aller Regel von selbst wieder beruhigen. Anders die Aufständischen aus Uri, Schwyz und Unterwalden: Sie erkennen, dass sie nur gemeinsam gegen die Habsburger vorgehen können. Sie schließen sich zu Eidgenossen zusammen und vollziehen den so genannten Rütli-Schwur, benannt nach der Bergwiese nahe des Ortes Seelisberg, an dem der Schwur bei Nacht geleistet wird.

Stauffacher: *[…]*
   Wir stiften keinen neuen Bund, es ist
   Ein uralt Bündnis nur von Väterzeit,
   Das wir erneuern! Wisset Eidgenossen!
   Ob uns der See, ob uns die Berge scheiden,
   Und jedes Volk sich für sich selbst regiert,
   So sind wir eines Stammes doch und Bluts,
   Und eine Heimat ist's, aus der wir zogen.
   […]
Im Hofe:
   […] Gewaltherrschaft ward nie bei uns geduldet.
Stauffacher:
   […]
   Nein, eine Grenze hat Tyrannenmacht,

Wenn der Gedrückte nirgends Recht kann finden,
Wenn unerträglich wird die Last – greift er
Hinauf getrosten Mutes in den Himmel,
Und holt herunter seine ew'gen Rechte,
Die droben hangen unveräusserlich
Und unzerbrechlich wie die Sterne selbst –
Der alte Urstand der Natur kehrt wieder,
Wo Mensch dem Menschen gegenübersteht –
Zum letzten Mittel, wenn kein andres mehr
Verfangen will, ist ihm das Schwert gegeben –
Der Güter höchstes dürfen wir verteid'gen
Gegen Gewalt – Wir stehn vor unser Land,
Wir stehn vor unsre Weiber, unsre Kinder!
[…]

Alle sprechen es nach mit erhobenen drei Fingern.
- Wir wollen frei sein wie die Väter waren,
Eher den Tod, als in der Knechtschaft leben.
[…]
- Wir wollen trauen auf den höchsten Gott
Und uns nicht fürchten vor der Macht der Menschen.

Als Tell sich weigert, dem ausgestellten Hut des Reichsvogtes Gessler als Zeichen der Macht die vorgeschriebene Ehrbezeugung zu gewähren, wird er festgenommen und zu dem berühmten „Apfelschuss" gezwungen, bei dem er einen auf dem Kopf seines Sohnes liegenden Apfel treffen soll. Verweigert er die Ausführung, so droht ihm und seinem Kind der Tod. Der Schuss gelingt. Wäre seinem Sohn etwas

zugestoßen, so hätte Tell den Vogt erschossen. Aufgrund dieses Ein-
geständnisses bleibt er in Haft, obwohl ihm die Freiheit zugesichert
wurde. Bei einer Fahrt über den stürmischen Vierwaldstättersee
kann Tell entkommen. Er beschließt, den Reichsvogt zu töten, um
der Willkürherrschaft ein Ende zu setzten. Bevor er zur Tat schreitet,
überdenkt er in einem Monolog sein Vorhaben und kommt zu dem
Schluss, seine Handlung diene der Befreiung der Allgemeinheit und
sei kein persönlicher Racheakt.

Ich lebte still und harmlos – Das Geschoss
War auf des Waldes Tiere nur gerichtet,
Meine Gedanken waren rein von Mord
Du hast aus meinem Frieden mich heraus
Geschreckt, in gärend Drachengift hast du
Die Milch der frommen Denkart mir verwandelt,
Zum Ungeheuren hast du mich gewöhnt
Wer sich des Kindes Haupt zum Ziele setzte,
Der kann auch treffen in das Herz des Feinds.
[…]
Du bist mein Herr und meines Kaisers Vogt,
Doch nicht der Kaiser hätte sich erlaubt
Was du – Er sandte dich in diese Lande,
Um Recht zu sprechen – strenges, denn er zürnet
Doch nicht um mit der mörderischen Lust
Dich jedes Greuels straflos zu erfrechen,
Es lebt ein Gott zu strafen und zu rächen.

Friedrich Schiller
(1759–1805),
Ölgemälde von
Ludowike Simanowiz,
1793

Tell rechtfertigt sein Handeln mit der Inhumanität Gesslers, dem jedes Mitleid und Erbarmen fremd ist und der keinerlei Gerechtigkeit
kennt. Das Attentat auf Gessler soll dem Volk wieder ein selbstbe-
stimmtes Leben ermöglichen.

Parallel zur Befreiung der Schweizer von der Tyrannei des Reichsvogtes wird der Kaiser von seinem Sohn ermordet. Die Tat erfolgt
jedoch aus rein egoistischen Gründen und dient der Bereicherung
des Sohnes. Die Motivation ist damit eine vollkommen andere als bei
Wilhelm Tell – wie der Schluss des Stückes deutlich macht, als Tell
auf den adeligen Mörder trifft – Ehrsucht steht so gegen den unbe-
dingten Willen zur Freiheit:

Tell:
Unglücklicher!
Darfst du der Ehrsucht blut'ge Schuld vermengen
Mit der gerechten Notwehr eines Vaters?
Hast du der Kinder liebes Haupt verteidigt?
Des Herdes Heiligtum beschützt? das Schrecklichste,
Das Letzte von den Deinen abgewehrt?
- Zum Himmel heb' ich meine reinen Hände,
Verfluche dich und deine Tat – Gerächt
Hab ich die heilige Natur, die du
Geschändet – Nichts teil' ich mit dir – Gemordet

Goethe- und Schiller-
Denkmal vor dem
Deutschen National-
theater in Weimar,
nach einem Entwurf
des Dresdner Bildhau-
ers Ernst Rietschel;
Bronzeguss von Ferdi-
nand von Miller in der
Königlichen Erzgieße-
rei in München

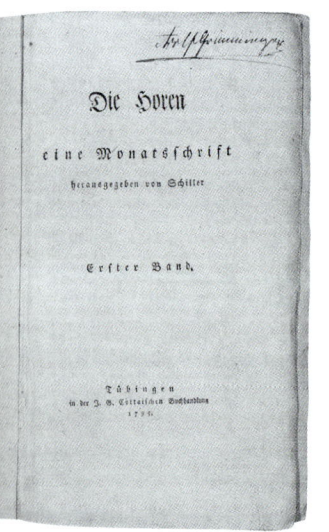

Titelblatt der
Zeitschrift *Die Horen*

Hast du, ich hab mein Teuerstes verteidigt.
[…]
Mich fasst ein Grausen, da ich mit dir rede.
Fort! Wandle deine fürchterliche Straße,
Lass rein die Hütte, wo die Unschuld wohnt.
[…]

Tell:

Kann ich Euch helfen? Kann's ein Mensch der Sünde?
Doch stehet auf – Was Ihr auch Grässliches
Verübt – Ihr seid ein Mensch – Ich bin es auch
Vom Tell soll keiner ungetröstet scheiden
Was ich vermag, das will ich tun.

1794 bis 1805 – Die Freundschaft zwischen Goethe und Schiller

Goethe und Schiller lernen sich 1788 in Weimar persönlich kennen. Ab 1794 pflegen sie einen regen Gedankenaustausch und arbeiten eng zusammen. Nicht die Politik, die Kunst wird zum Ideal erklärt. Sie versuchen *„die politisch geteilte Welt unter der Fahne der Wahrheit und Schönheit wieder […] [zu] vereinigen"*, wie Schiller 1794 in der Ankündigung seiner Zeitschrift *Die Horen* schreibt.

Die Zusammenarbeit von Schiller und Goethe manifestiert sich in den *Horen* und der von Goethe herausgegebenen Kunstzeitschrift *Propyläen* (1798–1800).

In den *Horen* kommentiert Schiller zahlreiche Veröffentlichungen Goethes, der neben dem Gelehrten und Begründer der Berliner Universität Wilhelm von Humboldt (1767–1835) und dem Philosophen und bedeutenden Vertreter des Deutschen Idealismus Johann Gottlieb Fichte (1762–1814) an der Zeitschrift mitarbeitet. Die Zeitschrift stellt philosophische und künstlerische Themen in den Mittelpunkt. Die *Horen* richten sich nicht nur an ein akademisch gebildetes Publikum, sondern auch an die interessierten Bürger. Mit der Zeitschrift *Propyläen* versucht Goethe ein an der Antike ausgerichtetes Kunstideal zu popularisieren.

1799 siedelt Schiller nach Weimar um, wo er bis zu seinem Tod 1805 lebt. In diesen Jahren trifft er sich fast täglich mit Goethe. Obwohl gesundheitlich stark angeschlagen, gehört diese Phase zu Schillers literarisch produktivsten. 1799 beendet er das Drama *Wallenstein,* zwischen 1800 und 1804 entstehen die Dramen *Maria Stuart* (1800), *Die Jungfrau von Orleans* (1801), *Die Braut von Messina* (1803) und sein letztes Stück, *Wilhelm Tell* (1804).

Es ist Schiller, der Goethe ermuntert seinen ursprünglich als *Wilhelm Meisters theatralische Sendung* – später *Wilhelm Meisters Lehrjahre* – betitelten Bildungsroman zu überarbeiten. Goethe hingegen fungiert als Berater bei Schillers Dramen *Wallenstein* (1799) und *Maria Stuart* (1800).

Zusammen verfassen sie die Spottferse *Xenien*, die im *Musenal-manach für das Jahr 1797* erscheinen:

26. Jamben.
*Jambe nennt man das Tier mit einem kurzen und langen
    Fuß, und so nennst du mit Recht Jamben das hinkende Werk.*

32. Goldnes Zeitalter.
*Ob die Menschen im ganzen sich bessern? Ich glaub' es, denn einzeln
    Suche man, wie man auch will, sieht man doch gar nichts davon.*

93. Revolutionen.
*Was das Luthertum war, ist jetzt das Franztum in diesen
    Letzten Tagen, es drängt ruhige Bildung zurück.*

In ihrer Auseinandersetzung mit den literarischen Traditionen entdecken Goethe und Schiller ihr Interesse für die Ballade wieder. Goethe bezeichnet sie später als Urtyp der Poesie, weil „*hier die Elemente noch nicht getrennt, sondern wie in einem Ur-Ei zusammen sind.*" Zwischen 1797 und 1798 entstehen Goethes *Die Braut von Korinth*, *Der Zauberlehrling* und das *Hochzeitslied* und Schillers *Der Handschuh*, *Der Taucher* und *Die Bürgschaft*.

Johann Wolfgang von Goethe

Der Zauberlehrling

*Hat der alte Hexenmeister
Sich doch einmal wegbegeben!
Und nun sollen seine Geister
Auch nach meinem Willen leben.
Seine Wort und Werke
Merkt ich und den Brauch,
Und mit Geistesstärke
Tu ich Wunder auch.*

*Walle! walle
Manche Strecke,
Daß, zum Zwecke,
Wasser fließe
Und mit reichem, vollem Schwalle
Zu dem Bade sich ergieße.
Und nun komm, du alter Besen,
Nimm die schlechten Lumpenhüllen!
Bist schon lange Knecht gewesen:
Nun erfülle meinen Willen!
Auf zwei Beinen stehe,
Oben sei ein Kopf,
Eile nun und gehe
Mit dem Wassertopf!*

Goethe-Bildnis von
Joseph Karl Stieler
(1781–1858), 1828

Walle! walle
Manche Strecke,
Daß, zum Zwecke,
Wasser fließe
Und mit reichem, vollem Schwalle
Zu dem Bade sich ergieße.
Seht, er läuft zum Ufer nieder!
Wahrlich! ist schon an dem Flusse,
Und mit Blitzesschnelle wieder
Ist er hier mit raschem Gusse.
Schon zum zweiten Male!
Wie das Becken schwillt!
Wie sich jede Schale
Voll mit Wasser füllt!

Stehe! stehe!
Denn wir haben
Deiner Gaben
Vollgemessen! –
Ach, ich merk es! Wehe! wehe!
Hab ich doch das Wort vergessen!
Ach, das Wort, worauf am Ende
Er das wird, was er gewesen!
Ach, er läuft und bringt behende!
Wärst du doch der alte Besen!
Immer neue Güsse
Bringt er schnell herein,
Ach, und hundert Flüsse
Stürzen auf mich ein!

Nein, nicht länger
Kann ichs lassen:
Will ihn fassen!
Das ist Tücke!
Ach, nun wird mir immer bänger!
Welche Miene! welche Blicke!
O, du Ausgeburt der Hölle!
Soll das ganze Haus ersaufen?
Seh ich über jede Schwelle
Doch schon Wasserströme laufen.
Ein verruchter Besen,
Der nicht hören will!
Stock, der du gewesen,
Steh doch wieder still!

Willst am Ende
Gar nicht lassen?
Will dich fassen,
Will dich halten
Und das alte Holz behende
Mit dem scharfen Beile spalten!

Seht, da kommt er schleppend wieder!
Wie ich mich nur auf dich werfe,
Gleich, o Kobold, liegst du nieder;
Krachend trifft die glatte Schärfe.
Wahrlich! brav getroffen!
Seht, er ist entzwei!
Und nun kann ich hoffen,
Und ich atme frei!

Wehe! wehe!
Beide Teile
Stehn in Eile
Schon als Knechte
Völlig fertig in die Höhe!
Helft mir, ach! ihr hohen Mächte!
Und sie laufen! Naß und nässer
Wirds im Saal und auf den Stufen:
Welch entsetzliches Gewässer!
Herr und Meister, hör mich rufen! –
Ach, da kommt der Meister!
Herr, die Not ist groß!
Die ich rief, die Geister,
Werd ich nun nicht los.

„In die Ecke,
Besen! Besen!
Seids gewesen!
Denn als Geister
Ruft euch nur, zu seinem Zwecke,
Erst hervor der alte Meister."

Friedrich Schiller

Der Handschuh

Vor seinem Löwengarten,
Das Kampfspiel zu erwarten,
Saß König Franz,
Und um ihn die Großen der Krone,
Und rings auf hohem Balkone
Die Damen in schönem Kranz.

Und wie er winkt mit dem Finger,
Auf tut sich der weite Zwinger,
Und hinein mit bedächtigem Schritt
Ein Löwe tritt,
Und sieht sich stumm
Rings um,
Mit langem Gähnen,
Und schüttelt die Mähnen,
Und streckt die Glieder,
Und legt sich nieder.

Und der König winkt wieder,
Da öffnet sich behend
Ein zweites Tor,
Daraus rennt
Mit wildem Sprunge
Ein Tiger hervor,
Wie der den Löwen erschaut,
Brüllt er laut,
Schlägt mit dem Schweif
Einen furchtbaren Reif,
Und recket die Zunge,
Und im Kreise scheu
Umgeht er den Leu
Grimmig schnurrend;
Drauf streckt er sich murrend
Zur Seite nieder.

Und der König winkt wieder,
Da speit das doppelt geöffnete Haus
Zwei Leoparden auf einmal aus,
Die stürzen mit mutiger Kampfbegier
Auf das Tigertier,
Das packt sie mit seinen grimmigen Tatzen,
Und der Leu mit Gebrüll
Richtet sich auf, da wird's still,
Und herum im Kreis,
Von Mordsucht heiß,
Lagern die greulichen Kutzen.

Da fällt von des Altans Rand
Ein Handschuh von schöner Hand
Zwischen den Tiger und den Leun
Mitten hinein.

Und zu Ritter Delorges spottenderweis
Wendet sich Fräulein Kunigund:
„Herr Ritter, ist Eure Lieb so heiß,
Wie Ihr mir's schwört zu jeder Stund,
Ei, so hebt mir den Handschuh auf."

Und der Ritter in schnellem Lauf
Steigt hinab in den furchtbarn Zwinger
Mit festem Schritte,
Und aus der Ungeheuer Mitte
Nimmt er den Handschuh mit keckem Finger.

Und mit Erstaunen und mit Grauen
Sehen's die Ritter und Edelfrauen,
Und gelassen bringt er den Handschuh zurück.
Da schallt ihm sein Lob aus jedem Munde,
Aber mit zärtlichem Liebesblick –
Er verheißt ihm sein nahes Glück –
Empfängt ihn Fräulein Kunigunde.
Und er wirft ihr den Handschuh ins Gesicht:
„Den Dank, Dame, begehr ich nicht",
Und verläßt sie zur selben Stunde.

In beiden Gedichten geht es um Anmaßung und Überheblichkeit. Goethes Zauberlehrling experimentiert in Abwesenheit des Meisters mit einem Zauberspruch und ist zunächst berauscht von der Wirkung. Doch die Situation gerät ihm außer Kontrolle. Er muss die „*hohen Mächte*" zu Hilfe rufen. In Schillers Ballade wirft die Königstochter ihren Handschuh in den Löwenkäfig und fordert ihren Verehrer auf, ihr diesen wiederzubringen. Der Ritter wagt sich in den Löwenkäfig und überreicht wie gewünscht den Handschuh. Die Königstochter bestraft er für diese moralisch verwerfliche Tat mit Verachtung.

Goethe und Schiller erkennen, wie gut sie sich in ihrer Arbeit ergänzen. Beide vertreten zudem die Ansicht, der Dichter habe sich nicht dem Massengeschmack und den Erwartungen der Leserschaft unterzuordnen. Vielmehr sei es Aufgabe der Dichtung, die Leserschaft zu bilden. Dies sei nur möglich, wenn der Dichter zum Volk „*bildend herniedersteige*", um es zu sich „*hinaufzuziehen*".

Im Winter 1804 verschlechtert sich der Gesundheitszustand Schillers dramatisch. Thomas Mann hat dessen letzte Monate in der Erzählung *Schwere Stunde* (1905) eindrucksvoll beschrieben. Friedrich Schiller stirbt am 5. Mai 1805.

Goethes Bildungsroman *Wilhelm Meisters Lehrjahre* – „*Mich selbst, ganz wie ich da bin, auszubilden*"

Wilhelm Meisters Lehrjahre ist der bedeutendste Bildungsroman nicht nur der Klassik. Er erscheint 1796 in vier Bänden, fast 20 Jahre nach dem Beginn der Arbeit an der ersten Fassung. Der Roman schildert die Entwicklung Wilhelm Meisters, der in der Welt des Theaters den Weg zu sich selbst sucht.

Wilhelm Meisters Lehrjahre, Titelkupfer zur Ausgabe letzter Hand, 1828

Wilhelm, der aus einer stark auf Geld fixierten Kaufmannsfamilie stammt, interessiert sich schon als Kind für das Theater. Als junger Mann möchte er seine Individualität voll entwickeln. „*[M]ich selbst, ganz wie ich da bin, auszubilden*", das ist sein Ziel. Während ein Edelmann „*tun und wirken*" kann wie er will, muss er als Bürgerlicher „*brauchbar*" sein, er muss sich beschränken und darf seinen übrigen Interessen und Neigungen nicht frei nachgehen. Daran, so Wilhelm, sei die Gesellschaft schuld. Zur „*harmonischen Ausbildung seiner Natur*", davon ist er fest überzeugt, bleibt ihm – wie dem Anton Reiser von Karl Philipp Moritz – nur ein Weg: das Theater. Dieses steht für eine Gegenwelt zur bestehenden Ordnung.

Wilhelm verliebt sich in die Schauspielerin Marianne und träumt davon, „*Schöpfer eines künftigen National-Theaters*" zu werden. Wie schwer es ist, von der Kunst zu leben, welche ökonomischen Probleme und persönlichen Schicksale sich hinter dem schönen Glanz der Theaterwelt verbergen, zeigt sich an Marianne: Sie kann von ihrem Beruf nicht leben, deshalb ist sie zur Geliebten eines reichen Kaufmanns geworden, der ihren Lebensunterhalt finanziert. Wilhelm ist tief enttäuscht über dieses Doppelleben.

Nach einer kurzen Zeit als Kaufmann verlässt Wilhelm sein Elternhaus und schließt sich einer Theatergruppe an. Er lernt die Schauspieler Philine, Laertes und Melina kennen und das junge Mädchen Mignon, das er einem brutalen Gaukler abkauft und wie ein eigenes Kind behandelt. Der alte Harfner schließt sich ebenfalls der kleinen Gruppe an. Wilhelm beginnt Theaterstücke zu schreiben, die vor einer Gruppe von Adeligen zur Aufführung kommen. Die Theatergruppe lebt von der Gunst der Adeligen und ist deren Launen ausgesetzt. Ein Günstling des Prinzen, Jarno, weist Wilhelm auf Shakespeare hin. Dieser ist beeindruckt von den Werken des englischen Dichters und versucht nun seinerseits, sich geistig und vor allem künstlerisch in dessen Tradition weiterzuentwickeln. Er verfolgt den ehrgeizigen Plan, Shakespeares Stück *Hamlet* zur Aufführung zu bringen und schließt sich der Theatergruppe des Serlos und dessen Schwester Aurelie an. Auf dem Weg zu Serlos wird seine kleine Gruppe von einer Räuberbande überfallen. Wilhelm wird verletzt, doch eine schöne reitende Amazone, die ihre Identität nicht preisgibt, rettet ihn.

In der Rolle des Hamlet gelingt Wilhelm der größte Erfolg seiner Theaterkarriere. Er schafft es, seine künstlerischen Ideale umzusetzen. Die Hamlet-Aufführung bildet den Höhepunkt seines künstlerischen Schaffens und wird gleichzeitig zum Wendepunkt in seinem Leben.

Und leider in dem Augenblicke, als Wilhelm durch Mühe, Fleiß und Anstrengung sich mit allen Erfordernissen des Metiers bekannt gemacht und seine Person sowohl als seine Geschäftigkeit vollkommen dazu gebildet hatte, schien es ihm endlich in trüben Stunden, daß dieses Handwerk weniger als irgendein andres den nötigen Aufwand von Zeit und Kräften verdiene. Das Geschäft war lästig und die Belohnung gering.

Wilhelm kommt nur langsam zur Erkenntnis, dass Ideal und Wirklichkeit in der Welt des Theater weit auseinander liegen.

Das Theater brennt ab, die Truppe bricht auseinander, Aurelie stirbt. Vor ihrem Tod bittet sie Wilhelm darum, ihrem untreuen Liebhaber Lothario die Vorwürfe zu überbringen, die sie ihm selbst nicht mehr machen kann. Lothario ist ein Edelmann. Er führt Wilhelm in eine geheimnisvolle, vernunftgeleitete und aufgeklärte Gemeinschaft ein – die so genannte „Turmgesellschaft" – und überzeugt ihn davon, in der Gemeinschaft *auf eine würdige Weise tätig zu sein*". Wilhelm kehrt dem Theater den Rücken und betrachtet rückblickend die Zeit mit der Gruppe als vergeudet: „*… wenn ich an jene Zeit zurückdenke, die ich mit ihr* [der Theatergruppe] *zugebracht habe, so glaube ich in ein unendliches Leere zu sehen; es ist mir nichts davon übriggeblieben.*"

Im Turm erfährt er von der Existenz seines dreijährigen Sohnes Felix, dessen Mutter Marianne ist. Er übernimmt die Verantwortung für das Kind. In der Gesellschaft Lotharios trifft er die schöne Amazone wieder. Es ist Lotharios Schwester Nathalie. Wilhelm verliebt sich in sie. Die beiden kommen zusammen.

Der Roman demonstriert den gesellschaftlichen Einfluss anhand von drei unterschiedlichen Gesellschaften: der Theaterwelt, der Welt der Adeligen und der aufgeklärten Welt der Turmgesellschaft. Erst nachdem Wilhelm alle Stationen durchlaufen hat sind seine Lehrjahre beendet. Er ist *„größer, stärker, gerader, in seinem Wesen gebildeter und in seinem Betragen angenehmer geworden."*

Albrecht Wenzel Eusebius von Waldstein (1583–1634), zwischen 1625 und 1634 zweimal Oberbefehlshaber der kaiserlichen Streitkräfte im Dreißigjährigen Krieg

Schillers Drama *Wallenstein* – der „*Dichter kühn, die alte Bahn verlassend*"

Schillers Drama *Wallenstein* ist in den Jahren 1796 bis 1799 entstanden und besteht aus drei Teilen: *Wallensteins Lager*, *Die Piccolomini* und *Wallensteins Tod*. Zunächst verfasst Schiller das Stück in Prosa, geht dann aber nach Shakespeareschem Vorbild zu fünfhebigen Jamben über. Im Mittelpunkt der Handlung steht die historische Figur des Wallenstein, einem Oberbefehlshaber im Dreißigjährigen Krieg, der eigentlich Albrecht Wenzel Eusebius von Waldstein (1583–1634) heißt. Schiller zeichnet den Niedergang des Feldherrn nach und orientiert sich dabei grob an den tatsächlichen Ereignissen. Das Drama spielt im Winter 1633/34, Schauplatz der Handlung ist die böhmische Stadt Pilsen. Dem Stück, mit dem die klassische Phase Schillers einsetzt, ist ein Prolog vorangestellt, der auf die gewandelte Funktion der Kunst im gesellschaftlichen Prozess verweist.

Prolog
Gesprochen bei Wiedereröffnung der
Schaubühne in Weimar im Oktober 1798

Der scherzenden, der ernsten Maske Spiel,
Dem ihr so oft ein willig Ohr und Auge
Geliehn, die weiche Seele hingegeben,
Vereinigt uns aufs neu in diesem Saal –
Und sieh! er hat sich neu verjüngt, ihn hat
Die Kunst zum heitern Tempel ausgeschmückt,
Und ein harmonisch hoher Geist spricht uns
Aus dieser edeln Säulenordnung an
Und regt den Sinn zu festlichen Gefühlen.

Und doch ist dies der alte Schauplatz noch,
Die Wiege mancher jugendlichen Kräfte,
Die Laufbahn manches wachsenden Talents.
Wir sind die alten noch, die sich vor euch
Mit warmem Trieb und Eifer ausgebildet.
Ein edler Meister stand auf diesem Platz,
Euch in die heitern Höhen seiner Kunst
Durch seinen Schöpfergenius entzückend.
Oh! möge dieses Raumes neue Würde
Die Würdigsten in unsre Mitte ziehn,
Und eine Hoffnung, die wir lang gehegt,
Sich uns in glänzender Erfüllung zeigen.
Ein großes Muster weckt Nacheiferung
Und gibt dem Urteil höhere Gesetze.
So stehe dieser Kreis, die neue Bühne
Als Zeugen des vollendeten Talents.
[…]

Die neue Ära, die der Kunst Thaliens
Auf dieser Bühne heut beginnt, macht auch
Den Dichter kühn, die alte Bahn verlassend,
Euch aus des Bürgerlebens engem Kreis
Auf einen höhern Schauplatz zu versetzen,
Nicht unwert des erhabenen Moments
Der Zeit, in dem wir strebend uns bewegen.
Denn nur der große Gegenstand vermag
Den tiefen Grund der Menschheit aufzuregen;
Im engen Kreis verengert sich der Sinn,
Es wächst der Mensch mit seinen größern Zwecken.
[…]

Darum verzeiht dem Dichter, wenn er euch
Nicht raschen Schritts mit einem Mal ans Ziel
Der Handlung reißt, den großen Gegenstand
In einer Reihe von Gemälden nur
Vor euren Augen abzurollen wagt.
Das heut'ge Spiel gewinne euer Ohr

Und euer Herz den ungewohnten Tönen;
In jenen Zeitraum führ' es euch zurück,
Auf jene fremde kriegerische Bühne,
Die unser Held mit seinen Taten bald
Erfüllen wird. Und wenn die Muse heut,
Des Tanzes freie Göttin und Gesangs,
Ihr altes deutsches Recht, des Reimes Spiel,
Bescheiden wieder fordert – tadelt's nicht!
Ja danket ihr's, daß sie das düstre Bild
Der Wahrheit in das heitre Reich der Kunst
Hinüberspielt, die Täuschung, die sie schafft,
Aufrichtig selbst zerstört und ihren Schein
Der Wahrheit nicht betrüglich unterschiebt;
Ernst ist das Leben, heiter ist die Kunst.

Im ersten Teil der Trilogie schildert Schiller das Heer Wallensteins, Oberbefehlshaber der kaiserlichen Armee. Das Heer scheint eine bunt gemischte Truppe zu sein, die nur durch den Feldherrn zusammengehalten wird. Dieser genießt einen sehr guten Ruf bei seinen Soldaten, er gilt als unbesiegbar. Außerdem schätzen sie sein *„fühlendes Herz"* und seinen Einsatz für die Armee beim Kaiser. Der Kaiser plant im Hintergrund die Absetzung Wallensteins, dessen politische Entscheidungen ihm zu eigenmächtig erscheinen. Der kaisertreue, vermeintliche Freund Wallensteins, Octavio Piccolomini, eine durch Schiller eingeführte Figur, soll die Entmachtung Wallensteins vorbereiten. Am Ende des ersten Teils erfahren die Soldaten, dass ein Teil ihrer Truppe den Spaniern unterstellt werden soll. Octavios Sohn Max hofft, mit Wallensteins Hilfe einen allgemeinen europäischen Frieden herstellen zu können. Piccolomini soll Wallenstein dazu bringen, sich den Anordnungen des Kaisers zu widersetzen.

Im zweiten Teil, *Die Piccolomini*, setzt die eigentliche Handlung ein. Sie wird aus Sicht der Truppenführer Wallensteins erzählt. Die Armee ist bei Pilsen stationiert und wartet auf die Befehle ihres Feldherrn. Dieser befindet sich in Bedrängnis, denn er hat die Ausführung der Befehle des Kaisers zu häufig verweigert. Wallenstein setzt sich für die *„Wohlfahrt aller"* ein und kämpft für einen allgemeinen Frieden. Damit decken sich seine Ziele nicht mehr mit denen des Kaisers, der an der alten Ordnung festhält. Der Kaiser versucht Wallensteins Macht zu schwächen, indem er einen großen Teil des Heeres nach Spanien schicken will. Wallenstein führt zum Schein Verhandlungen mit den schwedischen Reichsfeinden und deren Verbündeten und hofft, den Kaiser damit einzuschüchtern und beide Seiten gegeneinander ausspielen zu können. Die Verführung, tatsächlich die Seiten zu wechseln und mit den Schweden zusammenzuarbeiten, ist groß, doch Wallenstein ist sich der Konsequenzen bewusst und widersteht. Als er von seiner bevorstehenden Absetzung erfährt, lässt er sich die Treue seiner Soldaten schriftlich versichern.

Durch die hinterhältige Intervention Octavios scheint Wallenstein als Verräter entlarvt – doch davon ahnt er zu diesem Zeitpunkt noch nichts. Max verehrt Wallenstein und glaubt nicht an den Verrat, den dieser begangen haben soll. Dennoch will er erst mit Wallenstein sprechen, bevor er sich gegen seinen Vater Octavio stellt.

Erst im dritten Teil erfährt Wallenstein von der Intrige Octavios und befürchtet, als Verräter vor dem Kaiser zu stehen. Er erfährt zudem von der Gefangennahme seines schwedischen Unterhändlers Sesin durch den Kaiser. Wallenstein beschließt, sich tatsächlich mit den Schweden zu verbünden und zum Reichsverräter zu werden. Octavio, in dem er einen Freund sieht – so haben es dem abergläubischen Wallenstein die Sterne enthüllt – wird in Wallenstein Pläne eingeweiht. Octavio handelt weiterhin im Auftrag des Kaisers und schafft es, alle Generäle der Wallensteinschen Armee gegen den Oberbefehlshaber aufzubringen. Max, der Wallensteins Tochter Thekla liebt, entschließt sich nach langer innerer Zerrissenheit für seine Treue zum Kaiser. Wallenstein verstößt ihn, Max stirbt in einem von Beginn an aussichtslosen Kampf gegen die Schweden. Thekla will an seinem Grab sterben. Auch Wallenstein betrauert den Verlust:

Wallenstein:
> *Verschmerzen werd ich diesen Schlag, das weiß ich,*
> *Denn was verschmerzte nicht der Mensch! Vom Höchsten*
> *Wie vom Gemeinsten lernt er sich entwöhnen,*
> *Denn ihn besiegen die gewalt'gen Stunden.*
> *Doch fühl ich's wohl, was ich in ihm verlor.*
> *Die Blume ist hinweg aus meinem Leben,*
> *Und kalt und farblos seh ich's vor mir liegen.*
> *Denn er stand neben mir wie meine Jugend,*
> *Er machte mir das Wirkliche zum Traum,*
> *Um die gemeine Deutlichkeit der Dinge*
> *Den goldnen Duft der Morgenröte webend –*
> *Im Feuer seines liebenden Gefühls*
> *Erhoben sich, mir selber zum Erstaunen,*
> *Des Lebens flach alltägliche Gestalten.*
> *– Was ich mir ferner auch erstreben mag,*
> *Das Schöne ist doch weg, das kommt nicht wieder,*
> *Denn über alles Glück geht doch der Freund,*
> *Der's fühlend erst erschafft, der's teilend mehrt.*

Wallensteins Lager, Kolorierter Stich von C. Müller nach G. M. Kraus

Wallenstein scheitert, denn der Zweck (allgemeinen Frieden sichern), den er verfolgt, und die Mittel (Verrat und Übertritt zu den Schweden, um seine Macht zu erhalten), die er wählt, stehen im Widerspruch zueinander. Der Zweck heiligt die Mittel – doch nur bei Gelingen der Tat: *„Entworfen bloß ist's ein gemeiner Frevel,/Vollführt, ist's ein unsterblich Unternehmen."* Wallensteins Plan missglückt, denn er zögert, anstatt zu handeln. Er will den Gipfel der Macht erklimmen, ohne ein Risiko einzugehen. Sein Zögern erklärt er mit dem Warten auf eine günstige Sternenkonstellation.

Das Stück endet mit der Ermordung Wallensteins und der Ernennung Octavios zum Oberbefehlshaber als Dank für seine Kaisertreue.

1805 bis 1832 – Goethes Spätwerk

Ein Jahr nach dem Tod Schillers beendet Goethe die Arbeit an *Faust. Der Tragödie erster Teil* und heiratet seine langjährige Lebensgefährtin Christiane Vulpius. 1808 kommt es zu einer der wichtigsten Begegnungen im Leben Goethes: Napoleon Bonaparte macht dem Dichter in Weimar die Aufwartung.

1809 erscheint der Roman *Die Wahlverwandtschaften*, im gleichen Jahr beginnt er mit der Arbeit an seiner Autobiografie *Dichtung und Wahrheit*. Von der Literatur der Romantik grenzt sich Goethe bewusst ab. Nach dem Tod seiner Frau Christiane 1816 zieht Goethe sich immer mehr zurück. 1817 gibt er die Leitung des Weimarer Hoftheaters ab. 1821 erscheint sein Roman *Wilhelm Meisters Wanderjahre*, eine Fortsetzung der *Lehrjahre*. 1823 wird Johann Peter Eckermann zu seinem

Napoleon Bonaparte (1769–1821), Gemälde von Jacques-Louis David, 1801

nem Sekretär, dem er seine Werke diktiert und der später die Gespräche mit Goethe aufzeichnet.

Johann Wolfgang von Goethe (1749–1832)

Überwindung der Klassik – Goethes Spätwerk *Faust*

Der vermutlich in Knittlingen geborene und in Staufen im Breisgau gestorbene Arzt, Astrologe und Magier Johannes Faust (um 1480–1538) reiste durch Süddeutschland. Er suchte Kontakt zu humanistischen Gelehrten und verfügte nachweislich über Kenntnisse in Naturphilosophie. Über die Umstände seines Todes ist wenig bekannt, der Sage nach hat ihn sich „der Teufel geholt".

Die Entstehungsgeschichte der Faust-Tragödien Goethes erstreckt sich über mehr als sechzig Jahre! Schon in den 1770er Jahren, in seiner Sturm und Drang-Zeit, befasst er sich mit dem Stoff. Das Manuskript des *Urfaust* vernichtet er jedoch, die Version ist nur in einer Abschrift erhalten. *Faust. Der Tragödie erster Teil* entsteht in den Jahren 1797 bis 1806 und erscheint 1808. Goethe stellt dem Werk ein *„Vorspiel auf das Theater"* voran, das der Leserschaft und dem Publikum das Theaterhafte der Handlung deutlich vor Augen führen soll. Von 1825 bis 1832 erstreckt sich die Arbeit an *Faust II*.

Der Stoff um den schon zu Lebzeiten sagenumwobenen Johannes Faust, der Goethe fast sein gesamtes Leben lang fesselt, wird in der Literatur bis in die Gegenwart häufig thematisiert. Thomas Mann veröffentlicht 1947 seinen Roman *Doktor Faustus*, in dem er den Weg Deutschlands bis in den Nationalsozialismus verfolgt.

Faust. Der Tragödie erster Teil

Die Handlung des ersten Teils der Faust-Tragödie spielt zur Zeit des historischen Faust und setzt mit einem Prolog ein, in dem Mephisto die göttliche Schöpfung und die Menschen, die sich ihrer Vernunft nicht bedienen, kritisiert. Gott reagiert auf die Kritik mit dem Beispiel des Dr. Faust. Er will Faust bald auf den richtigen Weg bringen: *Weiß doch der Gärtner, wenn das Bäumchen grünt,/Das Blüt und Frucht die künft'gen Jahre zieren.*

Faust-Museum
Knittlingen

Mephisto und Gott gehen eine Wette ein: Gott ist davon überzeugt, Dr. Faust *„bald in die Klarheit führen"* zu können, Mephisto hält dagegen und will dessen dunkle Seite zu Tage bringen:

Der Herr:
    Nun gut, es sei dir überlassen!
    Zieh diesen Geist von seinem Urquell ab,
    Und führ ihn, kannst du ihn erfassen,
    Auf deinem Wege mit herab,
    Und steh beschämt, wenn du bekennen mußt:
    Ein guter Mensch, in seinem dunklen Drange,
    Ist sich des rechten Weges wohl bewußt.

Mephistopheles:
    Schon gut! nur dauert es nicht lange.
    Mir ist für meine Wette gar nicht bange.
    Wenn ich zu meinem Zweck gelange,
    Erlaubt Ihr mir Triumph aus voller Brust.
    Staub soll er fressen, und mit Lust,
    Wie meine Muhme, die berühmte Schlange.

Faust-Museum
Kirchplatz 2
75438 Knittlingen
www.knittlingen.de

Faust-Archiv
Kirchplatz 9
75438 Knittlingen

Der erste Akt beginnt mit einem verzweifelten Dr. Heinrich Faust: Die Wissenschaft kann seine Fragen nach dem Sinn des Lebens nicht beantworten. Deshalb versucht er mit Zauberkraft den Weltgeist zu erfassen und den Erdgeist zu beschwören, doch auch dies gelingt ihm nicht. Nur die Kirchenglocken, die den Ostermorgen einläuten, halten ihn vom Selbstmord ab. An Ostern macht er einen Spaziergang mit seiner wissenschaftlichen Hilfskraft Wagner. Obwohl die Menschen feiern und die Natur blüht, ist Faust nicht aus seiner depressiven Stimmung zu befreien. Plötzlich fällt ihm ein merkwürdiger schwarzer Pudel auf, der den beiden bis in Fausts Wohnung und in sein Studierzimmer folgt. Während Faust arbeitet, verwandelt sich der Pudel in Mephisto, der in Gestalt eines fahrenden Studenten in Erscheinung tritt.

Mephisto stellt sich Faust vor als *„ein Teil von jener Kraft, die stets das Böse will und stets das Gute schafft"*. Faust möchte mehr über den Teufel erfahren, doch erst beim zweiten Gespräch schlägt Mephisto Faust vor, ihm als Diener auf Erden zu folgen, wenn im Gegenzug Faust ihm im Jenseits dient. Die beiden gehen eine Wette ein:

Faust:

Werd ich beruhigt je mich auf ein Faulbett legen,
So sei es gleich um mich getan!
Kannst du mich schmeichelnd je belügen,
Daß ich mir selbst gefallen mag,
Kannst du mich mit Genuß betrügen –
Das sei für mich der letzte Tag!
Die Wette biet ich!

Mephistopheles:

Topp!

Faust:

Und Schlag auf Schlag!
Werd ich zum Augenblicke sagen:
Verweile doch! du bist so schön!
Dann magst du mich in Fesseln schlagen,
Dann will ich gern zugrunde gehn!
Dann mag die Totenglocke schallen,
Dann bist du deines Dienstes frei,
Die Uhr mag stehn, der Zeiger fallen,
Es sei die Zeit für mich vorbei!

Mephistopheles:

Bedenk es wohl, wir werden's nicht vergessen.

Faust ist bereit, Mephisto zu folgen. Sie kehren zunächst in Auerbachs Keller in Leipzig ein und sehen dort eine feiernde Studentengruppe. Mephisto will Faust zeigen, wie angenehm das Leben fernab seines Studierzimmers sein kann, doch dieser bleibt unbeeindruckt. Die nächste Station ist eine Hexenküche, in der Faust einen Zaubertrank erhält, der ihn verjüngt und für jede Frau attraktiv erscheinen lässt. Aus dem alten Wissenschaftler ist ein begehrenswerter junger Mann geworden. Kurz darauf begegnet Faust Gretchen:

Faust:

Mein schönes Fräulein, darf ich wagen,
Meinen Arm und Geleit Ihr anzutragen?

Margarete:

Bin weder Fräulein, weder schön,
Kann ungeleitet nach Hause gehn.
(Sie macht sich los und ab.)

Faust:

Beim Himmel, dieses Kind ist schön!
So etwas hab ich nie gesehn.
Sie ist so sitt- und tugendreich,
Und etwas schnippisch doch zugleich.
Der Lippe Rot, der Wange Licht,
Die Tage der Welt vergeß ich's nicht!
Wie sie die Augen niederschlägt,
Hat tief sich in mein Herz geprägt;
Wie sie kurz angebunden war,
Das ist nun zum Entzücken gar!

Faust ist hingerissen von dem aus einfachen Verhältnissen stammenden Mädchen und bittet Mephisto um Hilfe, sie zu verführen. Mephisto versteckt in Gretchens Abwesenheit gestohlenen teuren Schmuck in ihrem Zimmer. Gretchen hält den wundervollen Schmuck für ein Geschenk Fausts und zeigt ihn ihrer Mutter. Die Mutter alarmiert die Kirche, diese zieht den Schmuck ein, ohne sich über die Herkunft des kostbaren Geschenkes Gedanken zu machen.

Faust verlangt von Mephisto ein neues Geschenk für Gretchen. Außerdem machen sie sich ihre Nachbarin Marthe zur Komplizin. Gretchen verbirgt den Schmuck auf Anraten der Nachbarin vor der Mutter. Marthe arrangiert dank Mephistos geschicktem Eingreifen ein Treffen zwischen Faust und Gretchen. Faust muss lügen und als Zeuge für den Tod des Ehemannes von Marthe auftreten. Nur dann kann er Gretchen sehen. Er äußert Skrupel, lässt sich aber auf den Betrug ein. Die beiden kommen sich näher. Als sie die „Gretchenfrage" nach der Religion stellt, antwortet Faust ausweichend.

Margarete:
Nun sag, wie hast du's mit der Religion?
Du bist ein herzlich guter Mann,
Allein ich glaub, du hältst nicht viel davon.
Faust:
Laß das, mein Kind! Du fühlst, ich bin dir gut;
Für meine Lieben ließ' ich Leib und Blut,
Will niemand sein Gefühl und seine Kirche rauben.
Margarete:
Das ist nicht recht, man muß dran glauben.
Faust:
Muß man?
Margarete:
Ach! wenn ich etwas auf dich konnte!
Du ehrst auch nicht die heil'gen Sakramente.

Faust:
Ich ehre sie.
Margarete:
Doch ohne Verlangen.
Zur Messe, zur Beichte bist du lange nicht gegangen.
Glaubst du an Gott?
Faust:
Mein Liebchen, wer darf sagen:
Ich glaub an Gott?
Magst Priester oder Weise fragen,
Und ihre Antwort scheint nur Spott
Über den Frager zu sein.
Margarete:
So glaubst du nicht?

Goethe in seinem Arbeitszimmer, seinem Schreiber John diktierend, Gemälde von Johann Joseph Schmeller, 1831

Bevor sie sich voneinander trennen, gibt Faust ihr einen Schlaftrunk für ihre Mutter mit, um endlich mit ihr alleine sein zu können. Die Mutter stirbt an dem Gift des Schlaftrunks.

Gretchens Bruder Valentin hat von dem Verhältnis seiner Schwester erfahren und will den Verführer töten. Doch es ist er, der im Kampf getötet wird. Vor seinem Tod klagt Valentin Gretchens Tugendlosigkeit an und sagt ihr eine Zukunft als Prostituierte voraus. Nach Valentins Tod flieht Mephisto mit Faust vor den aufgebrachten Bürgern.

Sie nehmen an der Walpurgisnacht auf dem Brocken im Harzgebirge teil. Faust ist nach einer Zeit des ausgelassenen Feierns angewidert von den wilden Hexentänzen. Er will zurück zu Gretchen, die sich ihre Schwangerschaft eingestehen muss. In ihrer Verzweiflung tötet sie ihr neugeborenes Kind und wird selbst zum Tode verurteilt. Faust setzt alles daran, Gretchen mit Mephistos Hilfe zu befreien. Mephisto hält Faust hingegen vor, sich mit dem Teufel eingelassen zu haben und das Mädchen mit in den Abgrund gezogen zu haben. Faust dringt in Gretchens Zelle ein, um sie zur Flucht zu überreden:

Margarete:
Ich darf nicht fort; für mich ist nichts zu hoffen.
Was hilft es, fliehn? Sie lauern doch mir auf.
Es ist so elend, betteln zu müssen
Und noch dazu mit bösem Gewissen!
Es ist so elend, in der Fremde schweifen
Und sie werden mich doch ergreifen!
[…]
Faust:
Hilft hier kein Flehen, hilft kein Sagen,
So wag ich's, dich hinwegzutragen.
Margarete:
Laß mich! Nein, ich leide keine Gewalt!
Fasse mich nicht so mörderisch an!
Sonst hab ich dir ja alles zulieb getan. […]
Gericht Gottes! dir hab ich mich übergeben!

Gretchen akzeptiert keine Rettung, die mit der Hilfe des Teufels organisiert wurde. Sie kann mit der Schuld, die sie auf sich geladen hat, nicht weiter leben. Sie begibt sich in die Hände Gottes, der über sie richten soll.

Faust. Der Tragödie zweiter Teil

Der zweite Teil der Faust-Tragödie knüpft nur vordergründig an den ersten an. Faust kann sich an die vergangenen Taten nicht erinnern, auch nicht an Gretchen. Er sucht wieder nach dem, was *„die Welt im Kern zusammen hält"*.

Im ersten Akt befinden sich Mephisto und Faust am Kaiserlich Pfälzischen Hof. Mephisto verspricht dem Kaiser, den Hof aus dem Elend zu befreien. Er weist auf alle ungehobenen Schätze im Reich hin, die die Geldsorgen des Hofes mit einem Mal beenden können. Am Hofe wird Karneval gefeiert. Faust ist als Plutus verkleidet und verteilt Kostbarkeiten, die sich nach kurzer Zeit in Schmetterlinge oder Käfer verwandeln. Gold verwandelt sich in heißes, flüssiges Metall, an dem sich die Kleider des Kaisers entzünden.

Die Flammen drohen die gesamte Kaiserpfalz abzubrennen, doch mit Magie löscht Plutus das Feuer. Nach der Karnevalsnacht erfährt der Kaiser von der Begleichung der Reichsschulden. Mephisto hat das Papiergeld eingeführt, das durch die ungehobenen Schätze des Landes abgedeckt ist. Der Kaiser gibt das Geld mit beiden Händen aus. Er genießt den neuen Reichtum und möchte unterhalten werden. Faust und Mephisto sollen die Urbilder der Schönheit an den Hof bringen lassen: die mythologischen Gestalten Helena und Paris. Mithilfe von Magie kann Faust die beiden heraufbeschwören und als Illusion sichtbar werden lassen. Doch er zerstört die Illusion, als er Helena an sich ziehen will. Er verwechselt die Erscheinung mit der Realität. Besinnungslos fällt Faust zu Boden. Mephisto trägt ihn weg.

Der zweite Akt beginnt im alten Studierzimmer des Doktor Faust. Mephisto verkleidet sich als Faust und empfängt eine neue studentische Hilfskraft. Wagner, der wissenschaftliche Helfer des ersten Teils, ist nun selbst ein angesehener Naturwissenschaftler. Mephisto fordert den Neuen auf, Wagner herbeizuholen, der behauptet, seinem Lehrer überlegen zu sein. Mephisto gibt sich zum Schein unterlegen. Wagner ist dabei, einen künstlichen Menschen, den Homunculus, herzustellen. In seinem Laboratorium zeigt er Mephisto den Homunculus, der nur in seiner Phiole existieren kann, einem reagenzglasartigen Gefäß.

Mephisto hat den bewusstlosen Faust in das Haus Wagners gebracht. Als der Homunculus in Fausts Gedanken die Sehnsucht nach weiblicher Schönheit und nach Helena erkennt, brechen alle drei auf zur „klassischen Walpurgisnacht". Dort kommt Faust wieder zu Bewusstsein. Die Wege der Drei trennen sich. Mephisto vergnügt sich im Reich der niederen Dämonen, Homunculus streift im Meer die gläserne Phiolenhülle ab, Faust macht sich auf, um Helena zu finden.

Der gesamte dritte Akt handelt von Fausts Beziehung zu Helena. Die Tochter des Zeus, die ihre menschliche Gestalt annehmen durfte, reist nach Sparta. Ihr Mann Menelaos weist sie an, ein Opfer vorzubereiten. Sie trifft auf Mephisto, der in Gestalt der Phorkyas, der alten Verwalterin des Palastes mit der Maske eines mythologischen Ungeheuers, ihren Lebenswandel kritisiert. Er sagt ihr, Menelaos wolle sie opfern und rät ihr zu fliehen. Helena leistet seinem Rat Folge und flieht nach Norden ins Gebirge auf eine Burg. Der Burgherr ist Faust, der Helena als Ritter gegenüber tritt. Hier trifft die antike Welt auf die höfische Welt des Mittelalters.

Faust und Helena kommen sich näher. Aus der mittelalterlichen Burg wird ein arkadischer Garten, ein friedlicher, idyllischer Ort der Harmonie. Die beiden Liebenden bekommen einen Sohn, Euphorion. Dieser glaubt fliegen zu können, stürzt sich von einem Felsen und ruft dabei seiner Mutter zu, ihn nicht alleine zu lassen, so dass Helena ihm in *„das düstere Reich"* folgt.

Erscheinung des Erdgeistes, Zeichnung von Johann Wolfgang von Goethe, 1810–1812

Euphorion
Nun laßt mich hüpfen,
Nun laßt mich springen!
Zu allen Lüften
Hinaufzudringen,
Ist mir Begierde,
Sie faßt mich schon.
Faust
Nur mäßig! mäßig!
Nicht ins Verwegne,
Daß Sturz und Unfall
Dir nicht begegne,
Zugrund uns richte
Der teure Sohn!
Euphorion
Ich will nicht länger
Am Boden stocken;
Laßt meine Hände,
Laßt meine Locken,
Laßt meine Kleider!
Sie sind ja mein.
Helena
O denk! o denke,
Wem du gehörest!
Wie es uns kränke,
Wie du zerstörest
Das schön errungene
Mein, Dein und Sein.
[…]
Euphorion
Nein, nicht ein Kind bin ich erschienen,
In Waffen kommt der Jüngling an;
Gesellt zu Starken, Freien, Kühnen,

Hat er im Geiste schon getan.
Nun fort!
Nun dort
Eröffnet sich zum Ruhm die Bahn.

Helena und Faust

Kaum ins Leben eingerufen,
Heitrem Tag gegeben kaum,
Sehnest du von Schwindelstufen
Dich zu schmerzenvollem Raum.
Sind denn wir
Gar nichts dir?
Ist der holde Bund ein Traum?

Euphorion

Und hört ihr donnern auf dem Meere?
Dort widerdonnern Tal um Tal,
In Staub und Wellen, Heer dem Heere,
In Drang um Drang, zu Schmerz und Qual.
Und der Tod
Ist Gebot,
Das versteht sich nun einmal.

Helena, Faust und Chor

Welch Entsetzen! welches Grauen!
Ist der Tod denn dir Gebot?

Euphorion

Sollt' ich aus der Ferne schauen?
Nein! ich teile Sorg' und Not.

die vorigen

übermut und Gefahr,
Tödliches Los!

Euphorion

Doch! – und ein Flügelpaar
Faltet sich los!
Dorthin! Ich muß! ich muß!
Gönnt mir den Flug!

Chor

Ikarus! Ikarus!
Jammer genug.

Helena und Faust

Der Freude folgt sogleich
Grimmige Pein.

Euphorions Stimme

Laß mich im düstern Reich,
Mutter, mich nicht allein!
[…]

Helena

Ein altes Wort bewährt sich leider auch an mir:
Daß Glück und Schönheit dauerhaft sich nicht vereint.
Zerrissen ist des Lebens wie der Liebe Band;
Bejammernd beide, sag' ich schmerzlich Lebewohl
Und werfe mich noch einmal in die Arme dir
Persephoneia, nimm den Knaben auf und mich!

Im vierten Akt wendet sich Faust wieder der Realität zu. Er beschäftigt sich mit wissenschaftlichen Fragen und setzt sich zum Ziel, die Natur zu beherrschen. Er möchte Deiche und Kanäle bauen, um Land zu gewinnen.

Der pfälzische Kaiser, dessen Reich wieder verschuldet ist, nachdem das ganze Papiergeld verprasst wurde, droht seine Macht an einen Gegenkaiser zu verlieren. Er bittet Faust um Hilfe und verspricht ihm dafür ein Stück Meeresstrand. Faust und Mephisto schaffen es, das Heer des Gegenkaisers zu vertreiben, so dass Faust ein Stück Land am Meer sein Eigen nennen darf.

Im letzten Akt erzählen Philemon und Baucis, Gestalten der griechischen Mythologie, die Ovid in seinen *Metamorphosen* beschreibt, die Großtaten Fausts: Die Dämme, die er bauen ließ, drängten das Meer zurück, so dass eine wunderschöne blühende Landschaft entstehen konnte. Doch der „*Wasserboden*" ist ein gefährliches Terrain für die beiden Alten, denn bei der Landgewinnung wurden scheinbar unlautere Mittel eingesetzt. Tagsüber kamen die Arbeiter kaum mit dem Bau voran während nachts Flammen wüteten, um morgens einen neuen fertigen Deich freizugeben. Mithilfe des Einsatzes von neuen technischen Mitteln wurde dem Wasser Land abgetrotzt. Für Philemon und Baucis wirkt dieses Vorgehen wie Zauberei.

Die beiden Alten sollen zwangsumgesiedelt werden. Faust will auch das Land besitzen, auf dem ihre Hütte und ein Kirchlein stehen. Das alte Haus und das Kirchlein gehen eines Nachts in Flammen auf. Bald stellt sich heraus, dass Philemon und Baucis von Mephisto unter Druck gesetzt wurden, ihr Haus zu verlassen. Die beiden alten Leute halten dem massiven Druck nicht stand und sterben. Faust macht Mephisto für ihren Tod verantwortlich. Doch es war Faust, der die Anweisung gab: „*So geht und schafft sie mir zur Seite.*"

Faust hat inzwischen ein Alter von hundert Jahren erreicht. Er ist zum Handelsherrn und Gouverneur seines Landes aufgestiegen. Doch all den Reichtum konnte er nur mit Hilfe des Teufels anhäufen. In den Kanälen, die er bauen ließ, starben viele Menschen, seine Flotte vergrößerte sich hauptsächlich durch Seeräuberei. Er will noch mehr Land bebauen und lässt ein riesiges Sumpfgebiet trockenlegen, um darauf Behausungen für Besitzlose bauen zu lassen. Mit diesen wohltätigen Werken kann sich Faust sicher sein, den Menschen im Gedächtnis zu bleiben.

Faust glaubt die mit dem Bau seiner Dämme beschäftigten Bauarbeiter beim Graben zu hören, tatsächlich sind es aber Lemuren, eine Affenart, die unter der Anleitung Mephistos das Grab des alten, blinden Faust schaufeln.

Faust:

[...]

Grün das Gefilde, fruchtbar; Mensch und Herde
Sogleich behaglich auf der neusten Erde,
Gleich angesiedelt an des Hügels Kraft,
Den aufgewälzt kühn-emsige Völkerschaft.
Im Innern hier ein paradiesisch Land,
Da rase draußen Flut bis auf zum Rand,
Und wie sie nascht, gewaltsam einzuschießen,
Gemeindrang eilt, die Lücke zu verschließen.
Ja! diesem Sinne bin ich ganz ergeben,
Das ist der Weisheit letzter Schluß:
Nur der verdient sich Freiheit wie das Leben,
Der täglich sie erobern muß.
Und so verbringt, umrungen von Gefahr,
Hier Kindheit, Mann und Greis sein tüchtig Jahr.
Solch ein Gewimmel möcht' ich sehn,
Auf freiem Grund mit freiem Volke stehn.
Zum Augenblicke dürft' ich sagen:
Verweile doch, du bist so schön!
Es kann die Spur von meinen Erdetagen
Nicht in äonen untergehn.
Im Vorgefühl von solchem hohen Glück
Genieß' ich jetzt den höchsten Augenblick.

Diese Passage knüpft an den ersten Teil des Stückes an: Faust spricht die Worte aus: *„Zum Augenblicke dürft' ich sagen: Verweile doch, du bist so schön!"* Damit ist sein Tod besiegelt, auch wenn es im Pakt heißt: *„Werd ich zum Augenblicke sagen"*. Mephisto scheint die Wette gewonnen zu haben.

Mephistopheles:

Der Körper liegt, und will der Geist entfliehn,
Ich zeig' ihm rasch den blutgeschriebnen Titel;
Doch leider hat man jetzt so viele Mittel,
Dem Teufel Seelen zu entziehn.
Auf altem Wege stößt man an,
Auf neuem sind wir nicht empfohlen;
Sonst hätt' ich es allein getan,
Jetzt muß ich Helfershelfer holen.

Die Helfer eilen herbei, um Fausts Seele zu holen. Gleichzeitig lassen sich singende und Rosen streuende himmlische Heerscharen herab. Der Chor der himmlischen Heerscharen fordert die Vergebung von Sünden. Mephisto ist beunruhigt, er befürchtet, Fausts Seele zu verlieren, und so kommt es auch: Die Engel bemächtigen sich schließlich der Seele des „Unsterblichen", der Seele von Faust.

Mephistopheles (sich umsehend):
Doch wie? – wo sind sie hingezogen?
Unmündiges Volk, du hast mich überrascht,
Sind mit der Beute himmelwärts entflogen;
Drum haben sie an dieser Gruft genascht!
Mir ist ein großer, einziger Schatz entwendet:
Die hohe Seele, die sich mir verpfändet,
Die haben sie mir pfiffig weggepascht.
Bei wem soll ich mich nun beklagen?

Zum Schluss des Dramas bezeichnet der mystische Chor das gesamte Spielgeschehen als *„ein Gleichnis"*.

Goethe vereint in seinen beiden Faust-Teilen Tragödie, Komödie, Fastnachtsspiel und Mysterienspiel zu einer neuen und bis dahin nie da gewesenen Form von Welttheater. Beide Teile sind in Versform verfasst. Auch hier vermischt Goethe verschiedene Formen: Stanze, Knittelvers und Alexandriner, Ballade, Volkslied und hymnischer Gesang, so dass jede Szene ihren adäquaten Ausdruck findet. Anders als im ersten Teil, der eine Handlung aufweist, reihen sich im zweiten Teil in sich geschlossene Szenen aneinander, bei denen die Fausthandlung nur noch als Gerüst für die zahlreichen Bilderfolgen erkennbar bleibt.

Faust verkörpert die Sehnsucht des modernen Menschen nach einem Sinn im Leben. Seine Suche erstreckt sich über verschiedene Bereiche: die Wissenschaft, die Liebe und die Magie. Am Ende stellt er fest, dass keiner dieser Wege zum Ziel geführt hat. Er scheitert, weil er die Grenzen des Menschen nicht anerkennen kann. Er will immer mehr. Dies wird besonders deutlich in der Philemon-und-Baucis-Episode. Die beiden Alten leben in einer Idylle, die Faust mit seinen ausufernden Bauvorhaben zerstört.

Nur durch Verzicht und Mäßigung kann der Mensch sich in ein Ganzes eingliedern, das ist vielleicht das Fazit von Goethes großer Dichtung. Das lässt sich durchaus als Kritik an einem ungezügelten Fortschritt verstehen. Faust II als die theoretische Summe eines langen Gelehrtenlebens enthält in sich den Versuch, die sich entwickelnde bürgerliche Gesellschaft allegorisch, also mit Sinnbildern, zu deuten.

Zwischen Klassik und Romantik – Kleist, Jean Paul und Hölderlin

Eine Sonderstellung innerhalb der Epochenabfolge nehmen die Werke Heinrich von Kleists, Jean Pauls und Friedrich Hölderlins ein, sie stehen zwischen Klassik und Romantik.

Heinrich von Kleist (1777–1811) – *„die Wahrheit ist, dass mir auf Erden nicht zu helfen war"*

Heinrich von Kleist wird 1777 in Frankfurt/Oder geboren. Nach einer kurzen Zeit als Soldat beim Potsdamer Regiment studiert er ab 1799 Philosophie, Physik, Mathematik und Staatswissenschaften in seiner Geburtsstadt. Er wendet sich damit gegen die familiäre Militär-

Heinrich Wilhelm von Kleist (1777–1811)

tradition. Schon nach kurzer Zeit bricht er das Studium ab und zieht nach Berlin, um im Staatsdienst zu arbeiten und für seine Verlobte sorgen zu können.

Zeit seines Lebens orientiert Kleist sich an der Geisteshaltung der Aufklärung und glaubt, durch die Vernunft selbstbestimmt handeln, gesellschaftlich aufsteigen und seine Ideale verwirklichen zu können. Unter dem Titel seines ersten Werks, *Aufsatz, den sichern Weg des Glücks zu finden und ungestört – auch unter den größten Drangsalen des Lebens – ihn zu genießen*, fasst er seine Weltsicht zusammen.

Von seiner beruflichen Tätigkeit unausgefüllt und in seinem sozialen Umfeld sich schwer zurechtfindend kommt es zu einer Lebenskrise. Kleist befasst sich mit der Schrift *Kritik der Urteilskraft* des Philosophen Immanuel Kant. Doch die Lektüre stürzt ihn nur tiefer in die Sinnkrise und erschüttert sein aufgeklärtes Weltbild. Fortan widmet er sich dem Schreiben. Da er nach wie vor Probleme hat, sich in Berlin einzuleben und Freunde zu finden, reist er nach Paris. Dort kommt er mit den Schriften Rousseaus in Berührung. Nach dessen Theorie ist der Mensch von Natur aus gut, die etablierte Gesellschaft verleitet ihn aber zu einem unsozialen Verhalten. Kleist beschließt, auf einem abgeschiedenen Schweizer Bauernhof in Verbundenheit mit der Natur zu leben. Aus gesundheitlichen Gründen kehrt er schon nach kürzester Zeit nach Deutschland zurück, von seiner Verlobten trennt er sich auch.

Kleist-Museum in Frankfurt/Oder

In Weimar macht Kleist die Bekanntschaft Wielands, Goethes und Schillers. Diese Zeit ist seine schriftstellerisch produktivste. Er verfasst und beendet seine Dramen *Der zerbrochne Krug* (1803–1806) und *Amphitryon* (1807) und arbeitet an einigen Erzählungen, darunter *Das Bettelweib von Locarno* (1810) und *Die Verlobung in St. Domingo* (1811).

Nach seiner Rückkehr nach Berlin arbeitet Kleist als Journalist, um seinen Lebensunterhalt zu verdienen. Parallel stellt er 1810 sein Drama *Prinz Friedrich von Homburg* fertig, das militärische Ehre und Todesangst thematisiert. In dem Essay *Über das Marionettentheater* (1810) versucht Kleist die Reflexion seiner ästhetischen Ansätze. 1811 begeht er zwischen Berlin und Potsdam, am heutigen Kleinen Wannsee, zusammen mit seiner Geliebten Henriette Vogel Selbstmord.

Kleist-Museum
Faberstraße 7
15230 Frankfurt/Oder
www.kleist-museum.de

Die Werke Kleists sind bis heute populär. Dramen wie *Käthchen von Heilbronn* (1808) sind fester Bestandteil der Theaterpläne, seine Erzählung *Michael Kohlhaas* (1810) ist Abiturthema.

Michael Kohlhaas
Kleist beginnt 1804 mit der Arbeit an seiner Erzählung *Michael Kohlhaas*, die in Teilen erstmals 1808 in der Zeitschrift *Phöbus* veröffentlicht wird und 1810 in der Buchausgabe *Erzählungen* erscheint. Die Geschichte ist im 16. Jahrhundert angesiedelt und handelt vom Scheitern des Protagonisten, der an die Gerechtigkeit glaubt und

durch feudale Willkür zu Tode kommt. Als Quelle dient ihm der Bericht *Diplomatische und curieuse Nachlese der Historie von Ober-Sachsen und angrentzenden Ländern* von Christian Schöttgen und George Christoph Kreysig aus dem Jahr 1731, die ihrerseits auf die *Nachricht von Hans Kohlhasen* aus dem *Microchronologicum* (ab 1595) von Peter Haffitz zurückgreifen.

Michael Kohlhaas, Pferdehändler und Untertan des Kurfürsten von Brandenburg, reist häufig geschäftlich ins „ausländische" Kurfürstentum Sachsen. Auf einer seiner Reisen wird er an der Grenze angehalten und um seinen *„landesherrlichen Erlaubnisschein"* gebeten, der die Durchreise durch fremde Gebiete ermöglicht. Da Kohlhaas einen solchen nicht besitzt, ist er gezwungen, dem Junker Wenzel von Tronka einige seiner Pferde und einen Pferdeknecht als Pfand zurückzulassen, um seine Reise fortsetzen zu können. Dass dieses Vorgehen ungesetzlich ist, erfährt er erst in Dresden. Als er auf der Rückreise seine Pferde in Empfang nehmen will, sind diese heruntergewirtschaftet, der Knecht ist vertrieben worden. Er verklagt den Junker, scheitert mit seiner Klage jedoch an den komplizierten Strukturen der Justiz. Den Versuch, dem Kurfürsten von Brandenburg persönlich eine Petition zu überreichen, bezahlt seine Frau mit dem Leben. Daraufhin beschließt Kohlhaas, für sein Recht zu kämpfen. Er verkauft seinen gesamten Besitz und überfällt mit Hilfe einiger Knechte die Tronkerburg. Die Burg brennt nieder, der Junker kann sich aber retten und flieht in ein Kloster, dem seine Tante als Äbtissin vorsteht.

Kohlhaas verfolgt den Junker, denn er sinnt weiterhin auf Rache und glaubt sich im Recht. Er steckt die Städte Wittenberg und Leipzig, in denen er den Junker vermutet, in Brand. Die Zahl seiner Helfer ist auf rund hundert Personen angewachsen. Er fordert das Volk auf, *„[…] sich zur Errichtung einer besseren Ordnung der Dinge, an ihn anzuschließen"*. Martin Luther bezeichnet ihn daraufhin als Rebell und fordert ihn auf, seinen Rachefeldzug, das Rauben und Morden einzustellen:

Kohlhaas, der du dich gesandt zu sein vorgibst, das Schwert der Gerechtigkeit zu handhaben, was unterfängst du dich, Vermessener, im Wahnsinn stockblinder Leidenschaft, du, den Ungerechtigkeit selbst, vom Wirbel bis zur Sohle erfüllt? Weil der Landesherr dir, dem du untertan bist, dein Recht verweigert hat, dein Recht in dem Streit um ein nichtiges Gut, erhebst du dich, Heilloser, mit Feuer und Schwert, und brichst, wie der Wolf der Wüste, in die friedliche Gemeinheit, die er beschirmt. Du, der die Menschen mit dieser Angabe, voll Unwahrhaftigkeit und Arglist, verführt: meinst du, Sünder, vor Gott dereinst, an dem Tage, der in die Falten aller Herzen scheinen wird, damit auszukommen? Wie kannst du sagen, daß dir dein Recht verweigert worden ist, du, dessen grimmige Brust, vom Kitzel schnöder Selbstrache gereizt, nach den ersten, leichtfertigen Versuchen, die dir gescheitert, die Bemühung gänzlich aufgegeben hat, es dir zu verschaffen? Ist eine Bank voll Gerichtsdienern und Schergen, die einen Brief, der gebracht wird, unterschlagen, oder ein

Erkenntnis, das sie abliefern sollen, zurückhalten, deine Obrigkeit?
Und muß ich dir sagen, Gottvergessener, daß deine Obrigkeit von
deiner Sache nichts weiß – was sag ich? daß der Landesherr, gegen
den du dich auflehnst, auch deinen Namen nicht kennt, dergestalt,
daß wenn dereinst du vor Gottes Thron trittst, in der Meinung, ihn
anzuklagen, er, heiteren Antlitzes, wird sprechen können: diesem
Mann, Herr, tat ich kein Unrecht, denn sein Dasein ist meiner Seele
fremd? Das Schwert, wisse, das du führst, ist das Schwert des Raubes
und der Mordlust, ein Rebell bist du und kein Krieger des gerechten
Gottes, und dein Ziel auf Erden ist Rad und Galgen, und jenseits die
Verdammnis, die über die Missetat und die Gottlosigkeit verhängt
ist.
Wittenberg, usw.
Martin Luther.

Kohlhaas fühlt sich missverstanden und sucht das Gespräch mit
Luther, dem er seine Position darlegt. Dieser setzt sich schließlich
beim Kurfürsten für ihn ein. Der Kurfürst lässt Kohlhaas nach Dresden reisen, für seine Taten soll ihm dennoch der Prozess gemacht
werden.

In Dresden richtet er sich mit seiner Familie ein, entlässt all seine
Kampfgefährten und reicht Klage gegen den Junker ein. Kohlhaas
fordert, seine Pferde im ursprünglichen Zustand wiederzubekommen.
Diese Forderung erweist sich angesichts des schlechten Zustandes
der Tiere als unerfüllbar.

Einer seiner Kampfgefährten, Nagelschmidt, führt die Kriegsleute
als „Statthalter des Kohlhaas" wieder zusammen und setzt das Plün-
dern und Morden fort. Das Volk ist erzürnt und richtet sich gegen
Kohlhaas, der mit der Sache nichts zu schaffen hat und den Streit
mit juristischen Mitteln beilegen will. Kohlhaas, der wie ein Gefan-
gener behandelt und bewacht wird, wird der Flucht verdächtigt. Als
bekannt wird, dass er Kontakt zu Nagelschmidt aufgenommen hat,
wird er verhaftet und zum Tode verurteilt. Der Fürst von Brandenburg legt Protest gegen die Verurteilung ein und verlangt die Auslie-
ferung des Kohlhaas nach Berlin. Würde dieser in Sachsen hingerichtet, käme dies einer Völkerrechtsverletzung gleich. Der sächsische
Kurfürst lenkt zwar ein, fordert beim Kaiser in Wien aber die Anklage
des Pferdehändlers in Berlin wegen Landfriedensbruchs. Beim Gefan-
genentransport von Dresden nach Berlin treffen Kohlhaas und der
sächsische Kurfürst aufeinander. Diesem fällt die bleierne Kapsel am
Hals des Pferdehändlers auf. Er erinnert sich an die in einer Kapsel
verborgenen Prophezeiung einer Zigeunerin. Sie wurde seinerzeit
von der Zigeunerin einem unbeteiligten Zuschauer ausgehändigt, sie
betrifft das Kurfürstentum und den Fürsten. Er setzt nun alles daran,
in den Besitz der Kapsel zu kommen. Kohlhaas erkennt die Macht,
die ihm der Besitz der Prophezeiung verleiht.

In Berlin verbringt Kohlhaas die Zeit bis zu seinem Prozess mit seinen fünf Kindern in einem ritterlichen Gefängnis. Er erfährt letztlich

doch noch Genugtuung, denn es wird ihm Recht zugesprochen und er erhält seine Pferde zurück. Dennoch wird er wegen Landfriedensverletzung zum Tode verurteilt. Bevor er hingerichtet wird schlingt er den Zettel mit der Prophezeiung der Zigeunerin vor den Augen des Kurfürsten, der der Hinrichtung als Zuschauer beiwohnt, hinunter.

Eben knüpfte er sich das Tuch vom Hals ab und öffnete seinen Brustlatz: als er, mit einem flüchtigen Blick auf den Kreis, den das Volk bildete, in geringer Entfernung von sich, zwischen zwei Rittern, die ihn mit ihren Leibern halb deckten, den wohlbekannten Mann mit blauen und weißen Federbüschen wahrnahm. Kohlhaas löste sich, indem er mit einem plötzlichen, die Wache, die ihn umringte, befremdenden Schritt, dicht vor ihn trat, die Kapsel von der Brust; er nahm den Zettel heraus, entsiegelte ihn, und überlas ihn: und das Auge unverwandt auf den Mann mit blauen und weißen Federbüschen gerichtet, der bereits süßen Hoffnungen Raum zu geben anfing, steckte er ihn in den Mund und verschlang ihn. Der Mann mit blauen und weißen Federbüschen sank, bei diesem Anblick, ohnmächtig, in Krämpfen nieder. Kohlhaas aber, während die bestürzten Begleiter desselben sich herabbeugten, und ihn vom Boden aufhoben, wandte sich zu dem Schafott, wo sein Haupt unter dem Beil des Scharfrichters fiel.

Jean Paul, bürgerlich Johann Paul Friedrich Richter (1763–1825)

Jean Paul (1763–1825)

Jean Paul wird 1763 im fränkischen Wunsiedel geboren, die Familie lebt in ärmlichen Verhältnissen. Bereits in der Schule ist er ein eifriger Leser und führt schon als Jugendlicher so genannte Exzerpthefte, eine Art Tagebücher, in denen er all die Dinge, die in bewegen, beeinflussen und prägen, notiert. Dazu gehören Passagen aus Büchern oder philosophische und theologische Texte, die er abschreibt und nach einem bestimmten System ordnet. Nach dem Gymnasium studiert er Theologie in Leipzig, bricht das Studium aber frühzeitig ab. Sein erstes Buch, die *Grönländischen Prozesse*, erscheint 1783 unter Pseudonym und bleibt erfolglos, ebenso sein zweites Werk *Auswahl aus des Teufels Papieren*, das 1789 erscheint.

1784 kehrt er in das Haus seiner verwitweten Mutter zurück und lebt bis zu ihrem Tod 1797 dort. Seinen Lebensunterhalt verdient er zunächst als Hauslehrer, 1790 gründet er in Schwarzenbach eine Grundschule und leitet diese vier Jahre lang. Dennoch sind diese Jahre von Armut geprägt. Die Erlebnisse und seine Empfindungen dieser Lebensphase verarbeitet er in seinem Roman *Siebenkäs* (1797).

Ein erster schriftstellerischer Erfolg stellt sich mit seinem Roman *Die unsichtbare Loge* ein, der 1793 erscheint. Er verwendet erstmals den Namen Jean Paul, den er sich aus Bewunderung zu dem bedeutenden französischen Aufklärer Jean-Jacques Rousseau zulegt. Der Roman bleibt ein Fragment. Sein zweiter Roman *Hesperus oder 45 Hundposttage*, eine Liebesgeschichte, macht den Autor über Nacht berühmt. Das Buch wird ein sensationeller Publikumserfolg.

Die Herzen vor allem der weiblichen Leserschaft fliegen ihm zu. Der als herzlich und charmant geltende Jean Paul verliebt sich schnell und häufig, doch letztlich kommt es erst spät zu einer dauerhaften Verbindung. In einem Brief an die Frau des Philosophen Friedrich Schlegel (1772–1829) schreibt die mit Goethe und Schiller befreundete Schriftstellerin Charlotte von Kalb über Jean Paul: *„Glauben Sie nicht, daß Jean Paul leicht etwas Leidenschaftliches oder eine Neigung mit in seine Verbindungen oder persönlich individuellen Anteil nimmt. Wir sind ihm alle nur Ideen, und als Personen gehören wir zu den gleichgültigsten Dingen. […] Er hat einen sehr freien Sinn und einen unbefangenen Blick; er durchschaut leicht eine Kette von Umständen, die einen Charakter bilden, und dann kann er nicht mehr lieben noch hassen."*

1796 besucht Jean Paul Weimar, zwei Jahre später zieht er in das literarische Zentrum Deutschlands und bleibt bis 1800. Dann folgen der Umzug nach Berlin und ein Jahr später die Heirat mit Karoline Mayen. In Berlin macht er Bekanntschaft mit den Romantikern Friedrich Schlegel und Ludwig Tieck (1773–1853) und dem Philosophen Johann Gottlieb Fichte. Zu seinen zahlreichen Bewunderern gehört Königin Luise von Preußen.

Zwischen 1800 und 1805 entstehen die Werke *Titan* (1800–1803) und *Flegeljahre* (1804/5), die beim Publikum bei weitem nicht mehr so gut ankommen, heute jedoch als seine beiden bedeutendsten Werke gelten.

Jean Paul-Museum
95444 Bayreuth
Wahnfriedstraße 1
E-Mail:
jean-paul-museum@
*   stadt.bayreuth.de*

Nach Stationen in Meiningen und Coburg zieht Jean Paul 1804 mit seiner Familie nach Bayreuth, wo er den Rest seines Lebens verbringt. Der Tod seines Sohnes stürzt ihn in tiefe Trauer, er ist nicht mehr in der Lage zu schreiben. Nach langen Jahren der Krankheit stirbt Jean Paul 1825 in Bayreuth.

Friedrich Hölderlin (1770–1843)

Schillers *„liebster Schwabe"* Friedrich Hölderlin wird 1770 in Lauffen am Neckar geboren. Er besucht die Lateinschule in Nürtingen und das theologische Seminar in Maulbronn, bevor er 1788 als Stipendiat in das Tübinger Stift eintritt. Beeinflusst vom elf Jahre älteren Schiller verfasst er früh Gedichte. In die Tübinger Stiftszeit fällt der Beginn der für ihn bedeutenden Freundschaft mit den Philosophen Friedrich Hegel (1770–1831) und Friedrich Schelling (1775–1854). Durch die Vermittlung Schillers erhält er 1793 eine Stelle als Hauslehrer des Sohnes von Charlotte von Kalb in der Nähe von Jena. 1795 hält sich Hölderlin in Jena auf und pflegt Kontakt zu Schiller und Fichte, bevor er eine Stelle als Hauslehrer beim wohlhabenden Bankier Gontard in Frankfurt am Main annimmt und sich in dessen Ehefrau verliebt:

Lieber Freund! es giebt ein Wesen auf der Welt, woran mein Geist Jahrtausende verweilen kann und wird, und dann noch sehn, wie schülerhaft all unser Denken und Verstehn vor der Natur sich gegenüber findet. Lieblichkeit und Hoheit, und Ruh und Leben, u. Geist

Friedrich Hölderlin
(1770–1843)

ohne Seele war von allem, was sie taten, nichts getan. Die Tugenden der Deutschen aber sind ein glänzend Übel und nichts weiter; denn Notwerk sind sie nur, aus feiger Angst, mit Sklavenmühe, dem wüsten Herzen abgedrungen, und lassen trostlos jede reine Seele, die von Schönem gern sich nährt, ach! die verwöhnt vom heiligen Zusammenklang in edleren Naturen, den Mißlaut nicht erträgt, der schreiend ist in all der toten Ordnung dieser Menschen.

Ich sage dir: es ist nichts Heiliges, was nicht entheiligt, nicht zum ärmlichen Behelf herabgewürdigt ist bei diesem Volk, und was selbst unter Wilden göttlichrein sich meist erhält, das treiben diese allberechnenden Barbaren, wie man so ein Handwerk treibt, und können es nicht anders, denn wo einmal ein menschlich Wesen abgerichtet ist, da dient es seinem Zweck, da sucht es seinen Nutzen, es schwärmt nicht mehr, bewahre Gott! […]

Es ist auch herzzerreißend, wenn man eure Dichter, eure Künstler sieht, und alle, die den Genius noch achten, die das Schöne lieben und es pflegen. […]

Und darum fürchten sie auch den Tod so sehr, und leiden, um des Austernlebens willen, alle Schmach, weil Höhers sie nicht kennen, als ihr Machwerk, das sie sich gestoppelt. O Bellarmin! wo ein Volk das Schöne liebt, wo es den Genius in seinen Künstlern ehrt, da weht, wie Lebensluft, ein allgemeiner Geist, da öffnet sich der scheue Sinn, der Eigendünkel schmilzt, und fromm und groß sind alle Herzen und Helden gebiert die Begeisterung. Die Heimat aller Menschen ist bei solchem Volk und gerne mag der Fremde sich verweilen."

Hyperion kehrt nach Griechenland zurück und lebt fortan als Eremit auf der Insel Salamis.

Der Tod des Empedokles

Etwa zeitgleich mit dem Erscheinen des ersten Bandes des *Hyperion* beginnt Hölderlin mit der Arbeit am unvollendet gebliebenen *Empedokles*-Fragment. Eine erste Fassung entsteht ab 1797 unter dem Titel *Der Tod des Empedokles*. Sie besteht aus zwei fast vollständigen Akten. Eine zweite Fassung entsteht um 1800, Teile davon bleiben aber verschollen. Es sind nur einzelne Szenen des ersten und zweiten Aktes erhalten, obwohl Hölderlin offenbar einen Fünfakter plant.

Im Mittelpunkt des Stückes steht der antike Philosoph Empedokles (490–430 v. Chr.). Der aus reichem Hause stammende Staatsmann, Arzt und Magier soll bei der Beseitigung der Aristokratie in Agrigent mitgewirkt haben. Die Legende besagt, er habe sich in den Krater des sizilianischen Vulkans Ätna gestürzt, damit seine Anhänger weiter an seine Unsterblichkeit glauben.

Die Handlung des Stückes dreht sich um die letzten Lebenstage des Empedokles. Hölderlin zeichnet ihn als Dichter und Seher, der an den Unzulänglichkeiten des Einzeldaseins leidet und sich schließlich opfert. In der zweiten Fassung will Empedokles seinem Volk seine Philosophie näher bringen und nennt sich Gott. Das Volk betet den

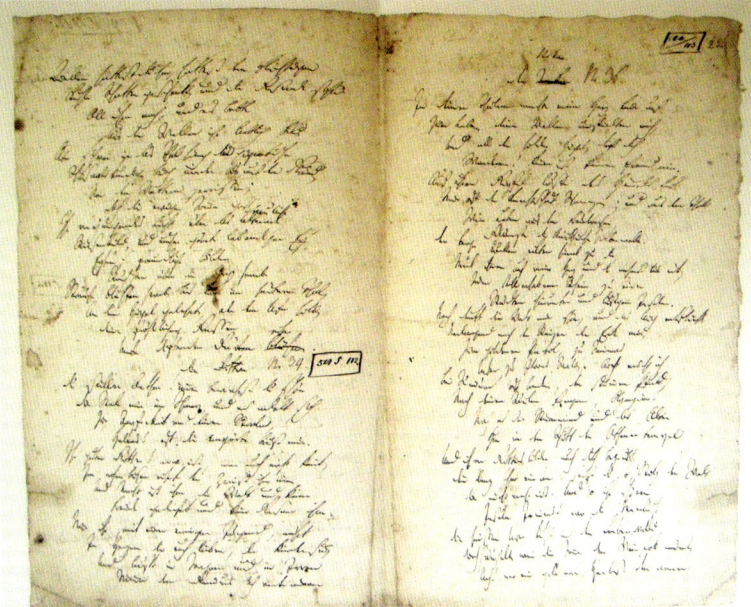

Überbringer und nicht die Botschaft an. Doch weil er sich Gott nannte, wendet sich das Volk von ihm ab, er wird verflucht und verbannt. Empedokles fühlt sich schuldig. Diese „Wortschuld" führt dazu, dass er sich opfert und in den Krater des Ätna stürzt.

Hölderlin konzentriert sich im Verlauf der Arbeit am *Empedokles* immer mehr auf den Tod des Protagonisten. Damit nimmt er die Problematik des Lebens dort wieder auf, wo er sie im *Hyperion* offen gelassen hat. Während der gescheiterte und verzweifelte Hyperion sich zurückzieht in die Natur, ist Empedokles reif für den Tod.

Als Quelle dienen Hölderlin die *Lebensbeschreibungen, Lehren und Aussprüche hervorragender Philosophen* des antiken Philosophiehistorikers Diogenes Laertius (3. Jahrhundert n. Chr.).

Die Literatur der Romantik (1795–1830)

„Die Französische Revolution, Fichtes Wissenschaftslehre, und Goethes Meister sind die größten Tendenzen des Zeitalters. Wer an dieser Zusammenstellung Anstoß nimmt, wem keine Revolution wichtig scheinen kann, die nicht laut und materiell ist, der hat sich noch nicht auf den hohen weiten Standpunkt der Geschichte der Menschheit erhoben."
(Friedrich Schlegel. Erstes Athenäum-Fragment 216)

Als Romantik wird die Zeit zwischen 1795 und 1830 bezeichnet. Die Romantik ist – wie die Klassik – eine gesamteuropäische Bewegung, die sich parallel und in Auseinandersetzung zur Klassik entwickelt.

In der bildenden Kunst beginnt die Epoche etwas früher und reicht bis um 1840. Bedeutendster Maler und Zeichner der deutschen Romantik sind Caspar David Friedrich (1774–1840) – eines seiner bekanntesten Werke ist das um 1818 entstandene Gemälde *Kreidefelsen auf Rügen* – und Philipp Otto Runge (1777–1810).

Die Literatur der deutschen Romantik wird eingeteilt in die Frühromantik, die bis etwa 1805 reicht, die Hochromantik, zwischen 1805 und 1815, und die Spätromantik, von 1815 bis 1830. Literarisches Zentrum der Frühromantik ist Jena, die frühe Phase wird daher auch als Jenaer Romantik bezeichnet. In der Hochromantik verlagern sich die Zentren nach Berlin und Marburg, vor allem aber nach Heidelberg, daher auch die Bezeichnung Heidelberger Romantik.

Der geschichtliche Hintergrund entspricht dem der Klassik: Es ist die Zeit der Koalitionskriege bis 1805, der Napoleonischen Kriege bis zum Wiener Kongress 1815 und der sich anschließenden politischen Neuordnung Europas.

Zentrale Schriftsteller der Romantik sind die Brüder August Wilhelm Schlegel (1767–1845) und Friedrich Schlegel (1772–1829) und Georg Friedrich Philipp Freiherr von Hardenberg (1772–1801), der sich als Dichter Novalis nennt. Ludwig Tieck (1773–1853) und sein Freund, der Jurist und Schriftsteller Wilhelm Heinrich Wackenroder (1773–1798) gehören neben den Brüdern Schlegel zu den bedeutendsten Schriftstellern der frühen Romantik.

Zu den „jüngeren" Romantikern zählt man den Heidelberger Kreis um Clemens Brentano (1778–1842), Achim von Arnim (1781–1831), Joseph Görres (1776–1848), Joseph von Eichendorff (1788–1857) und die weltweit bekannten Brüder Jacob (1785–1863) und Wilhelm Grimm (1787–1859). In etwa zeitgleich formiert sich der Berliner Kreis, zu dem Ernst Theodor Amadeus Hoffmann, bekannt als E.T.A. Hoffmann (1776–1822), Friedrich de la Motte Fouqué (1777–1843) und Adelbert von Chamisso (1781–1838) gehören.

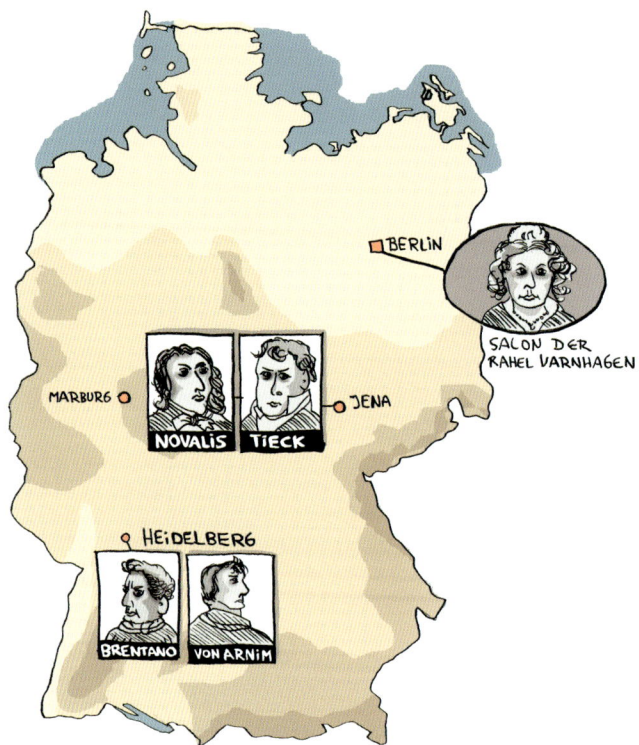

Im süddeutschen Raum entsteht etwas später eine in romantischer Tradition stehende „schwäbische Dichterschule", zu der Ludwig Uhland (1787–1862), Gustav Schwab (1792–1850) und Wilhelm Hauff (1802–1827) gehören.

Erstmals in der Literaturgeschichte konnten sich in der Romantik auch schreibende Frauen durchsetzen: Karoline von Günderrode (1780–1806), Bettine von Arnim (1785–1859), Rahel Varnhagen von Ense (1771–1833), Dorothea Schlegel (1764–1839) und Caroline Schlegel-Schelling (1763–1809).

Der Begriff Romantik

Im heutigen allgemeinen Sprachgebrauch verbindet man mit dem Begriff Romantik eine bestimmte Stimmung, Atmosphäre oder ein Gefühl: Kerzenschein, gefühlvolle Musik oder ein Spaziergang im Sonnenuntergang, das Gefühl der Verliebtheit.

Der Begriff Romantik leitet sich vom altfranzösischen Wort *roman* ab, das einen in Volkssprache – also in romanischer Sprache – verfassten Versroman meint. Im 17. und 18. Jahrhundert wird mit *romantisch* oder auch *romanisch* etwas Romanhaftes im Sinne von „in einem Roman vorkommend" bezeichnet. Im Laufe des 18. Jahrhunderts wandelt sich die Bedeutung des Begriffes. Er bezeichnet das Unwirkliche, Fantastische, Märchenhafte, Überspannte und Schwärmerische und wird auch auf die Wahrnehmung von Landschaften übertragen: Wilde Natur, nebelverhangene Wälder und mittelalterliche Burgruinen werden als romantisch bezeichnet.

Das romantische Weltbild –
„die Poesie lebendig und gesellig, und das Leben und die Gesellschaft poetisch" werden lassen

(Friedrich Schlegel)

Das Lebensgefühl der Romantik ist geprägt von der Auseinandersetzung mit der Französischen Revolution und den Folgekriegen bis 1815. Durch die zunehmende Industrialisierung, die den Wert des Menschen mehr und mehr an seinem wirtschaftlichen Nutzen bemisst, empfindet insbesondere das gebildete Bürgertum die Jahre als Krisenzeit und sieht sich in seiner Existenz gefährdet.

Ähnlich wie in der Aufklärung und Klassik befürworten die Romantiker eine auf Selbstständigkeit und Individualität abzielende Bildung. Während der Mensch zur Zeit des Sturm und Drang von seinen ständischen und sozialen Ketten befreit werden will und in der Klassik durch die Erziehung zur Humanität Pflicht und Neigung in Übereinstimmung bringen will, glauben die Romantiker, durch das Gefühl die Welt verändern zu können.

Caspar David Friedrich, *Kreidefelsen auf Rügen*, 1818/1819

Das Alltagsleben erscheint trostlos, von eintöniger Arbeit beherrscht. Der Blick der Romantiker richtet sich nach innen. Die „romantische Sehnsucht" bestimmt das Lebensgefühl. Es ist eine Sehnsucht nach innerer Einheit, nach einer heilen Welt, nach der Zusammenführung von Gegensätzen, nach Unendlichkeit, die bis zur Todessehnsucht führen kann. Dies zielt nicht auf die Endlichkeit allein, sondern auf die Rettung im Sinne der christlichen Glaubenslehre. Es kommt in der späteren Romantik zu einer neuen Frömmigkeit, viele Gelehrte und Schriftsteller konvertieren nach 1805 zum Katholizismus.

Impulse zur Entwicklung der deutschen Romantik kommen von Jean-Jacques Rousseau und den Ossian-Gesängen des Schotten James Macpherson. Auch die Naturdichtung Klopstocks, die Literatur der Empfindsamkeit, die Ich-Bezogenheit und der Geniegedanke des Sturm und Drang und die Werke Shakespeares üben einen großen Einfluss auf die Romantik aus. Die italienischen und spanischen Dichter Dante Alighieri (1265–1321), Pedro Calderón de la Barca (1600–1681) und Miguel de Cervantes (1547–1616) werden ebenso als Tradition gesehen und ins Deutsche übersetzt.

Die Literatur der Romantik
„Wie seine Kunst sich vollendete … so wurde auch sein Leben zum Kunstwerk" (Friedrich Schlegel, *Lucinde*)

Die Romantik orientiert sich an der Idee eines dreistufigen „Goldenen Zeitalters" und geht von einer ursprünglichen Einheit von Mensch und Natur aus. Diese ist im Verlauf der Zeit zerrissen. Als repräsentativ für diese Einheit und den im Einklang mit sich und der Natur lebenden Menschen wird die Epoche des Mittelalters betrachtet. Durch Reformation und Aufklärung ist die Einheit von Mensch und Natur gebrochen. Es gilt, sie wiederzugewinnen, denn ansonsten drohen Verfall und Auflösung der Welt und ihrer Ordnung. Ein Mittel dazu ist die Kunst.

Ein Fragment bezeichnet ein Bruchstück, ein unvollendetes Werk. Man unterscheidet zwischen Werken, die ohne Einfluss des Autors unvollendet geblieben sind, beispielsweise weil dieser gestorben ist, und solchen, bei denen der Autor bewusst diese Form des Unvollständigen gewählt hat, um eine bestimmte Wirkung zu erzielen. Letzteres ist in der Romantik ein literarisches Verfahren.

Der Begriff **Groteske** leitet sich vom italienischen *grottesco* ab, das verzerrt, verwunderlich meint. Der Begriff wurde zuerst in der bildenden Kunst verwendet, unter anderem für Darstellungen, bei denen Pflanzen, Tiere und Menschen spielerisch miteinander verbunden werden. Die Groteske verbindet also Unvereinbares miteinander, zum Beispiel Gruselig-Schauriges mit Lustigem. In Fantasien wird die Realität verzerrt und entstellt, so dass die Welt entfremdet erscheint. In der Romantik erscheint der Alltag eintönig, die technischen Neuerungen ängstigen die Menschen. Alles ehemals Gute scheint verloren gegangen zu sein, das Leben erscheint grotesk.

Die „Philister", die gewöhnlichen Bürger, stehen dieser Veränderung entgegen. Sie interessieren sich allein für ihre Arbeit, sind gefangen im Konkurrenzdenken und in ihrem Streben nach Gewinn. Entsprechend uninteressiert sind sie an den Bestrebungen der Kunst. Philister werden in der romantischen Literatur in zahlreichen Satiren karikiert. Der Philister wird zum Sinnbild des genügsamen Bürgers. *„Philister leben nur im Alltagsleben. Das Hauptmittel scheint ihr einziger Zweck zu seyn. Sie thun das alles, um des irdischen Lebens willen, …"* schreibt Novalis.

Das Gegenbild ist der Künstler, der Träumer oder der Taugenichts, der nicht nur nach materiellem Gewinn strebt. Stattdessen hängt er seinen Träumen und Sehnsüchten nach. Symbol für diese Sehnsüchte wird die „blaue Blume".

Romantische Ironie – *„Die vollendete Ironie hört auf, Ironie zu sein und wird ernsthaft."* (Friedrich Schlegel)

Die Romantiker bevorzugen die literarische Form des Fragments. Dass scheinbar Zusammenhangloses eine Einheit bildet, soll mit Hilfe der romantischen Ironie widergespiegelt werden. Die romantische Ironie ist eine künstlerische Gestaltungsmethode, bei der *„das Produzierende mit dem Produkt"* dargestellt werden soll, so Friedrich Schlegel. Er versteht Ironie als poetische Reflexion, bei der nicht nur der Stoff künstlerisch reflektiert werden soll, sondern auch die Poesie sich selbst, also die Entstehungsbedingungen, darzustellen hat. In literarischen Texten tritt die Ironie auf als Gegensatz zwischen Alltäglichem und Wunderbarem oder Fantasie und Wirklichkeit.

Die Romantiker verwenden nicht nur das Fragment, sondern auch die Groteske und die Arabeske. Ebenso gehören Verdoppelungen, Spiegelungen und perspektivische Brechungen zum literarischen Stil. Bei der perspektivischen Brechung kann der Leser nicht mehr unterscheiden, ob die Figuren sich in einem Traum oder in der Wirklichkeit befinden. Unterschiedliche Genres werden vermischt, so zum Beispiel das Lustspiel mit Elementen des Märchens oder des Schauerromans. Oft werden in einem Text andere Werke zitiert oder Musik und Kunst in ein Werk mit einbezogen.

Die Jenaer Romantiker

Das kleine Städtchen Jena, unweit des literarischen Zentrums der Klassik in Weimar, versammelt Ende des 18. Jahrhunderts einen Kreis junger Intellektueller und Literaten. Zum Jenaer Kreis gehören bis 1801 August Wilhelm Schlegel und seine Frau Caroline, Ludwig Tieck mit seiner Ehefrau sowie Novalis. Clemens Brentano zieht 1798, Friedrich Schlegel und seine Frau Dorothea Veit (1764–1839) siedeln 1799 nach Jena um. Zum erweiterten Freundeskreis gehören Hölderlin, die Dichterin Sophie Mereau (1770–1806) und der Philosoph Friedrich Schelling (1775–1854), der später Caroline Schlegel heiratet. Im weiteren Sinne gehört auch der früh verstorbene enge Freund Ludwig Tiecks, Wilhelm Heinrich Wackenroder, zu den Mitbegründern der Romantik. Diese jungen Leute streben eine „Revolution des Geistes" an.

Die Brüder Schlegel

August Wilhelm Schlegel ist einer der bedeutendsten Kunst- und Literaturwissenschaftler sowie Übersetzer der Romantik, sein Bruder Friedrich Schlegel gilt als bedeutendster Literaturtheoretiker der Frühromantik.

August Wilhelm Schlegel (1767–1845)

August Wilhelm Schlegel wird 1767 in Hannover geboren. Er studiert zunächst Theologie in Göttingen, danach Philosophie. Durch den Kontakt zu dem in Göttingen lebenden Dichter Gottfried August Bürger (1747–1794) lernt er die neuere deutsche Dichtung kennen.

August Wilhelm Schlegel
(1767–1845)

Nach dem Studium ist er als Hauslehrer in Amsterdam tätig. Er heiratet Caroline Schlegel und zieht 1796 nach Jena. Ab 1798 hält er dort als Professor für Philosophie Vorlesungen an der Universität. Parallel arbeitet er an Schillers Literaturzeitschrift *Die Horen*, am *Musenalmanach* und an der *Jenaer Allgemeinen Literatur-Zeitung* und fungiert zwischen 1823 und 1830 als Herausgeber der Zeitschrift *Indische Bibliothek*.

1801 siedelt Schlegel nach Berlin über. Nach seiner Scheidung von Caroline nimmt er eine Anstellung als Hauslehrer bei der bekannten französischen Schriftstellerin Baronin Anne Louise Germaine de Staël, besser bekannt als Madame de Staël (1766–1817) an, die er auf ihren Reisen begleitet. Das bekannteste und aufsehenerregendste Werk der Germaine de Staël ist das Buch *De l'Allemagne*, in der deutschen Übersetzung *Über Deutschland*, das 1810 erscheint und von Napoleon verboten wird. Es präsentiert den Franzosen das Bild eines Deutschlands, das ihrem eigenen Land überlegen ist. Deutschland ist zwar stark idealisiert dargestellt, wird aber im Gegensatz zum diktatorisch regierten Frankreich Napoleons als ein Land der Geisteskultur gepriesen. Auch die regionale Vielfalt und die mittelalterliche Architektur finden Anerkennung in ihrem Werk, das über Jahrzehnte das Deutschlandbild der Franzosen prägen sollte. Schlegel lebt bis zum Tod der Madame de Staël auf ihrem Landsitz am Genfer See. Anschließend kehrt er nach Deutschland zurück und lehrt Literatur und Kunstgeschichte in Bonn. Seine wissenschaftlichen und akademischen Tätigkeiten auf dem Gebiet der Romanistik und der indischen Philologie sind viel beachtet und festigen seinen Ruf als anerkannten Literaturhistoriker.

August Wilhelm Schlegel ist auch dichterisch tätig, er verfasst überwiegend Sonette und Balladen sowie ein Drama, doch bedeutender als seine eigenen Arbeiten sind seine Übersetzungen der Dramen Shakespeares. Er stirbt 1845 in Bonn.

Der Begriff **Arabeske** stammt vom französischen Wort *arabesque* ab, das „in arabischer Form" meint. Mit Arabeske bezeichnet man da ein pflanzenartig-verschlungenes Rankenornament, das erstmals in der Spätantike vorkommt und im arabischen Raum weiterentwickelt wurde – daher auch die Bezeichnung „in arabischer Form". Mit dieser Form wird häufig eine spielerische Leichtigkeit und Freude verbunden, eine „Freiheit der schaffenden Einbildungskraft", so Immanuel Kant. In der Übertragung auf die Literatur wird der Begriff für märchenhafte und fantastische Poesie verwendet, also auf scheinbar ungeordnete, naturähnliche Strukturen. Friedrich Schlegel überträgt den Begriff in seiner theoretischen Schrift Gespräch über die Poesie (1800) als erster auf die Literatur: *„Arabesk ist jene durch die Dichtungskraft (oder die Einbildungskraft oder den Witz) hervorgebrachte Form, in der sich die unendliche Fülle ahnungsweise manifestiert."* Schlegel bezeichnet folglich die Arabeske als Gattung, in der sich Stoff- und Formkomposition verschlingen. E.T.A. Hoffmanns *Lebensansichten des Katers Murr* gehört beispielsweise dieser Gattung an.

Friedrich Schlegel
(1772–1829)

Friedrich Schlegel (1772–1829)

Friedrich, der jüngere der beiden Schlegel-Brüder, wird 1772 in Hannover geboren. Er gilt bereits in seinen Jugendjahren als melancholisch. Obwohl er das Gymnasium nicht beendet, gelingt es ihm, in Göttingen ein Studium der Rechte und Philologie, Geschichte und Philosophie aufzunehmen. 1793 entscheidet er sich für eine Laufbahn als Schriftsteller. Die Existenz des freien Schriftstellers ist mit finanzieller Not verbunden, so dass er zeitweilig bei seiner Schwester in Dresden lebt und ab 1796 ein Jahr bei seinem Bruder in Jena im Kreis der Frühromantiker verbringt. Nach einer Zwischenstation in Berlin kehrt er 1799 nach Jena zurück und zieht wieder zu seinem Bruder in die „Romantiker-Wohngemeinschaft", in der auch seine zukünftige Ehefrau Dorothea Veit lebt. In Jena habilitiert er sich, d.h. er erreicht den höchsten akademischen Grad, und lehrt anschließend Philosophie an der Universität Jena. Im selben Jahr erscheint sein erster und einziger Roman *Lucinde*.

In Paris verbringen Friedrich Schlegel und Dorothea Veit die Jahre 1802 bis 1804 und heiraten schließlich. 1802 erscheint das Trauerspiel *Alarcos*. Ein vierjähriger Aufenthalt in Köln schließt sich an. 1808 konvertiert das Ehepaar zum Katholizismus. Die folgenden sieben Jahre bis 1815 ist Schlegel als Sekretär der Österreichischen Hof- und Staatskanzlei in Wien tätig und hält parallel dazu Vorlesungen an der Universität. Zwischen 1820 und 1823 ist er als Herausgeber der *Concordia* tätig, der wichtigsten Zeitschrift der Wiener Spätromantik. Friedrich Schlegel stirbt 1829 in Dresden.

Die Literatur der Romantik

Der ständig fortschreitende Prozess des „Werdens", den die Romantiker beschreiten, wirkt sich auch auf die Literatur aus. Die „absolute Poesie" ist immer unabschließbar, deshalb ist das Fragment die typische Form für die Romantik. Der Roman gilt den Romantikern als bevorzugte Gattung. Ziel ist das Verfassen eines „absoluten Romans", der zur Bildung des Menschen beiträgt, die zeitgenössischen gesellschaftlichen Tendenzen wiedergibt und gleichzeitig „das Goldene Zeitalter", die Einheit von Mensch und Natur, wiederherstellt. Kennzeichnend für den Roman ist das Vermischen von Elementen des Bildungs-, Schelmen-, Abenteuer- und Schauerromans. Die spätere Romantik beschäftigt sich intensiv mit germanischen Sagen und Mythen des Mittelalters.

Friedrich Schlegels *Lucinde* – „der Sehnsucht eine Form"

Friedrich Schlegels Roman *Lucinde* erscheint 1799. Geplant ist er als erster Teil eines vierteiligen Zyklus, der in dieser Form nie realisiert wird. Im Mittelpunkt des Werkes steht die Liebe von Julius und Lucinde, die Schlegel anhand von Tagebucheinträgen, Briefen, Reflexionen, Fantasien und Träumen wiedergibt. Dieses Zusammenfügen unterschiedlicher Textfragmente ist völlig neu, ebenso wie die Gestaltung des Themas: Der Roman löst einen Skandal aus, denn er propagiert eine die herrschenden Konventionen sprengende Auffassung von Liebe. Schlegel versteht die Liebe als Einheit von Geist und körperlicher Lust, bei dem er der Frau eine neue, emanzipierte Rolle zuschreibt. Die enthaltenen Schilderungen der erotischen Beziehung stoßen teilweise auf heftige Kritik:

Allegorie von der Frechheit

Wie die weibliche Kleidung vor der männlichen, so hat auch der weibliche Geist vor dem männlichen den Vorzug, daß man sich da durch eine einzige kühne Kombination über alle Vorurteile der Kultur und bürgerlichen Konventionen wegsetzen und mit einemmale mitten im Stande der Unschuld und im Schoß der Natur befinden kann.

An wen sollte also wohl die Rhetorik der Liebe ihre Apologie der Natur und der Unschuld richten als an alle Frauen, in deren zarten Herzen das heilige Feuer der göttlichen Wollust tief verschlossen ruht, und nie ganz verlöschen kann, wenn es auch noch so sehr verwahrlost und verunreinigt wird?

Eine Reflexion

Es ist meinem Gemüt nicht selten sonderbar aufgefallen, wie verständige und würdige Menschen mit nie ermüdender Industrie und mit so großem Ernst das kleine Spiel in ewigem Kreislauf immer von neuem wiederholen können, welches doch offenbar weder Nutzen bringt noch sich einem Ziele nähert, obgleich es das früheste aller Spiele sein mag. […]

Das Denken hat die Eigenheit, daß es nächst sich selbst am liebsten über das denkt, worüber es ohne Ende denken kann. Darum ist das Leben des gebildeten und sinnigen Menschen ein stetes Bilden und Sinnen über das schöne Rätsel seiner Bestimmung. Er bestimmt sie immer neu, denn eben das ist seine ganze Bestimmung, bestimmt zu werden und zu bestimmen. Nur in seinem Suchen selbst findet der Geist des Menschen das Geheimnis welches er sucht.

Was ist denn aber das Bestimmende oder das Bestimmte selbst? In der Männlichkeit ist es das Namenlose. Und was ist das Namenlose in der Weiblichkeit? – das Unbestimmte.

Sehnsucht und Ruhe

Leicht bekleidet standen Lucinde und Julius am Fenster im Pavillon, erfrischten sich an der kühlen Morgenluft und waren verloren im Anschaun der aufsteigenden Sonne, die von allen Vögeln mit munterem Gesang begrüßt ward.

Julius, fragte Lucinde, warum fühle ich in so heitrer Ruhe die tiefe Sehnsucht? – Nur in der Sehnsucht finden wir die Ruhe, antwortete Julius. Ja die Ruhe ist nur das, wenn unser Geist durch nichts gestört wird, sich zu sehnen und zu suchen, wo er nichts Höheres finden kann als die eigne Sehnsucht.

Nur in der Ruhe der Nacht, sagte Lucinde, glüht und glänzt die Sehnsucht und die Liebe hell und voll wie diese herrliche Sonne. – Und am Tage, erwiderte Julius, schimmert das Glück der Liebe blaß, so wie der Mond nur sparsam leuchtet. – Oder es erscheint und schwindet plötzlich ins allgemeine Dunkel, fügte Lucinde an, wie jene Blitze, die uns das Gemach erhellten, da der Mond verhüllt war.

Titelseite zu Tiecks
*Der gestiefelte Kater,
ein Kindermärchen in
drey Akten mit Zwi-
schenspielen, einem
Prologe und Epiloge*
von Peter Leberecht,
Berlin 1797

Der gestiefelte Kater

Das 1797 in Tiecks Sammlung *Volksmärchen* erschienene satirische Bühnenmärchen *Der gestiefelte Kater*, das 1844, knapp 50
Jahre nach der Erstveröffentlichung, in Berlin uraufgeführt wird,
trägt den Untertitel *Ein Kindermärchen in drey Akten mit Zwischenspielen, einem Prologe und Epiloge*. Der Stoff ist dem Mär-
chenbuch *Contes de ma mère l'Oye* (1697) des französischen
Schriftstellers Charles Perrault (1628–1703) entnommen.

Im Mittelpunkt des Geschehens, das einen missglückten Thea-
terabend thematisiert, steht Gottlieb, der jüngste von drei Brüdern, der nichts weiter als den Kater Hinze erbt. Für ein Paar
Stiefel verspricht der sprechende Kater Gottlieb Reichtum, ja sogar ein Königreich. Dieser opfert sein letztes Geld, um die Forderung des Katers zu erfüllen und tatsächlich wird er mit großen
Reichtümern belohnt und obendrein noch mit der Gunst der
schönen und gescheiten Tochter des Landesherren.

Neben den Figuren des Stückes treten nicht nur diverse sprechende
Tiere auf, sondern auch ein Fischer, ein Müller, ein Schlosser und
einige andere als Zuschauer, die bei laufender Aufführung Kritik am
Stück üben: Man komme nicht in eine „vernünftige Illusion" hinein.
Die Aufführung des Märchens misslingt. Der Dichter tritt hinter den
Kulissen hervor und lässt sich auf eine Unterhaltung mit den „Zu-
schauern" ein:

Dichter: *Meine Herren –*
Alle: *Ist der der Dichter?*
Fischer: *Er sieht wenig wie ein Dichter aus.*
Schlosser: *Naseweis.*
Dichter: *Meine Herren – verzeihen Sie meiner Keckheit -*
Fischer: *Wie können Sie solche Stücke schreiben? Warum haben Sie
  sich nicht gebildet?*
Dichter: *Vergönnen Sie mir nur eine Minute Gehör, ehe Sie mich
  verdammen. Ich weiß, daß ein verehrungswürdiges Publikum
  den Dichter richten muß, daß von Ihnen keine Appellation statt-
  findet; aber ich kenne auch die Gerechtigkeitsliebe eines vereh-
  rungswürdigen Publikums, daß es mich nicht von einer Bahn zu-
  rückschrecken wird, auf welcher ich seiner gütigen Leitung und
  seiner Einsichten so sehr bedarf.*
Fischer: *Er spricht nicht übel.*
Müller: *Er ist höflicher, als ich dachte.*
Schlosser: *Er hat doch Respekt vor dem Publikum.*

Den Unmut der „Zuschauer" kann der Dichter nur mit Hilfe eines
hinzu gerufenen „Besänftigers" beruhigen, der mit einer ganze Reihe
an unterhaltenden Einlagen, von tanzenden Bären bis hin zu einem
unvorhergesehenen „Ballett", aufwarten muss. Auch der Souffleur
und der Maschinist betreten die Bühne. Letzterer muss ein weiteres
Mal das Publikum besänftigen, als sich vor dem letzten Akt der Vorhang zu früh hebt und die Zuschauer den Dichter noch im Gespräch

mit dem Maschinisten „erwischen". Das Publikum bleibt kritisch, so dass der Dichter im Epilog abermals auf die Bühne tritt und sich der Kritik stellt.

Dichter: *Ich bin noch einmal so frei -*
Fischer: *Sind Sie auch noch da?*
Müller: *Sie sollten doch ja nach Hause gegangen sein.*
Dichter: *Nur noch ein paar Worte mit Ihrer gütigen Erlaubnis! Mein Stück ist durchgefallen -*
Fischer: *Wem sagen Sie denn das?*
Müller: *Wir haben's bemerkt.*
Dichter: *Die Schuld liegt vielleicht nicht ganz an mir -*
Müller: *An wem denn sonst, daß wir hier einen würdigen jungen Mann gebunden halten müssen, der sonst wie ein Rasender um sich schlägt? Wer hat denn sonst wohl schuld, als Sie, daß wir alle konfuse im Kopfe sind?*
Schlosser: *Erleuchteter Mann! nicht wahr, Ihr hohes Schauspiel ist eine mystische Theorie und Offenbarung über die Natur der Liebe?*
Dichter: *Daß ich nicht wüßte; ich wollte nur den Versuch machen, Sie alle in die entfernten Empfindungen Ihrer Kinderjahre zurückzuversetzen, daß Sie dadurch das dargestellte Märchen empfunden hätten, ohne es doch für etwas Wichtigeres zu halten, als es sein sollte.*
Leutner: *Das geht nicht so leicht, mein guter Mann.*
Dichter: *Sie hätten dann freilich Ihre ganze Ausbildung auf zwei Stunden beiseit legen müssen. -*
Fischer: *Wie ist denn das möglich?*
Dichter: *Ihre Kenntnisse vergessen -*
Müller: *Warum nicht gar!*
Dichter: *Ebenso, was sie in Journalen getan haben.*
Müller: *Seht nur die Foderungen!*
Dichter: *Kurz, Sie hätten wieder zu Kindern werden müssen.*

Leseabend bei Ludwig Tieck in Dresden, Xylographie nach einer Zeichnung von Ludwig Pietsch

Tiecks satirisches Stück mit seinen ständig wechselnden Wirklichkeitsebenen kritisiert die Missstände des Theaterbetriebs des 18. Jahrhunderts und damit sowohl die zeitgenössischen Autoren als auch das Publikum, das aufwendig inszenierte und reich dekorierte Rührstücke bevorzugt und der Kulisse mehr Aufmerksamkeit entgegenbringt als dem Bühnengeschehen. Auch der zeitgenössische triviale Lesegeschmack, die Kleinstaaterei und die Auswüchse der Französischen Revolution werden Gegenstand satirischer Kritik.

Obwohl das Stück den Geschmack des zeitgenössischen Publikums nicht trifft, weil es damit intellektuell überfordert ist, hat es literarisch stark gewirkt und unter anderem E.T.A. Hoffmanns *Lebens-Ansichten des Katers Murr* beeinflusst.

Wilhelm Heinrich Wackenroder (1773–1798) – ein Leben zwischen Pflicht und Neigung

Wilhelm Heinrich
Wackenroder
(1773–1798)

Wilhelm Heinrich Wackenroder wird 1773 als Sohn eines preußischen Justizbeamten in Berlin geboren. Die Gymnasialzeit verbringt er zusammen mit Ludwig Tieck in Berlin. Er erhält schon in jungen Jahren eine gute musikalische Ausbildung. Auf Wunsch seines Vaters studiert er in Erlangen und Göttingen Jura und nimmt anschließend eine Stellung als juristischer Referendar in Berlin an. Seine mit Tieck unternommenen Reisen nach Nürnberg, Bayreuth, Bamberg und weiteren geschichtsträchtigen Städten wecken sein Interesse an der Kunst. Parallel zu Studium und Referendarstätigkeit verfasst er zahlreiche theoretische Abhandlungen über die Kunst. Er besucht insgeheim Vorlesungen über altdeutsche Literatur, über die Epen Hartmanns von Aue und Wolframs von Eschenbach und über Minnesang. Seine zusammen mit Ludwig Tieck herausgegebene kunsttheoretische Schrift *Herzensergießungen eines kunstliebenden Klosterbruders* erscheint 1796 zunächst anonym.

Wackenroder stirbt 1798 im Alter von nur 25 Jahren in Berlin. Nach dem Tod Wackenroders gibt Tieck dessen *Phantasien über die Kunst für Freunde der Kunst* (1799) sowie den umfangreichen Briefwechsel des Freundes heraus.

Herzensergießungen eines kunstliebenden Klosterbruders

Wackenroder gilt aufgrund seiner Empfindsamkeit, seiner Stimmungsschwankungen und letztlich seines Scheiterns an der ihm ausweglos erscheinenden Situation zwischen Pflicht und Neigung als einer der ersten Romantiker. Die Schrift *Herzensergießungen eines kunstliebenden Klosterbruders* ist ein frühes „Manifest" der Romantik – es erscheint bereits zwei Jahre vor der Zeitschrift *Athenäum*. Er bringt darin wichtige Bestrebungen der Frühromantiker zur Sprache und thematisiert das Verhältnis von Kunst und Religion, die Befreiung der deutschen Kunst von der romanischen und die Rolle der Musik.

Das Werk versammelt eine Reihe von theoretischen Abhandlungen, fingierte Briefwechsel, Gemäldebeschreibungen und Künstlerbiografien, zum Beispiel von Dürer, Raffael, Leonardo da Vinci und Michelangelo und eine autobiografische Erzählung mit dem Titel *Das merkwürdige musikalische Leben des Tonkünstlers Joseph Berglinger*. Das poetische Buch ist aus der Perspektive eines „Klosterbruders" erzählt. Dieser Kunstgriff gibt den einzelnen Abhandlungen und Dichtungen einen verbindenden Rahmen. Der kunstbegeisterte Mönch verzichtet selbst auf das Ausüben seiner Leidenschaft. Stattdessen lebt er einsam im Kloster und verfasst „Aufsätze", die den *„angehenden Künstlern"* die nötige Ehrfurcht und Respekt vor der Leistung der *„großen, gebenedeiten Kunstheiligen"* beibringen sollen.

An den Leser dieser Blätter
In der Einsamkeit eines klösterlichen Lebens, in der ich nur noch zuweilen dunkel an die entfernte Welt zurückdenke, sind nach und

nach folgende Aufsätze entstanden. Ich liebte in meiner Jugend die Kunst ungemein, und diese Liebe hat mich wie ein treuer Freund, bis in mein jetziges Alter begleitet: ohne daß ich es bemerkte, schrieb ich aus einem innern Drange meine Erinnerungen nieder, die du, geliebter Leser, mit einem nachsichtsvollen Auge betrachten mußt. Sie sind nicht im Ton der heutigen Welt abgefaßt, weil dieser Ton nicht in meiner Gewalt steht, und weil ich ihn auch, wenn ich ganz aufrichtig sprechen soll, nicht lieben kann.

Die Künstlerbiografien halten sich eng, teilweise fast wörtlich, an die Biografien des Italieners Giorgio Vasari, die 1550 erschienen sind. Wackenroder rückt die Kunst in die Nähe der Religion, denn sie greift da, wo die Kraft des Wortes versagt. Die Leistung der großen Künstler ist nur durch *„göttliche Eingebung"* möglich.

An den allervortrefflichsten Maler,
Raffael von Urbino.
Vergebt mir, daß ich nicht weiß, wie ich Euch anreden soll, denn Ihr seid ein unbegreiflicher und außerordentlicher Mann; und ich bin überdies gar nicht geübt, die Feder zu führen. Ich habe auch lange bei mir überlegt, ob es wohl schicklich sei, daß ich Euch schriebe, ohne Euch von Person jemals gesehn zu haben. Aber da man ja überall von Eurer leutseligen und freundlichen Gemütsart reden hört, so habe ich mich es endlich unterstanden.
Doch ich will Euch Eure kostbare Zeit nicht mit vielen Worten rauben, denn ich kann mir denken, wie fleißig Ihr sein müßt; sondern ich will nur gleich mein Herz vor Euch aufschließen und Euch meine Bitte recht angelegentlich vortragen.
Ich bin ein junger Anfänger in der vortrefflichen Malerkunst, welche ich über alles liebe, und welche mein ganzes Herz erfreut, so daß ich fast nicht glauben kann, daß, wenn ich (wie es natürlich ist) Euch und andre berühmte Meister dieser Zeiten ausnehme), irgend jemand anders solche innerliche Liebe und so einen unaufhörlichen Drang zu der Kunst trüge. [...] Nun habe ich mich schon nach vielen unsrer heutigestages berühmten Männer wohl geübt; aber da ich angefangen habe, Eure Arbeiten nachmalen, ist es mir gewesen, als wenn ich gar nichts wüßte und noch einmal von vorn anfangen sollte. Ich habe doch schon so manchen Kopf auf der Tafel zustande gebracht, [...] aber wenn ich die Köpfe Eurer Apostel und Jünger Christi, sowie Eurer Madonnen und Christkindlein, auch Zug für Zug auf meine Tafel übertrage, mit solcher Pünktlichkeit, daß mir die Augen brechen möchten – und ich denn das Ganze übersehe, und es mit dem Original vergleiche, so bin ich erschrocken, daß es himmelweit davon entfernt und ein ganz anderes Gesicht ist. [...] Darum, soviel ich auch immer nachgegrübelt habe, weiß ich mir durchaus das Besondere nicht zu erklären, was Eure Bilder an sich haben, und kann gar nicht ergründen, worin es eigentlich :im, daß man Euch nicht recht nachahmen und Euch nie ganz und gar erreichen kann. O leistet mir hierin Euren Beistand – ich bitte Euch dringend und flehentlich darum, und sagt mir (denn Ihr könnt es gewiß am besten), was ich tun muß, um Euch nur einigermaßen ähnlich

*zu werden. [...] Ich bin – vergebt mir manchmal wohl gar darauf
gefallen, Ihr müßtet irgendein Geheimnis bei Eurer Arbeit besitzen,
wovon sich kein anderer Mensch einen Begriff machen könnte. [...]*
Eurem
Euch über alles verehrenden
Antonio.

*So lautet Antonios Sendschreiben an Raffael; – und dieser schrieb
ihm lächelnd folgende Antwort:*

Mein guter Antonio,
*Es ist schön, dass Du so große Liebe zu der Kunst trägst und Dich so
fleißig übest; Du hast mich sehr damit erfreut. Aber was Du von mir
zu wissen verlangst, kann ich Dir leider nicht sagen; nicht weil es
ein Geheimnis, das ich nicht verraten wollte – denn ich wollte es Dir
und einem jeden von Grunde des Herzens gern mitteilen –, sondern
weil es mir selber unbekannt ist.*
*Ich sehe Dir an, daß Du mir das nicht glauben willst; und doch ist
es so. So wenig als einer Rechenschaft geben kann, woher er eine
rauhe oder eine liebliche Stimme habe, so wenig kann ich Dir sagen,
warum die Bilder, unter meiner Hand, grade eine solche und keine
andere Gestalt annehmen.*
*Die Welt sucht viel Besonderes in meinen Bildern; und wenn man
mich auf dies und jenes Gute darin aufmerksam macht, so muß ich
manchmal selber mein Werk mit Lächeln betrachten, daß es so wohl
gelungen ist. Aber es ist wie in einem angenehmen Traum vollendet,
und ich habe während der Arbeit immer mehr an den Gegenstand
gedacht, als daran, wie ich ihn vorstellen möchte.*
*Wenn Du das, was Du etwa an meinen Arbeiten Eigentümliches fin-
dest, nicht recht begreifen und nachahmen kannst, so rate ich Dir,
lieber Antonio, Dir sonst einen oder den andern der mit Recht berühmten Meister jetziger Zeiten zum Muster zu erwählen; denn ein
jeder hat etwas Nachahmungswürdiges, und ich habe mich mit Nutzen nach ihnen gebildet und nähre mein Auge noch immer mit ihren mannigfachen Vorzüglichkeiten. Daß ich nun jetzt aber gerade
diese und keine andere Art zu malen habe, wie denn ein jeder seine
eigene zu haben pflegt, das scheint meiner Natur von jeher schon so
eingepflanzet; ich habe es nicht durch sauren Schweiß erringen, und
es läßt sich nicht mit Vorsatz auf so etwas studieren. Fahre indessen
fort, Dich mit Liebe in der Kunst zu üben, und lebe wohl.*

Novalis (1772–1801)

Novalis wird 1772 als Friedrich Freiherr von Hardenberg auf Gut
Oberwiederstedt im Harz geboren. Im Alter von zwölf Jahren zieht
er mit seiner Familie nach Thüringen. Von 1790 bis 1794 studiert er
Jura in Jena, Leipzig und Wittenberg und tritt anschließend in den
Staatsdienst.

Novalis, geboren
als Georg Friedrich
Philipp Freiherr von
Hardenberg
(1772–1801)

In Jena macht er die Bekanntschaft Friedrich Schlegels, Fichtes und
Schillers und besucht Goethes Geschichtsvorlesungen. 1795 verlobt
sich der dreiundzwanzigjährige Novalis mit einer Dreizehnjährigen,

die bereits zwei Jahre später stirbt. Er ist schwer erschüttert über den Tod der Verlobten, die er später in seiner Literatur als idealisierte Gestalt weiterleben lässt. Um seine naturwissenschaftlichen Kenntnisse zu erweitern, beginnt er ein Bergwissenschaftsstudium in Freiberg. 1798 freundet er sich mit Ludwig Tieck an, ein Jahr später tritt er eine Stelle als Salinenassessor in Weißenfels an. 1800 erkrankt er schwer und stirbt Anfang 1801.

Ab 1795 knüpft Novalis enge Kontakte zum Zirkel der Jenaer Romantiker. Unter dem Pseudonym Novalis, das er fortan als Dichter verwendet, erscheint 1798 in der Zeitschrift *Athenäum* seine Fragmentensammlung *Blütenstaub*:

Bücher schreiben
114.
Die Kunst Bücher zu schreiben ist noch nicht erfunden. Sie ist aber auf dem Punkt erfunden zu werden. Fragmente dieser Art sind literarische Sämereien. Es mag freilich manches taube Körnchen darunter sein: indessen, wenn nur einiges aufgeht!

1800 erscheint ebenfalls in *Athenäum* der Gedichtzyklus *Hymnen in der Nacht*, eines seiner bedeutendsten literarischen Werke. Novalis thematisiert darin Religion, Mystik, Todeserfahrung und Fichtes Ich-Philosophie. Dieser konstatiert, dass ein absolutes Ich nur Bestand hat, wenn es sich seiner selbst bewusst wird und dies kann nur durch einen Anstoß von außen passieren. Um Selbstbewusstsein zu entwickeln und damit überhaupt erst zu „sein", muss der Mensch sich für äußere Impulse öffnen.

Novalis befasst sich in seinen Schriften mit religiösen und ästhetischen Themen und setzt sich mit literarischen, philosophischen und naturwissenschaftlichen Fragestellungen auseinander. In seiner programmatischen Schrift *Monolog*, die vermutlich um 1799 entstanden ist, bezeichnet er Sprechen und Schreiben als *„närrische Sache; das rechte Gespräch ist ein bloßes Wortspiel. Der lächerliche Irrthum ist nur u bewundern, daß die Leute meinen – sie sprächen um der Dinge Willen."* Nur im Poetischen ist ein sinnvolles Gespräch möglich. Nach Novalis hebt dies den Unterschied zwischen literarischen und theoretischen Betrachtungen auf: *„die Wissenschaften müssen alle poetisiert werden"* lautet seine Forderung. In seinem Aufsatz *Die Christenheit oder Europa* vertritt er die Ansicht, die mittelalterliche Gesellschaft lebe nach den Prinzipien der Naturordnung bis sie durch persönliches Gewinnstreben, Protestantismus und den Ideen der Aufklärung verdorben wird.

Seine Forderung nach der Romantisierung der Welt setzt er in seinem Bildungsroman *Heinrich von Ofterdingen* literarisch um, der nach seinem Tod von seinem engen Freund Friedrich Schlegel herausgegeben wird.

Novalis-Museum in Oberwiederstedt

Novalis-Museum
im Schloss
Oberwiederstedt
Schäfergasse 6
06333 Wiederstedt
www.novalis-
       museum.de
www.schloss-
       oberwiederstedt.de

Heinrich von Ofterdingen –
auf der Suche nach der „blauen Blume"

Die Idee zum Roman *Heinrich von Ofterdingen* entsteht nachdem Novalis eine Biografie über Friedrich II. liest, der von 1220 bis zu seinem Tod 1250 Kaiser des Heiligen Römischen Reiches war. Er beschäftigt sich daraufhin mit der mittelalterlichen Sagengestalt des Dichters Heinrich von Ofterdingen.

Der Roman spielt im Mittelalter und erzählt die Geschichte Heinrichs, einem im thüringischen Eisenach lebenden Sohn bürgerlicher Eltern. Die Handlung setzt mit einem Traum Heinrichs ein. Der Leser erfährt im ersten Kapitel die Vorgeschichte: Ein fremder Mann erzählt Heinrich von geheimnisvollen fernen Ländern, von wunderbaren Schätzen und von einer Blume.

In der Nacht zur Sommersonnenwende hat Heinrich einen merkwürdigen Traum. Der alte Volksglaube besagt, man könne in dieser Nacht einen Blick in die Zukunft werfen. Heinrich sieht im Traum eine blaue Blume, in deren Blüte er das Gesicht eines schönen Mädchens erkennt:

„Nicht die Schätze sind es, die ein so unaussprechliches Verlangen in mir geweckt haben", sagte er zu sich selbst; „fern ab liegt mir alle Habsucht: aber die blaue Blume sehn' ich mich zu erblicken. Sie liegt mir unaufhörlich im Sinn, und ich kann nichts anderes dichten und denken. So ist mir noch nie zumute gewesen: es ist, als hätt ich vorhin geträumt, oder ich wäre in eine andere Welt hinübergeschlummert; denn in der Welt, in der ich sonst lebte, wer hätte da sich um Blumen bekümmert, und gar von einer so seltsamen Leidenschaft für eine Blume hab' ich damals nie gehört." […] Der Jüngling verlor sich allmählich in süßen Phantasien und entschlummerte.

Die Blume weckt in ihm eine ungekannte Sehnsucht. Als er aufwacht ist er sehr melancholisch und kann nicht aufhören, an sie zu denken.

Auf einer Reise zu seinem Großvater nach Augsburg lernt er viel über das Rittertum und die Kreuzzüge, über Minnesänger und Kaufleute, wird in die Geheimnisse des Bergbaus eingeweiht und erfährt von einem Einsiedler einiges über die Geschichte der Menschheit. In Augsburg angekommen freundet er sich mit dem Minnesänger Klingsohr an und lernt von ihm viel über die Poesie. Klingsohr nimmt Heinrich als seinen Schüler auf. Heinrich lernt auch dessen Tochter Mathilde kennen und verliebt sich in sie. Die beiden heiraten. Der erste Teil des Romans, die *Erwartungen*, schließt mit einem allegorischen Märchen, das Klingsohr Heinrich erzählt. Darin kommt eine blaue Blume vor!

Der zweite Teil, *Erfüllung*, bleibt ein Fragment. Traum und Wirklichkeit vermischen sich. Das Mädchengesicht in der Blume ist Mathilde, die Heinrich heiratet, verliert und dann wieder findet, um für immer mit ihr glücklich zu werden und zum Dichter heranzureifen.

Novalis zeichnet in seinem Roman die romantische Vorstellung des „Goldenen Zeitalters" nach, in dem es um die Wiedererlangung des ursprünglichen, reinen Zustandes geht, als Mensch und Natur noch eine Einheit bildeten.

In der Literatur der Romantik wird nach Novalis' Roman die blaue Blume zum Symbol für die romantische Sehnsucht. Novalis verfasst den Roman in einer melodiösen, romantisierten Sprache, er integriert Gedichte, Lieder, Märchen und Sagen. Das Werk gilt als direkte Antwort auf Goethes Roman *Wilhelm Meister*, in dem es ebenfalls um die Entwicklung eines jungen Mannes geht, der auf seinem Lebensweg verschiedene Herausforderungen zu meistern hat, viel über das Leben und die Natur des Menschen lernt und schließlich seinen Weg findet. Während Wilhelm Meister seine Erfahrungen in der äußeren Welt macht, entwickelt sich Heinrich durch die inneren Erfahrungen, seine Träume und die Überlegungen, die sich daraus entwickeln. Novalis, der Goethes Roman zunächst bewundert, kritisiert ihn schließlich als ein mit dem Verstand konstruiertes Kunstwerk, das einen Widerspruch zur romantischen Vorstellung der Poesie bildet.

Frauen der Jenaer Romantik
Caroline Schlegel-Schelling (1763–1809)
und Dorothea Schlegel (1764–1839)

Caroline Schlegel-Schelling, 1763 geboren, heiratet zunächst einen Arzt, schließt sich nach dessen Tod den Anhängern der Französischen Revolution an und wird deswegen 1793 durch die Preußen verhaftet. Friedrich Schlegel setzt sich für ihre Freilassung ein. Es gelingt ihm, sie frei zu bekommen. Er stellt sie seinem Bruder August Wilhelm vor, sie verlieben sich und heiraten 1796. Nach fünf Jahren lässt sie sich wieder scheiden und führt die Beziehung mit dem Philosophen Friedrich Wilhelm Joseph Schelling (1775–1812) fort, die sie bereits während ihrer Ehe eingegangen war. Sie heiraten 1803. Ihr anfangs gutes Verhältnis zu Friedrich Schlegel manifestiert sich in einer Charakterisierung ihrer Person in einem Kapitel seines Romans *Lucinde*. Das Verhältnis zum Schwager kühlt jedoch schnell wieder ab, nicht zuletzt durch den Einfluss von Dorothea Schlegel, der Freundin und späteren Ehefrau Schlegels. Obwohl sie selbst nicht schriftstellerisch tätig ist, bildet Caroline den Mittelpunkt der Jenaer Gesellschaften der Frühromantiker und dient den Schriftstellern als Muse. Caroline Schlegel-Schelling stirbt 1809 in Maulbronn. Ihre *Briefe aus der Frühromantik* erscheinen 1871 erstmals und werden als bedeutende Zeugnisse der gesellschaftlichen und kulturellen Entwicklungen der Zeit erachtet.

Caroline
Schlegel-Schelling
(1763–1809)

Dorothea Schlegel wird 1764 in Berlin als Tochter des Philosophen der Aufklärung Moses Mendelssohn (1729–1789) geboren. 1783 heiratet sie den Bankier Simon Veit. In einem der Berliner Salons lernt sie Friedrich Schlegel kennen und verlässt ihren Ehemann. 1799 zieht sie mit Schlegel nach Jena und lebt zusammen mit ihm und seinem Bruder sowie dessen Ehefrau Caroline. Nach ihrer Heirat zieht sie mit Friedrich Schlegel nach Paris, später nach Wien und Köln.

Dorothea Schlegel,
(1764–1839) geborene
Mendelssohn

Die gebürtige Jüdin konvertiert erst zum Protestantismus, später zusammen mit ihrem Mann zum Katholizismus. Nach Schlegels Tod zieht sie zu ihrem Sohn nach Frankfurt am Main. Wie ihre Schwägerin Caroline ist auch Dorothea eine fleißige Briefeschreiberin und ist auch schriftstellerisch tätig. Sie übersetzt zudem den Roman *Corinna* (1807) von Mme de Staël. Ihr literarisches Hauptwerk ist der an Goethes *Wilhelm Meister* orientierte fragmentarische Roman *Florentin* (1801), der die Suche eines jungen Mannes nach seiner Herkunft und seiner Bestimmung im Leben schildert. Dorothea Schlegel stirbt 1839 in Frankfurt am Main.

Der Salon der Rahel Varnhagen von Ense (1771–1833)

Rahel Levin wird 1771 in Berlin als Tochter einer wohlhabenden jüdischen Kaufmanns- und Bankierfamilie geboren. Als Frau darf sie im 18. Jahrhundert nicht studieren. Sie liest die deutschen und französischen Klassiker und interessiert sich für wissenschaftliche Neuerungen. In den 1790er Jahren entwickelt sich ihre Berliner Wohnung im Haus ihrer Eltern zu einem Treffpunkt der bedeutendsten Persönlichkeiten der Zeit. Ständeübergreifend finden sich Prinz Louis Ferdinand von Preußen, die Schriftsteller Friedrich Schlegel, Clemens Brentano und zahlreiche Dichter und Gelehrte regelmäßig zum geselligen Beisammensein und kulturellen Austausch ein.

Rahel Varnhagen von
Ense (1771–1833)

Nach zwei gescheiterten Liebesbeziehungen heiratet Rahel Levin 1814 im Alter von 43 Jahren den 14 Jahre jüngeren Diplomaten Karl August Varnhagen von Ense (1785–1858), der zusammen mit Adelbert von Chamisso einen Almanach herausgibt und die literarische Gruppe *Nordsternbund* gründet. Durch seine Hauslehrer- und Erziehertätigkeit bei wohlhabenden jüdischen Familien pflegt er regen Kontakt zur jüngeren Generation der Literaten der Romantik, darunter Friedrich de la Motte Fouqué, sowie die schwäbischen Dichter Ludwig Uhland und Justinus Kerner. 1816 wird Rahel Varnhagens Ehemann in den preußischen Staatsdienst aufgenommen und als Resident an den badischen Hof nach Karlsruhe geschickt, wo die beiden die kommenden zwei Jahre verbringen. Zu Karlsruhe hat sie ein kritisches Verhältnis. Als getaufte Jüdin wird sie in der badischen Residenz von Hofveranstaltungen ausgeschlossen. 1819 kehrt sie zusammen mit ihrem Mann nach Berlin zurück. Gemeinsam führen sie wieder einen Salon, in dem unter anderem der Dichter Heinrich Heine (1797–1856) und der Philosoph Friedrich Hegel (1770–1831) verkehren. Rahel Varnhagen verehrt Goethe und begeistert sich für den französischen Autor Henri de Saint-Simon (1760–1825) und dessen frühsozialistische Ideen. Sie lernt in Berlin Bettine von Arnim kennen, die ihr zu einer engen Freundin wird.

Rahel Varnhagen von Ense stirbt 1833 in Berlin. Ihr schriftstellerisches Werk besteht überwiegend aus Briefen, Tagebucheintragungen und Aphorismen, also kurz gefassten Gedanken und Sinnsprüchen, die ein eindrucksvolles Zeugnis der gesellschaftlichen Verhältnisse ebenso wie ihrer privaten Lebenswelt, ihrer kulturellen, politischen und auch literarischen Ambitionen sind. Eine erste Publikation ermöglicht ihr Mann 1812. Im *Morgenblatt für gebildete Stände* erscheinen anonym einige Auszüge aus ihren Briefen, die Bezug nehmen auf Goethes Roman *Wilhelm Meister*. Weitere, ebenfalls anonyme Veröffentlichungen aus ihren Briefen folgen in Journalen und Almanachen. Nach Ihrem Tod veröffentlicht ihr Mann das Gros ihrer Schriften, unter anderem in dem Band *Rahel. Ein Buch des Andenkens für ihre Freunde* (1834) und *Galerie von Bildnissen aus Rahels Umgang und Briefwechsel* (1836).

Die Heidelberger Romantik

1805 entsteht die Heidelberger Romantik in der Neckarstadt. Die Stadt selbst mit ihren historischen Gebäuden und der Schlossruine erscheint als „eine prächtige Romantik". Geht es den Jenaer Romantikern in ihren Bestrebungen um die Romantisierung und Poetisierung der Welt, um die Wiederbelebung des versunkenen, mittelalterlichen Zeitalters, so bemühen sich die Heidelberger Romantiker um ein historisch korrektes, belegbares Bild der vergangenen Epoche. Es ist nicht mehr die Dichtung, die im Mittelpunkt steht, sondern das Interesse an der deutschen Vergangenheit und an der Stärkung der nationalen Identität nach dem Zerfall des Heiligen Römischen Reiches Deutscher Nation. Im Zentrum der Betrachtungen steht damit die Volksdichtung. Die Heidelberger Romantiker beginnen mit der systematischen Sammlung von alten Volksliedern, Märchen und Sagen – sie bilden in ihren Augen die „wahre Poesie".

Des Knaben Wunderhorn, 1. Teil, Heidelberg und Frankfurt 1806

Die wichtigste Sammlung von Volksliedern wird von Clemens Brentano und Achim von Arnim 1805 in nur wenigen Monaten zusammengetragen und unter dem Namen *Des Knaben Wunderhorn* in Heidelberg veröffentlicht. Der erste Band erscheint schon Ende 1805, die Bände 2 und 3 folgen 1808. Brentano und Arnim verschweigen in zahlreichen Fällen die Herkunft der Lieder, um zu suggerieren, die Lieder stammten aus der mündlich überlieferten Volkskultur. Tatsächlich sind viele schriftlichen Vorlagen entnommen, darunter von Abraham a Sancta Clara (1644–1709), Johann Fischart (um 1546–1590), Hans Sachs (1494–1576), Martin Opitz (1597–1639), Christian Friedrich Daniel Schubart (1739–1791) und Gottlieb Conrad Pfeffel (1739–1809). Doch Brentano und von Arnim gehen noch weiter: Sie bearbeiten die Vorlagen und lassen eine Poesie entstehen, die ihren Vorstellungen von Volkspoesie entspricht!

Jacob (1785–1863) und Wilhelm Grimm (1787–1859)

Ganz anders entstehen die *Kinder- und Hausmärchen* (1812–1815) der Brüder Grimm. Sie trennen bewusst zwischen den Volksmärchen, die sie sammeln und unverfälscht dokumentieren und den Kunstmärchen der Romantik. Die erste Ausgabe ihrer Märchen erscheint 1812, die letzte von ihnen herausgegebene 1857. Insgesamt umfassen die Grimmschen *Kinder- und Hausmärchen* über 200 Märchen, darunter die bekannten *Aschenputtel*, *Hänsel und Gretel*, *Rotkäppchen* und *Die sieben Zwerge*.

Die in Hanau am Main geborenen Brüder Jacob und Wilhelm Grimm stellen sowohl ihr literarisches als auch ihr wissenschaftliches Schaf-

JACOB UND WILHELM GRIMM

*Brüder Grimm-
Museum
Palais Bellevue
Schöne Aussicht 2
34117 Kassel
www.grimms.de*

Das Brüder Grimm-
Museum wird im
Herbst 2011 nach
Sanierungsmaßnah-
men wieder eröffnet.

Günter Grass vor der
Lesung aus seinem
Buch *Grimms Wörter*
in Karlsruhe am
20. Oktober 2010

fen in den Dienst der deutschen Sprache. Dies manifestiert sich auch in ihrem „Monumentalprojekt", der Erstellung eines Deutschen Wörterbuches, das alle deutschen Wörter ab dem 16. Jahrhundert umfasst. Sie erhalten 1838 den Auftrag, mit der Bearbeitung zu beginnen und sammeln bis an ihr Lebensende Wörter und Zitate. Die erste Ausgabe erscheint 1852, beendet wird das 32 Bände umfassende Projekt erst 1961 – nach 123 Jahren Arbeit! Heute existiert das *Deutsche Wörterbuch* auch digital und ist eine unerschöpfliche Quelle der deutschen Sprache.

In seinem 2010 erschienenen Roman *Grimms Wörter* setzt dem der Literaturnobelpreisträger Günter Grass (geb. 1927) ein ganz aktuelles Denkmal.

Clemens Brentano (1778–1842)

Zu Bacharach am Rheine.

*Zu Bacharach am Rheine
Wohnt eine Zauberin,
Sie war so schön und feine
Und riß viel Herzen hin.*

*Und brachte viel zu schanden
Der Männer rings umher,
Aus ihren Liebesbanden
War keine Rettung mehr.*

*Der Bischof ließ sie laden
Vor geistliche Gewalt -
Und mußte sie begnaden,
So schön war ihr Gestalt.*

*Er sprach zu ihr gerühret:
„Du arme Lore Lay!
Wer hat dich denn verführet
Zu böser Zauberei?"*

*„Herr Bischof laßt mich sterben,
Ich bin des Lebens müd,
Weil jeder muß verderben,
Der meine Augen sieht. […]*

Clemens Brentano wird 1771 als Sohn eines wohlhabenden Kaufmanns und Enkel der Schriftstellerin Sophie La Roche in Ehrenbreitstein bei Koblenz geboren. Seine Schulzeit verbringt er am Jesuitengymnasium in Koblenz und dem christlichen Mannheimer Erziehungsinstitut Philanthropin. Nach dem Tod der Eltern und der damit verbundenen Erbschaft, die ihm zu finanzieller Unabhängigkeit verhilft, beginnt er 1798 ein Medizinstudium in Jena. Dort lernt er Wieland, Herder und Goethe, die Brüder Schlegel und Ludwig Tieck kennen, ebenso seine spätere Frau Sophie Mereau. Nach zweijährigem Studium in Jena wechselt Brentano nach Göttingen und nimmt ein Studium der Philosophie auf, ohne einen Abschluss anzustreben. In Göttingen lernt er Achim von Arnim kennen. Sein erster Roman *Godwi oder das steinerne Bild der Mutter. Ein verwilderter Roman von Maria* erscheint 1801. Von 1804 bis 1808 lebt er überwiegend in Heidelberg und arbeitet zusammen mit Achim von Arnim an der Volksliedsammlung *Des Knaben Wunderhorn*.

Clemens Brentano
(1778–1842)

1806 verlässt er Heidelberg und lebt unter anderem in Landshut, Berlin und Wien. 1817 erscheint die Novelle *Die Geschichte vom braven Kasperl und dem schönen Annerl*, die als seine aussagekräftigste Erzählung gilt. Es ist die Geschichte eines Soldaten, der aus gekränktem Ehrgefühl Selbstmord begeht und dem Kindesmord seiner Braut, die von einem Adeligen verführt wird. Die Vorgeschichte wird von Kasperls Großmutter erzählt:

Ich bin achtundachtzig Jahre alt, und der Herzog wird mich gewiß nicht von seiner Schwelle treiben. Drei Söhne sind in seinem Dienst gestorben, und mein einziger Enkel hat seinen Abschied genommen; – Gott verzeiht es ihm gewiß, und ich will nicht sterben, bis er in seinem ehrlichen Grab liegt. […]
Es sind siebenzig Jahre, daß ich hier in dem Hause als Magd gedient habe, auf dessen Schwelle ich sitze, seitdem war ich nicht mehr in der Stadt; was die Zeit herumgeht! […]
Den ersten Taler nehm ich morgen wieder mit nach Haus, der gehört meinem Enkel, der soll ihn genießen. Ja seht, es ist immer ein herrlicher Junge gewesen und hielt etwas auf seinen Leib und auf seine Seele – ach Gott, auf seine Seele! […] Unter allen Burschen war er immer der reinlichste und fleißigste in der Schule, aber auf die Ehre war er vor allem ganz erstaunlich. Sein Leutnant hat auch immer gesprochen: „Wenn meine Schwadron Ehre im Leibe hat, so sitzt sie bei dem Finkel im Quartier." […] Als er zum erstenmal aus Frankreich zurückkam, erzählte er allerlei schöne Geschichten, aber immer war von der Ehre dabei die Rede. Sein Vater und sein Stiefbruder waren bei dem Landsturm und kamen oft mit ihm wegen der Ehre in Streit; denn was er zuviel hatte, hatten sie nicht genug. […] Der Ulan erzählte von den Franzosen, und als der Vater und Stiefbruder sie ganz schlecht machen wollten, sagte der Ulan: „Vater, das versteht Ihr nicht, sie haben doch viel Ehre im Leibe!" Da ward der Stiefbruder türkisch und sagte: „Wie kannst du deinem Vater so viel von der Ehre vorschwatzen? War er doch Unteroffizier im N…schen Regiment und muß es besser als du verstehn, der nur Ge-

meiner ist!" – [...] Die Rede tat dem Ulanen gar web, und er sagte:
„Ich will ein Stückchen von einem französischen Unteroffizier erzäh-
len, das gefällt mir besser. Unterm vorigen König sollten auf einmal
die Prügel bei der französischen Armee eingeführt werden. Der Be-
fehl des Kriegsministers wurde zu Straßburg bei einer großen Para-
de bekanntgemacht, und die Truppen hörten in Reih und Glied die
Bekanntmachung mit stillem Grimm an. Da aber noch am Schluß
der Parade ein Gemeiner einen Exzeß machte, wurde sein Unteroffi-
zier vorkommandiert, ihm zwölf Hiebe zu geben. Es wurde ihm mit
Strenge befohlen, und er mußte es tun. Als er aber fertig war, nahm
er das Gewehr des Mannes, den er geschlagen hatte, stellte es vor
sich an die Erde und drückte mit dem Fuße los, daß ihm die Kugel
durch den Kopf fuhr und er tot niedersank. Das wurde an den Kö-
nig berichtet, und der Befehl, Prügel zu geben, ward gleich zurück-
genommen. Seht, Vater, das war ein Kerl, der Ehre im Leib hatte!"

Eine unglückliche Liebe im Jahr 1816 stürzt Brentano in eine fun-
damentale Lebenskrise, die dazu führt, dass er zum katholischen
Glauben konvertiert. Zwischen 1818 bis 1824 zeichnet er das Leben
der Nonne Anna Katharina Emmerich (1774–1824) auf. Aus den Aufzeichnungen entsteht das Werk *Das bittere Leiden unsers Herrn Jesu*
Christi. Nach den Betrachtungen der gottseligen Anna Katharina
Emmerich (1833). 1833 zieht er nach München und schließt sich
dem konservativen Kreis um Joseph Görres an. Clemens Brentano
stirbt 1842.

Achim von Arnim (1781–1831)

Achim von Arnim
(1781–1831)

Achim von Arnim wird 1781 in Berlin in einer preußischen Diploma-
tenfamilie alten Adels geboren. Seine Kindheit und Jugend verbringt
er bei seiner Großmutter. Zum Studium der Rechte und der Naturwissenschaften zieht er nach Halle, wo er die Bekanntschaft Ludwig
Tiecks macht. 1800 beginnt er ein Mathematikstudium in Göttingen
und lernt dort Clemens Brentano kennen, mit dem ihn eine lebens-
lange Freundschaft verbindet. Durch den Einfluss Brentanos und der
Begegnung mit Goethe wendet sich Achim von Arnim der Literatur
zu. Sein erster Roman *Hollin's Liebesleben*, die Geschichte einer an
den Konventionen der Zeit scheiternden Liebe, erscheint 1802 anonym. Nach einer ausgedehnten Europareise, die er zusammen mit
seinem Bruder unternimmt, lässt er sich 1804 in Heidelberg nieder
und beginnt im Folgejahr mit der Arbeit an *Des Knaben Wunder-*
horn. 1808 gibt er die Zeitschrift *Zeitung für Einsiedler* heraus. 1811
heiratet er Clemens Brentanos Schwester Bettine. Im selben Jahr
gründet er die *Christlich-Teutsche-Tischgesellschaft* in Berlin. Sein
großer Ehe- und Zeitroman *Armut, Reichtum, Schuld und Buße der*
Gräfin Dolores erschient 1810, 1817 folgt der zweite große, aber unvollendet gebliebene Roman *Die Kronenwächter*. Beide Werke thematisieren die moralischen, gesellschaftlichen und wirtschaftlichen
Probleme der Zeit. Er stellt die traditionellen adeligen Gepflogenhei-
ten den modernen, von Geld und Gewinn geleiteten Bestrebungen
realistisch gegenüber. Achim von Arnims bekanntestes Stück ist die
Novelle *Isabella von Ägypten* (1812).

1813 tritt von Arnim der *Gesetzlosen Gesellschaft zu Berlin* bei, einer Vereinigung bekannter Persönlichkeiten des kulturellen, politischen und militärischen Lebens, die bis heute als der Tradition, Kultur und Wissenschaft verpflichteter Herrenclub Bestand hat. 1814 zieht er mit seiner Familie auf das brandenburgische Gut Wiepersdorf, wo er 1831 stirbt. Das Gut wird heute als „Künstlerhaus" für junge Schriftsteller genutzt.

Frauen der Heidelberger Romantik
Bettine von Arnim (1785–1859)

Bettine von Arnim, die Schwester Clemens Brentanos, wird 1785 in Frankfurt am Main geboren. Sie wächst nach dem Tod der Mutter zunächst in einem Pensionat und dann bei der Großmutter, der Schriftstellerin Sophie La Roche, auf. Sie pflegt eine sehr enge Beziehung zu ihrem Bruder und lernt durch ihn zahlreiche Künstler und Gelehrte der Zeit kennen, darunter Goethe und dessen Mutter, mit denen sich eine enge Verbindung entwickelt. Sie schließt außerdem Freundschaft mit der Schriftstellerin Karoline von Günderrode und mit Achim von Arnim, den sie 1811 heiratet. Zusammen mit ihrem Mann zieht sie 1814 auf Gut Wiepersdorf, kehrt aber nach einigen Jahren mit ihren Kindern wieder nach Berlin zurück.

Bettine (auch Bettina) von Arnim (1785–1859)

Ihre eigene schriftstellerische Arbeit entwickelt sich erst nach dem Tod ihres Mannes 1831. 1835 veröffentlicht sie ihren Briefwechsel mit Goethe unter dem Titel *Goethes Briefwechsel mit einem Kinde*. Darin wird nicht nur die originäre Korrespondenz der beiden wiedergegeben, sondern auch von Bettine frei bearbeitete Passagen und eigene Dichtungen.

1840 erscheint ihr Roman *Die Günderrode*, der auf dem literarisch bearbeiteten Briefwechsel mit der Freundin Karoline von Günderrode beruht. In *Dies Buch gehört dem König* (1843) thematisiert sie in einem fiktiven Gespräch mit Friedrich Wilhelm III (1770–1840) die sozialen Probleme Preußens im 18. Jahrhundert. 1852 führt sie die fiktive Konversation unter dem Titel *Gespräche mit Dämonen. Des Königsbuches zweiter Band* fort. In ihren letzten Lebensjahren beschäftigt sie sich hauptsächlich mit der Fertigstellung der Werkausgabe der Schriften ihres Mannes. Bettine von Arnim stirbt 1859 in Berlin.

Bettina und Achim von Arnim-Museum im Künstlerhaus Schloss Wiepersdorf

Bettina und Achim von Arnim-Museum Künstlerhaus Schloss Wiepersdorf Bettina-von-Arnim- Straße 13 14913 Wiepersdorf www.schloss-wiepers dorf.de

Karoline von Günderrode (1780–1806)

„… zu fremd ist auch unserer Zeit der Günderrode Anspruch auf Ganzheit, Einheitlichkeit, Tiefe und Wahrhaftigkeit des Empfindens, zu unheimlich ihre Absolutheit im Bedürfnis, Leben und Schreiben in Einklang zu bringen."
(Christa Wolf)

Die 1780 in Karlsruhe geborene Karoline von Günderrode stammt aus einer angesehenen Familie. Nach dem frühen Tod des Vaters, eines Hofrats in der Karlsruher Residenz, zieht sie mit ihrer Familie nach Hanau. Das Verhältnis zur Mutter ist schwierig, deshalb verlässt Karoline im Alter von 17 Jahren die Familie und tritt in ein Mäd-

Karoline von
Günderrode
(1780–1806)

chenpensionat ein. Zu Beginn des 19. Jahrhunderts macht sie die Bekanntschaft der Geschwister Brentano und Friedrich Carl von Savignys und knüpft durch sie Kontakt zum Kreis der Romantiker. Die junge Schriftstellerin veröffentlicht 1804 ihre ersten *Gedichte und Phantasien* unter dem Pseudonym Tian, es folgen ihre *Poetische*[n] *Fragmente* (1805), die neben dramatischen Werken wie das Fragment *Mora* und die orientalische Stile aufnehmende Erzählung *Musa* vor allem Lyrik enthalten. 1804 lernt sie in Heidelberg den Professor und Mythenforscher Friedrich Creuzer (1815–1887) kennen. Die beiden verlieben sich ineinander und beginnen ein Verhältnis. Dieses beendet der verheiratete Creuzer 1806 schließlich per Brief, um seine Ehe nicht zu gefährden. Karoline von Günderrode ersticht sich daraufhin mit einem Dolch in Winkel am Ufer des Rheins.

Das Werk der Günderrode thematisiert vor allem germanische und orientalische Stoffe. Was sie im Inneren bewegt, wie ihr Verhältnis zum Tod ist, zeigt sich in ihren zahlreichen Briefen, die Bettine von Arnim in ihrem Buch *Die Günderrode* romanhaft verarbeitet. Bettine von Arnim sieht das Leben und den Tod der engen Freundin als Konsequenz des romantischen Lebensentwurfs. Das Interesse an Karoline von Günderrode gilt fortan überwiegend dem Leben und nicht dem Werk der jung verstorbenen Autorin.

Fast in Vergessenheit geraten, wird Karoline von Günderrode Ende der 1970er Jahre von der Literaturwissenschaft und auch von Schriftstellerinnen neu entdeckt. Die Autorin Christa Wolf (geb. 1929) schildert in ihrem Buch *Kein Ort. Nirgends* (1979) ein fiktives Treffen zwischen Heinrich von Kleist und Karoline von Günderrode im Jahr 1804 in Winkel am Rhein, dem Ort, an dem die Günderrode Selbstmord beging. In die Rahmenhandlung um die beiden Außenseiter werden die Schriftsteller Clemens Brentano, seine Schwestern Bettine und Kunigunde, Kunigundes Ehemann Friedrich Carl von Savigny und Sophie Mereau integriert. Zeitgleich veröffentlicht Christa Wolf den Band *Der Schatten eines Traumes*, der Gedichte, Prosatexte und Briefe von Karoline von Günderrode enthält.

Der Berliner Kreis der Romantiker

Ernst Theodor Amadeus (E. T. A.) Hoffmann (1776–1822)

Der aus einer preußischen Juristenfamilie stammende Ernst Theodor Amadeus Hoffmann wird 1776 in Königsberg geboren. Den Namen Amadeus gibt Hoffmann sich selbst aus Verehrung für Wolfgang Amadeus Mozart (1756–1791), eigentlich heißt er mit drittem Vornamen Wilhelm. Nach dem frühen Tod des Vaters hat Hoffmann eine schwierige Kindheit und Jugend. Der Familientradition folgend studiert er in Königsberg Jura, widmet sich aber parallel dazu der Literatur, Malerei und Musik. Nach dem Studium schlägt er die Beamtenlaufbahn ein, die ihn von Glogau über Berlin nach Warschau führt, wo er bis zur Besetzung der Stadt durch die napoleonischen Truppen lebt. 1807 – nach der Verweigerung, den Huldigungseid auf Napoleon zu schwören – kehrt er nach Berlin zurück. Sein Beamtenda-

Ernst Theodor
Amadeus Hoffmann
(1776–1822)

sein erfüllt ihn nicht, so dass er sich als Literat, Zeichner und Musiker versucht. Seine vielseitigen künstlerischen Interessen und Begabungen erschweren es ihm, sich für eine Kunstform zu entscheiden. In der Position des Musikdirektors am Theater in Bamberg scheitert er zwar, arbeitet aber weiterhin dort, unter anderem als Komponist und Theatermaler. In der Bamberger Zeit beginnt er zu dichten, erteilt überdies privaten Musikunterricht und verliebt sich dabei in seine Schülerin, die später Eingang in seine Dichtung findet. Unter dem Titel *Fantasiestücke in Callots Manier* veröffentlicht er zwischen 1813 und 1815 erste dichterische Arbeiten. Der Erzählband enthält unter anderem die Stücke *Der goldne Topf* und die *Erzählung vom verlorenen Spiegelbilde*, das man als Gegenstück zu Adelbert von Chamissos berühmter Erzählung *Peter Schlemihls wundersame Geschichte* (1814) betrachten kann.

E.T.A. Hoffmann-Haus in Bamberg

1814 wird er wieder in den Staatsdienst aufgenommen, er gilt als ausgezeichneter Jurist. Das Schreiben gibt er jedoch nicht auf, im Gegenteil. 1816 erscheint seine zweite Erzählungssammlung unter dem Titel *Nachtstücke*. Er pflegt in dieser Zeit enge Kontakte zu den Schriftstellern Tieck, Fouqué, Chamisso, Eichendorff und ebenso mit Alexander von Humboldt. In seinen letzten Lebensjahren entstehen unter anderem *Das Fräulein von Scuderi* (1818) und zwischen 1819 und 1821 der Roman *Lebens-Ansichten des Katers Murr.* Zwischen 1819 und 1821 publiziert er seine gesammelten Erzählungen und Märchen in einer vierbändigen Ausgabe unter dem Titel *Die Serapionsbrüder*. Nach langer Krankheit stirbt Hoffmann 1822.

E. T. A. Hoffmann-Haus Schillerplatz 2 96047 Bamberg www.etahg.de

Charakteristisch für sein Werk ist die Verschiebung von Fantasie und Realität, so dass der Leser besonders bei seinen schauerlichen Geschichten nicht mehr weiß, ob die Titelfiguren den „Horror" nur träumen oder erleben. Er thematisiert aber auch die Spießbürgerlichkeit seiner Zeit – oft in satirischer Form. Hoffmann befasst sich viel mit den „dunklen Seiten" des Lebens und der menschlichen Verwirrung angesichts einer unerträglich erscheinenden Wirklichkeit.

Der goldne Topf

Hoffmanns Stück *Der goldne Topf* erscheint 1814 als dritter Teil der *Fantasiestücke in Callots Manier*, das insgesamt 19 unterschiedliche Texte enthält. Er bezeichnet es selbst als *Ein Märchen aus der neuen Zeit*. Das in zwölf „Vigilien" unterteilte Kunstmärchen gilt als exemplarisch für romantisches Erzählen. Die Erzählung soll seiner Ansicht nach *„feenhaft und wunderbar, aber keck ins gewöhnliche alltägliche Leben tretend und seine Gestalten ergreifend"* sein.

Der Begriff **Vigil** leitet sich vom lateinischen *vigilare* ab, das wachen bedeutet. In liturgischer Hinsicht ist damit der Tag vor einem kirchlichen Feiertag gemein. So ist beispielsweise der 24. Dezember die Vigil vor Weihnachten.

Ort der Handlung, die am Abend des Himmelfahrtstages einsetzt, ist Dresden. Anselm, ein ungeschickter Student, hängt seinen trüben Gedanken nach. Verwirrende Visionen von Schlangen quälen ihn, er weiß nicht, ob er *„betrunken, wahnsinnig oder krank"* ist. Doch ein geselliger Abend in Gegenwart des Konrektors und dessen Tochter Veronika, die in Anselm verliebt ist, vertreibt zunächst seine Visionen. Durch die Bekanntschaft mit dem Archivar Lindhorst, einem Alchemisten und Zauberer, wird Anselm in eine fantastische Zauberwelt eingeführt. Die Figuren seiner Visionen erweisen sich als die drei Töchter Anselms. Er verliebt sich in Serpentina, die jüngste Tochter des Archivars. Ihre Mitgift bildet ein goldener Topf.

Serpentina erzählt Anselm vom Doppelleben ihres Vaters, der hinter seiner bürgerlichen Fassade ein Salamander, ein so genannter Elementargeist, ist. Er wurde aus der sagenhaften Welt Atlantis vertrieben. Als Strafe für eine frühere Verfehlung muss er so lange als Mensch leben, bis seine drei Töchter mit jungen Männern verheiratet werden, die *„ein kindlich poetisches Gemüt"* haben. Erst dann kann er nach Atlantis zurückkehren.

Das Apfelweib, das Anselm schon zu Beginn der Erzählung begegnet, setzt alles daran, den goldenen Topf zu rauben und damit zu verhindern, dass Anselm mit der Welt der Poesie vertraut wird. Sie stellt einen Metallspiegel her, der Anselm, als er kurz darauf hineinblickt, vorgaukelt, sich Serpentina und die Lebensgeschichte des Archivars nur eingebildet zu haben. Veronika, die sich eine gesicherte Zukunft an Anselms Seite wünscht, assistiert dem alten Apfelweib. Anselm wird zurückversetzt in die nüchterne bürgerliche Realität. Alles an Serpentinas Heim, was ihm vorher wunderschön erschien, sieht nun armselig und trostlos aus.

Er verliebt sich in Veronika und verspricht, sie zu heiraten. Dennoch arbeitet er weiter für den Archivar. Auch seine Arbeit übt keine Faszination mehr auf ihn aus. Aus Versehen schüttet er eines Tages Tinte auf eines der Originalblätter, die Lindhorst ihm zur Abschrift gegeben hat, obwohl der Archivar ihn davor gewarnt hatte, eines der Blätter damit zu beschädigen.

Anselm „fällt ins Kristall", so, wie das alte Apfelweib es bei ihrer ersten Begegnung vorhergesagt hatte. Durch einen Zauber wird er in eine im Regal stehende Kristallflasche verbannt. In die Flasche verbannt erkennt er plötzlich die Enge des bürgerlichen Lebens:

Mit Recht darf ich zweifeln, daß du, günstiger Leser, niemals in einer gläsernen Flasche verschlossen gewesen sein solltest, es sei denn, daß ein lebendiger neckhafter Traum dich einmal mit solchem feeischen Unwesen befangen hätte. War das der Fall, so wirst du das Elend des armen Studenten Anselmus recht lebhaft fühlen; hast du aber auch dergleichen nie geträumt, so schließt dich deine rege Fantasie mir und dem Anselmus zu Gefallen wohl auf einige Augenblicke in das Kristall ein. – Du bist von blendendem Glanze dicht umflossen, alle Gegenstände rings umher erscheinen dir von strahlenden Regenbogenfarben erleuchtet und umgeben – alles zittert und wankt und dröhnt im Schimmer – du schwimmst regungs- und bewegungslos wie in einem festgefrornen Äther, der dich einpreßt, so daß der Geist vergebens dem toten Körper gebietet. Immer gewichtiger und gewichtiger drückt die zentnerschwere Last deine Brust – immer mehr und mehr zehrt jeder Atemzug die Lüftchen weg, die im

engen Raum noch auf und niederwallten – deine Pulsadern schwel-
len auf, und von gräßlicher Angst durchschnitten zuckt jeder Nerv
im Todeskampfe blutend. – Habe Mitleid, günstiger Leser, mit dem
Studenten Anselmus, den diese namenlose Marter in seinem gläser-
nen Gefängnisse ergriff; aber er fühlte wohl, daß der Tod ihn nicht
erlösen könne, denn erwachte er nicht aus der tiefen Ohnmacht, in
die er im Übermaß seiner Qual versunken, als die Morgensonne in
das Zimmer hell und freundlich hineinschien, und fing seine Marter
nicht von neuem an? – Er konnte kein Glied regen, aber seine Ge-
danken schlugen an das Glas, ihn im mißtönenden Klange betäu-
bend, und er vernahm statt der Worte, die der Geist sonst aus dem
Innern gesprochen, nur das dumpfe Brausen des Wahnsinns. – Da
schrie er auf in Verzweiflung: „O Serpentina – Serpentina, rette mich
von dieser Höllenqual!" Und es war, als umwehten ihn leise Seufzer,
die legten sich um die Flasche wie grüne durchsichtige Holunder-
blätter, das Tönen hörte auf, der blendende verwirrende Schein war
verschwunden, und er atmete freier. „Bin ich denn nicht an mei-
nem Elende lediglich selbst schuld, ach! habe ich nicht gegen dich
selbst, holde, geliebte Serpentina, gefrevelt? – habe ich nicht schnö-
de Zweifel gegen dich gehegt? habe ich nicht den Glauben verloren
und mit ihm alles, alles, was mich hoch beglücken sollte? – Ach, du
wirst nun wohl nimmer mein werden, für mich ist der goldne Topf
verloren, ich darf seine Wunder nimmermehr schauen. Ach, nur ein
einziges Mal möcht' ich dich sehen, deine holde süße Stimme hören,
liebliche Serpentina!" – So klagte der Student Anselmus, von tiefem
schneidendem Schmerz ergriffen, da sagte jemand dicht neben ihm:
„Ich weiß gar nicht, was Sie wollen, Herr Studiosus, warum lamen-
tieren Sie so über alle Maßen?"

Neben ihm stehen weitere junge Männer in ihren Kristallflaschen im
Regal. Ihnen jedoch macht die Enge nichts aus, sie haben das Gefühl,
sich immer noch frei bewegen zu können:

Der Archivar, der erkennt, dass Anselm unverschuldet – *„durch das*
feindliche Prinzip", d.h. durch die Folge seines Blickes in den ver-
zauberten Metallspiegel – in seine verzwickte Situation geraten ist,
befreit ihn aus seiner Flasche. Er heiratet Serpentina und lebt glücklich mit ihr auf einem Rittergut in Atlantis. Veronika hingegen heiratet trotz ihrer Gefühle für Anselm einen anderen.

Hoffmann möchte den Leser ganz *„unmerklich"* von der Realität in
die fantastische Welt des Märchens entführen. Das Märchen soll als
schönere Realität empfunden werden. Wie schafft Hoffmann das? Er
lässt die Handlung an realistischen Schauplätzen in Dresden spielen und verwendet alltägliche Gegenstände des bürgerlichen Lebens,
wie beispielsweise die Pfeife oder die Punchterrine. Er lässt das Fantastische mit dem exotischen Garten Lindhorsts, den Hexenküchen
oder dem sagenumwobenen Atlantis gewissermaßen direkt in der
alltäglichen Gegenwart stattfinden. Es erscheint dann nicht weiter
verwunderlich, dass der Student sich in eine Schlange verliebt oder
der Archivar eigentlich ein Salamander ist.

Joseph von
Eichendorff
(1788–1857)

Deutsches
Eichendorff-Museum
Lange Gasse 1
88239 Wangen im
Allgäu
www.amv-wangen.org

Joseph von Eichendorff (1788–1857) –
„Mir war es wie ein ewiger Sonntag im Gemüte"

Der aus einer katholischen Adelsfamilie stammende Joseph Freiherr von Eichendorff wird 1788 auf Schloss Lubowitz bei Ratibor in Oberschlesien geboren. Aufgrund des schlechten Wirtschaftens des Vaters gerät das Gut zu Beginn des 19. Jahrhunderts in finanzielle Schwierigkeiten, 1822 verliert die Familie ihr Vermögen endgültig.

Eichendorff studiert Jura in Halle, Heidelberg und Wien. In Heidelberg lernt er den Kreis der Romantiker um Joseph Görres, Clemens Brentano und Achim von Arnim, später auch Friedrich Schlegel kennen und macht sich mit ihren Vorstellungen vertraut. Die Volkslieder der Sammlung *Des Knaben Wunderhorn*, die Werke von Novalis und auch jene Goethes beeinflussen ihn unverkennbar. Er beginnt zu schreiben, um durch die Dichtung die Welt zum Leben zu erwecken, denn *„die Welt hebt an zu singen,/Triffst du nur das Zauberwort"*, wie es in seinem Gedicht *Wünschelrute* (1835) heißt. Während des Studiums unternimmt er eine längere Bildungsreise und besucht unter anderem Berlin und Paris. Nach Beendigung des Studiums nimmt er zwischen 1813 und 1816 an den Befreiungskriegen teil. In dieser Periode erscheint sein erster Roman *Ahnung und Gegenwart* (1815). 1815 heiratet er und tritt in den Staatsdienst ein. Seine Tätigkeit führt ihn über Breslau und Danzig nach Königsberg und schließlich an den preußischen Hof in Berlin, wo er bis zum Geheimen Regierungsrat aufsteigt. Es entstehen die Novellen und Erzählungen *Das Marmorbild* und *Aus dem Leben eines Taugenichts* (beide 1826), *Viel Lärmen um nichts* (1832), *Auch ich war in Arkadien* (1834) sowie *Dichter und ihre Gesellen*. 1837 veröffentlicht er die erste Gesamtausgabe der in seine Prosatexte eingestreuten *Gedichte*. Nach einem kurzen Aufenthalt in Wien lebt er von 1847 bis 1855 in Berlin. Danach siedelt er in das schlesische Neiße über, wo er 1857 stirbt.

Aus dem Leben eines Taugenichts

Joseph von Eichendorffs Novelle *Aus dem Leben eines Taugenichts*, zu seinen Lebzeiten sein bekanntestes Werk, ist bereits 1823 abgeschlossen, gedruckt wird es erst drei Jahre später. Die als beispielhaft für das Lebensgefühl der Spätromantik und ihrer Kritik geltende Novelle um einen naiven Müllersohn, der in die Welt hinauszieht, um sein Glück zu machen, setzt bewusst auf eine naive Grundstimmung mit märchenhaften Elementen und heiteren Bildern.

Das Rad an meines Vaters Mühle brauste und rauschte schon wieder recht lustig, der Schnee tröpfelte emsig vom Dache, die Sperlinge zwitscherten und tummelten sich dazwischen; ich saß auf der Türschwelle und wischte mir den Schlaf aus den Augen; mir war so recht wohl in dem warmen Sonnenscheine. Da trat der Vater aus dem Hause; er hatte schon seit Tagesanbruch in der Mühle rumort und die Schlafmütze schief auf dem Kopfe, der sagte zu mir: „Du Taugenichts! Da sonnst du dich schon wieder und dehnst und reckst dir die Knochen müde, und lässt mich alle Arbeit allein tun. Ich kann dich hier nicht länger füttern. Der Frühling ist vor der Tür, geh auch einmal hinaus in die Welt und erwirb dir selber dein Brot." – „Nun", sagte ich, „wenn ich ein Taugenichts bin, so ist's gut, so will ich in die Welt gehen und mein Glück machen." Und eigentlich war mir das recht lieb, denn es war mir kurz vorher selber eingefallen, auf Reisen zu gehen .... Ich ging also in das Haus hinein und holte meine Geige, die recht artig spielte, von der Wand, mein Vater gab mir noch einige Groschen Geld mit auf den Weg und so schlenderte ich durch das lange Dorf hinaus. ... Mir war es wie ein ewiger Sonntag im Gemüte. ...

Während älteren Romantikern wie Schlegel und Novalis der Roman als geeignetste Ausdruckform erscheint, sind Erzählungen die bevorzugte Form der Jüngeren, darunter Clemens Brentano, E.T.A. Hoffmann, Joseph von Eichendorff und Achim von Arnim. Ihre Erzählstücke reichen von Fantasiestücken, die frei alltägliche Gegebenheiten des Lebens thematisieren und dabei vor allem von der Einbildungskraft der Verfasser leben, über Märchen bis hin zu Novellen. Als geeignetste Ausdrucksform der „Romantisierung" der Welt erscheint das Kunstmärchen, das in der Romantik seinen Höhepunkt erreicht.

Neben Ludwig Tiecks *Der blonde Eckbert* (1796) gehören Friedrich de la Motte Fouqués *Undine* (1811), Adelbert von Chamissos *Peter Schlemihls wundersame Geschichte* (1814), E.T.A. Hoffmanns *Der goldne Topf* (1815) und Clemens Brentanos *Die Geschichte vom braven Kasperl und dem schönen Annerl* (1817) zu den bedeutendsten Erzählungen der Romantik.

Friedrich de la Motte
Fouqué (1777–1843)

Friedrich de la Motte Fouqués *Undine* –
ein romantischer Mythos

Friedrich de la Motte Fouqués (1777–1843) 1811 entstandenes Märchen *Undine* gehört zu den wohl schönsten der Romantik. Es erscheint in Fouqués Zeitschrift *Jahreszeiten*. Fouqué, 1777 in Brandenburg geboren, stammt wie Adelbert von Chamisso aus einer adeligen französischen Familie.

Die Nixe Undine lebt bei Fischern. Der Ritter Huldbrand lernt sie kennen und verliebt sich sofort in sie. Durch die Ehe mit einem Menschen nimmt Undine eine Seele an – und damit die Fähigkeit, menschliches Leid zu empfinden. Sie lernt das Hoffräulein Bertalda kennen, die frühere Angebetete Huldbrands, die er wegen Undine verlassen hat. Es stellt sich heraus, dass Bertalda die verlorene Tochter des Fischerpaares ist, bei dem Undine lebte. Huldbrand wendet sich wieder Bertalda zu. Nach einem Streit schickt er Undine zurück in den Fluss und heiratet Bertalda.

Am Ende der Geschichte tötet Undine Huldbrand.

Der Ritter aber hatte seine Diener entlassen. Halbausgekleidet, im betrübten Sinnen, stand er vor einem großen Spiegel; die Kerze brannte dunkel neben ihm. Da klopfte es an die Tür mit leisem, leisem Finger. Undine hatte sonst wohl so geklopft, wenn sie ihn freundlich necken wollte. „Es ist alles nur Phantasterei!" sagte er zu sich selbst. „Ich muß ins Hochzeitbett." – „Das mußt du, aber in ein kaltes!" hörte er eine weinende Stimme draußen vor dem Gemache sagen, und dann sah er im Spiegel, wie die Tür aufging, langsam, langsam, und wie die weiße Wandrerin hereintrat und sittig das Schloß wieder hinter sich zudrückte. „Sie haben den Brunnen aufgemacht", sagte sie leise, „und nun bin ich hier, und nun mußt du sterben." – Er fühlte in seinem stockenden Herzen, daß es auch gar nicht anders sein könne, deckte aber die Hände über die Augen und sagte: „Mache mich nicht in meiner Todesstunde durch Schrecken toll. Wenn du ein entsetzliches Antlitz hinter dem Schleier trägst, so lüfte ihn nicht, und richte mich, ohne daß ich dich schaue." – „Ach", entgegnete die Wandrerin, „willst du mich denn nicht noch ein einziges Mal sehn? Ich bin schön, wie als du auf der Seespitze um mich warbst." – „O, wenn das wäre!" seufzte Huldbrand; „und wenn ich sterben dürfte an einem Kusse von dir." – „Recht gern, mein Liebling", sagte sie. Und ihre Schleier schlug sie zurück, und himmlisch schön lächelte ihr holdes Antlitz daraus hervor. Bebend vor Liebe und Todesnähe neigte sich der Ritter ihr entgegen, sie küßte ihn mit einem himmlischen Kusse, aber sie ließ ihn nicht mehr los, sie drückte ihn inniger an sich und weinte, als wolle sie ihre Seele fortweinen. Die Tränen drangen in des Ritters Augen und wogten im lieblichen Wehe durch seine Brust, bis ihm endlich der Atem entging und er aus den schönen Armen als ein Leichnam sanft auf die Kissen des Ruhebettes zurücksank.
„Ich habe ihn tot geweint!" sagte sie zu einigen Dienern, die ihr im Vorzimmer begegneten, und schritt durch die Mitte der Erschreckten langsam nach dem Brunnen hinaus.

Als Quelle dient Fouqué eine Schrift des Philosophen Paracelsus (eigentlich Philippus Theophrastus Aureolus Bombast von Hohenheim, 1493–1541). Fouqué ergänzt das Sagen-Motiv mit autobiografischen Elementen. Dem Zeitgeist entsprechend ist er fasziniert vom Mittelalter mit seinen Ritter- und Heldengeschichten und integriert diese in sein Märchen.

Die Wasserfrauen bringen den Männern wenig Glück, aber auch sie selbst scheitern mit ihren Wünschen, ein normales Leben in Liebe und Harmonie zu vollenden. Das verbindet *Undine* mit Goethes *Die neue Melusine* (1807/1808), eine Erzählung aus *Wilhelm Meisters Wanderjahre*, Hans Christian Andersens (1805-1875) *Die kleine Meerjungfrau* (1837) bis hin zu Walt Disneys Zeichentrickfilm *Arielle, die Meerjungfrau* (1989).

In ihrem Prosastück *Undine geht* greift Ingeborg Bachmann (1926–1973) 1961 Fouqués Undine-Bearbeitung auf.

Adelbert von Chamisso (1781–1838) – Dichter ohne Schatten

Adelbert von Chamisso wird 1781 als Louis Charles Adélaide de Chamisso de Boncourt in eine französische Adelsfamilie auf Schloss Boncourt in der Champagne geboren. Die Familie flüchtet 1792 während der Französischen Revolution und siedelt nach Berlin über. Die Sprache seiner neuen Heimat lernt Chamisso erst im Teenageralter. Von 1789 bis 1806 ist er im Dienste der preußischen Armee tätig. Doch sein Herz schlägt nach wie vor auch für Frankreich. Zeit seines Lebens beschäftigt ihn die Frage nach der eigenen Identität. Er setzt sich intensiv mit den Gegensätzen des Eigenen und Fremden auseinander und versteht sich als Vermittler zwischen beiden Kulturen. Nachdem er den Militärdienst quittiert, lebt er für einige Jahre abwechselnd in Deutschland und Frankreich. 1811 lernt er die französische Schriftstellerin Germaine de Staël kennen. 1812 beginnt er ein Studium der Biologie und nimmt zwischen 1815 und 1818 als Naturforscher an einer russischen Expedition in die Südsee teil, die einer Weltumsegelung gleichkommt. Seine Erkenntnisse und Erfahrungen veröffentlicht er in den Publikationen *Reise um die Welt* (1836) und *Über die Hawaische Sprache* (1837). Nach seiner Rückkehr arbeitet er über zwanzig Jahre als Kustos im Botanischen Garten in Berlin. Adelbert von Chamisso wird die Ehrendoktorwürde der Universität von Berlin verliehen. Er wird drei Jahre vor seinem Tod – er stirbt 1838 in Berlin – in die Akademie der Wissenschaft aufgenommen.

Adelbert von Chamisso (1781–1838)

Peter Schlemihls wundersame Geschichte

Adelbert von Chamissos Geschichte um Peter Schlemihl ist eine der bekanntesten Erzählungen der Romantik. Sie ist im Sommer 1813 entstanden. Peter Schlemihl – ein Schlemihl ist ein ungeschickter Mensch, dem einfach nichts zu gelingen scheint – erzählt dem fiktiven Herausgeber Chamisso in elf Briefen seine Geschichte. Auf einer Gartenparty lernt Peter einen Mann kennen, der den Gästen alles geben kann, was sie sich wünschen. Von der Brieftasche bis zu einem Reitpferd kann er das Gewünschte einfach aus seiner Tasche ziehen.

Der merkwürdige Mann schlägt Peter ein Tauschgeschäft vor: Peter erhält von ihm einen Sack voller Geld, der niemals leer wird, wenn er ihm im Gegenzug seinen Schatten überlässt.

„Möge der Herr meine Zudringlichkeit entschuldigen, wenn ich es wage, ihn so unbekannter Weise aufzusuchen, ich habe eine Bitte an ihn. Vergönnen Sie gnädigst" – „Aber um Gotteswillen, mein Herr!" brach ich in meiner Angst aus, „was kann ich für einen Mann tun, der-" wir stutzten beide, und wurden, wie mir däucht, rot.

Er nahm nach einem Augenblick des Schweigens wieder das Wort: „Während der kurzen Zeit, wo ich das Glück genoß, mich in Ihrer Nähe zu befinden, hab ich, mein Herr, einige Mal – erlauben Sie, daß ich es Ihnen sage – wirklich mit unaussprechlicher Bewunderung den schönen, schönen Schatten betrachten können, den Sie in der Sonne, und gleichsam mit einer gewissen edlen Verachtung, ohne selbst darauf zu merken, von sich werfen, den herrlichen Schatten da zu Ihren Füßen. Verzeihen Sie mir die freilich kühne Zumutung. Sollten Sie sich wohl nicht abgeneigt finden, mir diesen Ihren Schatten zu überlassen?"

Er schwieg, und mir gings wie ein Mühlrad im Kopfe herum. Was sollt ich aus dem seltsamen Antrag machen, mir meinen Schatten abzukaufen? Er muß verrückt sein, dacht ich, und mit verändertem Tone, der zu der Demut des seinigen besser paßte, erwiderte ich also:

„Ei, ei! guter Freund, habt Ihr denn nicht an Eurem eignen Schatten genug? das heiß ich mir einen Handel von einer ganz absonderlichen Sorte." Er fiel sogleich wieder ein: „Ich hab in meiner Tasche manches, was dem Herrn nicht ganz unwert scheinen möchte; für diesen unschätzbaren Schatten halt ich den höchsten Preis zu gering."[…]

„Aber, mein Herr, verzeihen Sie Ihrem untertänigsten Knecht. Ich verstehe wohl Ihre Meinung nicht ganz gut, wie könnt ich nur meinen Schatten" Er unterbrach mich: „Ich erbitte mir nur Dero Erlaubnis, hier auf der Stelle diesen edlen Schatten aufheben zu dürfen und zu mir zu stecken; wie ich das mache, sei meine Sorge. Dagegen als Beweis meiner Erkenntlichkeit gegen den Herrn, überlasse ich ihm die Wahl unter allen Kleinodien, die ich in der Tasche bei mir führe: die ächte Springwurzel, die Alraunwurzel, Wechselpfennige, Raubtaler, das Tellertuch von Rolands Knappen, ein Galgenmännlein zu beliebigem Preis; doch, das wird wohl nichts für Sie sein: besser, Fortunati Wünschhütlein, neu und haltbar wieder restauriert; auch ein Glücksseckel, wie der seine gewesen." – „Fortunati Glücksseckel", fiel ich ihm in die Rede, und wie groß meine Angst auch war, hatte er mit dem einen Wort meinen ganzen Sinn gefangen. Ich bekam einen Schwindel, und es flimmerte mir wie doppelte Dukaten vor den Augen.

„Belieben gnädigst der Herr diesen Seckel zu besichtigen und zu erproben." Er steckte die Hand in die Tasche und zog einen mäßig großen, festgenähten Beutel, von starkem Korduanleder, an zwei tüchtigen ledernen Schnüren heraus und händigte mir selbigen ein. Ich griff hinein, und zog zehn Goldstücke daraus, und wieder zehn,

und wieder zehn, und wieder zehn; ich hielt ihm schnell die Hand hin: „Topp! der Handel gilt, für den Beutel haben Sie meinen Schatten.“ Er schlug ein, kniete dann ungesäumt vor mir nieder, und mit einer bewundernswürdigen Geschicklichkeit sah ich ihn meinen Schatten, vom Kopf bis zu meinen Füßen, leise von dem Grase lösen, aufheben, zusammenrollen und falten, und zuletzt einstecken. Er stand auf, verbeugte sich noch einmal vor mir, und zog sich dann nach dem Rosengebüsche zurück. Mich dünkt', ich hörte ihn da leise für sich lachen. Ich aber hielt den Beutel bei den Schnüren fest, rund um mich her war die Erde sonnenhell, und in mir war noch keine Besinnung.

Peter lässt sich auf das Geschäft ein. Die Folgen jedoch sind anders als erhofft. Das Geld macht ihn nicht glücklich, denn ohne Schatten ist er aus der menschlichen Gesellschaft ausgeschlossen.

Nach einem Jahr taucht der seltsame Mann wieder auf und ist bereit, Schlemihl seinen Schatten wiederzugeben. Dafür fordert er die Seele Peters. Diesmal lehnt er ab. Er wirft das Geldsäckchen weg und jagt den unheimlichen Mann fort. Das Blatt wendet sich für Schlemihl: Durch einen Zufall gerät er an ein Paar „Siebenmeilenstiefel“, mit denen er durch die Welt gehen kann und die Natur erforscht. In der Natur ist er glücklich, Menschen vermisst er nicht mehr. Seine Forschungsergebnisse schreibt er nieder, um sie so der ganzen Menschheit zugänglich und nützlich zu machen.

Ursprünglich ist die Geschichte als Märchen für Kinder gedacht. Trotzdem wird sie von Beginn an als autobiografische Erzählung verstanden. Der gebürtige Franzose Chamisso, der sein ganzes Leben lang zwischen der deutschen und französischen Kultur schwankt und sich als gesellschaftlicher Außenseiter sieht, fühlt sich zeitlebens fremd. Thomas Mann beschreibt 1911 Chamissos Erzählung als *„die Schilderung einer scheinbar bevorzugten und beneidenswerten, aber romantisch elenden, innerlich mit einem düstern Geheimnis einsamen Existenz – und schlichter, wahrer, erlebnishafter, persönlicher hat nie ein Poet ein solches Dasein darzustellen und der Empfindung nahezubringen gewußt."*

Adelbert von Chamisso ist in ganz eigener Weise traditionsbildend geworden. Seit 1985 vergibt die Robert Bosch Stiftung einen Preis für deutschsprachige Literatur an Autoren mit Migrationshintergrund, den Adelbert-von-Chamisso-Preis. Zu den Preisträgern gehören unter anderem Rafik Schami (geb. 1946 in Damaskus, Syrien), José F. A. Oliver (geb. 1961 in Hausach im Schwarzwald als Sohn andalusischer Eltern), Feridun Zaimoglu (geb. 1964 in Bolu, Türkei), Ilija Trojanow (geb. 1965 in Sofia, Bulgarien), und Saša Stanišić (geb. 1978 in Visegrad, Bosnien-Herzegowina). Sie zeigen, was die deutschsprachige Literatur von Beginn an auszeichnet, die produktive Anverwandlung von Einflüssen anderer Kulturen.

Feridun Zaimoglu
Ohne Titel, Gemälde,
entstanden parallel
zu seinem Roman
Hinterland (2009)

Wunderhorn.

Alte deutsche Lieder.

Von Arnim & Brentano.

II.

drink aus

o mater dei

Heidelberg, bey Mohr und Zimmer 1808.

Hätten Sie's gewusst?
Bilderbogen am Kapitelbeginn

S. 8 von links nach rechts oben
Evangelist Lukas, Miniatur aus einem Stunden-
    buch, Bourges, um 1470 –1480
Walther von der Vogelweide
Hartmann von Aue

S. 8 von links nach rechts unten
Kollegialstift Neumünster in Würzburg
Wolfram von Eschenbach
Weingartner Liederhandschrift, Grauer von Fenis,
    Miniatur

S. 32 von oben nach unten links
Humanistische Bibliothek Schlettstadt
Martin Luther
Philipp Melanchthon

S. 32 von oben nach unten rechts
Erasmus von Rotterdam
Johannes Reuchlin
Melanchthonhaus in Bretten

S. 46 von links nach rechts oben
Figurengedicht
Andreas Gryphius
Friedrich Spee von Langenfeld

S. 46 von links nach rechts unten
Hans Jakob Christoph von Grimmelshausen
Emblem ex bello pax
Martin Opitz

S. 62 von oben nach unten links
Gottfried Wilhelm Leibniz
Johann Gottfried Herder
Johann Wolfgang von Goethe
Friedrich Schiller

S. 62 von oben nach unten rechts
Friedrich Gottlieb Klopstock
Immanuel Kant
Christoph Martin Wieland

S. 102 von oben nach unten links
Anna Amalia von Braunschweig-Wolfenbüttel
Johann Heinrich Pestalozzi
Goethe in der Campagna, Gemälde von Johann
    Heinrich Wilhelm Tischbein
Napoleon Bonaparte

S. 102 von oben nach unten rechts
Albrecht Wenzel Eusebius von Waldstein
Wittumspalais Weimar
Friedrich Weinbrenner

S. 150 von oben nach unten links
Friedrich Schlegel
Novalis
Jacob und Wilhelm Grimm

S. 150 von oben nach unten rechts
Friedrich de la Motte Fouqué
Rahel Varnhagen von Ense
Achim von Arnim
Bettine von Arnim

Literaturverzeichnis

Alt, Peter-André: Aufklärung: Lehrbuch Germanistik, 3., aktualisierte Aufl., Stuttgart, Weimar 2007.

Bahr, Ehrhard: Geschichte der deutschen Literatur 1. Vom Mittelalter bis zum Barock, Tübingen 1999.

Bark, Joachim/Steinbach, Dietrich/ Wittenberg, Hildegard: Epochen der deutschen Literatur. Gesamtausgabe, Stuttgart 1989.

Berger, Thomas: Der Humanitätsgedanke in der Literatur der deutschen Spätaufklärung, Heidelberg 2008.

Brunner, Horst: Geschichte der deutschen Literatur des Mittelalters im Überblick, Ditzingen 1996.

Brunner, Horst/Moritz, Rainer (Hg.): Literaturwissenschaftliches Lexikon. Grundbegriffe der Germanistik, Berlin 1997.

Bumke, Joachim: Geschichte der deutschen Literatur im hohen Mittelalter, München 1990.

Burdorf, Dieter/Fasbender, Christoph/Moennighoff, Burkhard (Hg.): Metzlers Literaturlexikon. Begriffe und Definitionen. Begründet von Günther und Irmgard Schweikle, Stutgart 2007.

Cramer, Thomas (Hrsg.): Renaissance und Barock, Frankfurt am Main, 1995.

Cramer, Thomas: Geschichte der deutschen Literatur im späten Mittelalter, München 1990.

Engelsing, Rolf: Der Bürger als Leser. Lesergeschichte in Deutschland 1500–1800, Stuttgart 1974.

Frenzel, Herbert A./Frenzel, Elisabeth: Daten deutscher Dichtung. Chronologischer Abriss der deutschen Literaturgeschichte, Band 1: Von den Anfängen bis zum jungen Deutschland, München 1995.

Kaiser, Gerhard: Aufklärung, Empfindsamkeit, Sturm und Drang, 6., erweiterte Auflage mit einer Vorrede, Tübingen, Basel 2007.

Kaiser, Gerhard: Literarische Romantik, Göttingen 2010.

Kartschoke, Dieter: Geschichte der deutschen Literatur im frühen Mittelalter, München 2000.

Kindlers Neues Literaturlexikon, München 2001.

Klein, Dorothea: Mittelalter. Lehrbuch Germanistik, Stuttgart 2006

Kremer, Detlef: Romantik: Lehrbuch Germanistik, 3., aktualisierte Auflage, Stuttgart, Weimar 2007.

Literaturlexikon. Autoren und Begriffe in sechs Bänden. Mit dem Besten aus der ZEIT, Stuttgart, Hamburg 2008.

Maier, Albert: Klassik – Romantik, Stuttgart 2008.

Neubauer, Martin: Romantik, Stuttgart 2007.

Rudolph, Andre (Hrsg.): Aufklärung und Weimarer Klassik im Dialog, Tübingen 2009.

Salzer, Anselm /von Tunk, Eduard: Geschichte der Deutschen Literatur in drei Bänden, Band 1: Von den Anfängen bis zum Sturm und Drang, Band 2: Von der Klassik zum Naturalismus, Zürich 1972.

Schlechter, Armin: Die Romantik in Heidelberg: Brentano, Arnim und Görres am Neckar, Heidelberg 2007.

Weimar, Klaus (Hrsg.): Reallexikon der deutschen Literaturwissenschaft. Neubearbeitung des Reallexikons der deutschen Literaturgeschichte gemeinsam mit Harald Fricke, Klaus Grubmüller und Jan-Dirk Müller, Band 1–3, Berlin 2007.

Wittmann, Reinhard: Buchmarkt und Lektüre im 18. und 19. Jahrhundert. Beiträge zum literarischen Leben 1750–1880, Tübingen 1982.

Wittmann, Reinhard: Gibt es eine Leserevolution am Ende des 18. Jahrhunderts? In: Roger Chartier/Guglielmo Cavallo (Hg.): Die Welt des Lesens. Von der Schriftrolle zum Bildschirm. Frankfurt/Main 1999, S. 419–454.

Wittstock, Joachim (Hrsg.): Mittelalter, Humanismus und Barock, München 1997.

Wittstock, Joachim (Hrsg.): Pietismus, Aufklärung und Vormärz, München 1999.

Quellenverzeichnis

Beck, Wolfgang: Die Merseburger Zauber-sprüche, Wiesbaden 2003.

Bidermann, Jakob: Cenodoxus, hrsg. von Tarot, Rolf, Übersetzung Meichel, Joachim, Stuttgart 2006.

Brant, Sebastian: Das Narrenschiff, hrsg. von Manfred Lemmer nach der Erstausgabe (Basel 1494) mit den Zusätzen der Ausgaben von 1495 und 1499 sowie den Holzschnitten der deutschen Originalausgaben, Tübingen 2004.

Brentano, Clemens: Gedichte, hrsg. von Schultz, Hartwig, Stuttgart 1984.

Brunner, Horst: Walther von der Vogelweide: Epoche – Werk – Wirkung, 2. überarbeitete und ergänzte Auflage, München 2009.

Chamisso, Adelbert von: Peter Schlemihls wundersame Geschichte, mit Anmerkungen von Dagmar Walach, Stuttgart 2003.

Das Nibelungenlied, Übersetzung von Karl Simrock, 4. Auflage, 1844.

Eichendorff, Joseph von: Aus dem Leben eines Taugenichts. Novelle, hrsg. von Hartwig Schultz, Stuttgart 2001.

Fouqué, Friedrich de la Motte: Undine. Eine Erzählung, Stuttgart 2001.

Gerhardt, Paul: Geistliche Lieder, mit einem Nachwort von Gerhard Rödding, Stuttgart 2006.

Goethe, Johann Wolfgang von: Die Leiden des jungen Werther, mit einem Nachwort von Ernst Beutler, Stuttgart 2001.

Goethe, Johann Wolfgang von: Faust. Der Tragödie 1. Teil, Stuttgart 2003.

Goethe, Johann Wolfgang von: Faust. Der Tragödie zweiter Teil, Stuttgart 2001.

Goethe, Johann Wolfgang von: Götz von Berlichingen mit der eisernen Hand. Ein Schauspiel, mit Anmerkungen von Volker Neuhaus, Stuttgart 2002.

Goethe, Johann Wolfgang von: Iphigenie auf Tauris. Ein Schauspiel, Stuttgart 2001.

Goethe, Johann Wolfgang von: Römische Elegien, Heidelberg, 1947.

Goethe, Johann Wolfgang von: Torquato Tasso. Ein Schauspiel, Stuttgart 2003.

Goethe, Johann Wolfgang von: Wilhelm Meisters Lehrjahre. Ein Roman, hrsg. und kommentiert von Ehrhard Bahr, Stuttgart 1986.

Goethe, Johann Wolfgang von: Wilhelm Meisters Lehrjahre. Ein Roman, München 1988.

Gottsched, Johann Christoph: Schriften zur Literatur, hrsg. von Horst Steinmetz, Stuttgart 2009.

Grimmelshausen, Hans Jakob Christoph von: Der abenteuerliche Simplicissimus Teutsch, mit einem Nachwort von Volker Meid, Stuttgart 2006.

Gryphius, Andreas: Gedichte. Eine Auswahl; Text nach der Ausgabe letzter Hand von 1663, hrsg. von Adalbert Elschenbroich, Stuttgart 1996.

Günderode, Karoline von: Gedichte, Prosa, Briefe, hrsg. von Hannelore Schlaffer, Stuttgart 1998.

Hartmann von Aue: Der arme Heinrich, V. 1–5, hrsg. von Ursula Rautenberg, übersetzt von Siegfried Grosse, Stuttgart 1993.

Herder, Johann Gottfried von: Von deutscher Art und Kunst: Einige fliegende Blätter, hrsg. von Hans Dietrich Irmscher, 1999.

Hoffmann, Ernst T. A.: Der goldne Topf. Ein Märchen aus der neuen Zeit, mit einem Nachwort von Konrad Nussbächer, Stuttgart 1983.

Hofmann von Hofmannswaldau, Christian: Gedichte, Auswahl und Nachwahl von Manfred Windfuhr, Stuttgart 2002.

Hölderlin, Friedrich: Der Tod des Empedokles, hrsg. von Friedrich Beissner, Stuttgart 1981.

Hölderlin, Friedrich: Hyperion oder der Eremit in Griechenland, mit einem Nachwort von Ernst von Reusner, Stuttgart 1983.

Kleist, Heinrich von: Michael Kohlhaas. Aus einer alten Chronik, mit Anmerkungen von Bernd Hamacher und einem Nachwort von Paul Michael Lützeler, Stuttgart 2005.

Klopstock, Friedrich Gottlieb: Der Messias. Gesang 1–3, hrsg. von Elisabeth Höpker-Herberg, Stuttgart 1986.

La Roche, Sophie von: Geschichte des Fräuleins von Sternheim, hrsg. von Barbara Becker-Cantarino, Reclam 1983.

Lessing, Gotthold Ephraim: Die Erziehung des Menschengeschlechts, Stuttgart 1991.

Lessing, Gotthold Ephraim: Hamburgische Dramaturgie, hrsg. und kommentiert von Klaus L. Berghahn, Stuttgart 1999.

Lessing, Gotthold Ephraim: Minna von Barnhelm oder das Soldatenglück. Ein Lustspiel in fünf Aufzügen verfertigt im Jahre 1763. Anmerkungen von Jürgen Hein, Stuttgart 2003.

Lessing, Gotthold Ephraim: Miss Sara Sampson. Ein Trauerspiel in fünf Aufzügen, Anmerkungen von Veronica Richel, Stuttgart 2006.

Lessing, Gotthold Ephraim: Nathan der Weise. Ein dramatisches Gedicht, in fünf Aufzügen, mit einem Kommentar von Wilhelm Große, Frankfurt a. M. 2003.

Moritz, Karl Philipp: Anton Reiser. Ein psychologischer Roman, hrsg. von Ernst-Peter Wieckenberg, München 1987.

Novalis: Heinrich von Ofterdingen. Ein Roman, hrsg. von Wolfgang Frühwald, Stuttgart 2004.

Opitz, Martin: Buch von der deutschen Poeterey (1624); mit dem Aristarch (1617) und den Opitzschen Vorreden zu seinen Teutschen Poemata (1624 und 1625) sowie der Vorrede zu seiner Übersetzung der Trojanerinnen (1625), hrsg. von Herbert Jaumann, Stuttgart 2002.

Oswald von Wolkenstein: Lieder. Frühneuhochdeutsch, neuhochdeutsch; ausgewählte Texte, hrsg. von Burghart Wachinger, Stuttgart Reclam 2007.

Schiller, Friedrich: Die Räuber. Ein Schauspiel, mit einem Kommentar von Wilhelm Große, Frankfurt am Main 2005.

Schiller, Friedrich: Kabale und Liebe. Ein bürgerliches Trauerspiel, Stuttgart 2001.

Schiller, Friedrich: Maria Stuart. Trauerspiel in fünf Aufzügen, mit einem Kommentar von Wilhelm Große, Frankfurt am Main 2004.

Schiller, Friedrich: Über die ästhetische Erziehung des Menschen in einer Reihe von Briefen, mit den Augustenburger Briefen, hrsg. von Klaus L. Berghahn, Stuttgart 2000.

Schiller, Friedrich: Wallenstein I. Ein dramatisches Gedicht. Wallensteins Lager. Die Piccolomini, mit Anmerkungen von Kurt Rothmann, Stuttgart 2001.

Schiller, Friedrich: Wallenstein II. Ein dramatisches Gedicht. Wallensteins Tod, Stuttgart 2001.

Schiller, Friedrich: Wilhelm Tell. Schauspiel, Anmerkungen von Josef Schmidt, Stuttgart 2000.

Schlegel, Friedrich von: Lucinde. Ein Roman, Kritisch hrsg. und mit Begriffs-Repertorium, Bibliographie und Nachwort versehen von Karl Konrad Polheim, Stuttgart 1999.

Schlegel, Friedrich: „Athenäums"-Fragmente und andere Schriften, Auswahl und Anmerkungen von Andreas Huyssen, Stuttgart 2001.

Silesius, Angelus: Cherubinischer Wandersmann oder geistreiche Sinn- und Schlussreime, hrsg. von Louise Gnädinger nach dem Text von Glatz 1675; vollst. Ausgabe, Zürich 1986.

Spee, Friedrich von: Trutz-Nachtigall, hrsg. von Theo G. M. van Oorschot, Bern 1985.

Tieck, Ludwig: Der gestiefelte Kater. Kindermärchen in 3 Akten. Mit Zwischenspielen, einem Prologe und Epiloge, hrsg. von Helmut Kreuzer, Stuttgart 2001.

Wackenroder, Wilhelm Heinrich: Herzensergießungen eines kunstliebenden Klosterbruders, hrsg. von Martin Bollacher, Stuttgart 2005.

Wickram, Jörg: Das Rollwagenbuechlin (1555), hrsg. von Werner Witt, Tübingen 2010.

Wieland, Christoph Martin: Geschichte der Abderiten, mit einem Nachwort von Karl Hans Bühler, Stuttgart 1984.

Personenregister

Agricola, Rudolf 33, 44

Alighieri, Dante 153

Andersen, Hans Christian 181

Arnim, Achim von 151, 169, 171–173, 178–179

Arnim, Bettine von 152, 168, 173–174

Bachmann, Ingeborg 181

Bacon, Francis 64

Barca, Calderon de la 153

Biedermann, Jacob 51

Brant, Sebastian 34–35, 38, 39, 40–41

Braunschweig–Wolfenbüttel, Anna Amalia von 81, 104

Brecht, Bertolt 36

Brentano, Clemens 151, 154, 159, 168, 169–174, 178–179

Brion, Friederike 91–92

Bürger, Gottfried August 155

Celtis, Conrad 33–34, 37

Cervantes, Miguel 153

Chamisso, Adelbert von 151, 168, 175, 179–181, 184

Chretien de Troyes 22, 23

Claudius, Matthias 86, 88

D'Alembert 63

Dahlberg, Heribert von 69, 99–100

Descartes, René 63–64

Diderot, Denis 63

Eckermann, Johann Peter 130, 107, 113

Eichendorff, Joseph von 151, 175, 178

Erasmus von Rotterdam 34, 41

Eschenbach, Wolfram von 16, 19, 21, 24, 162

Fichte, Johann Gottlieb 120, 145, 151, 159, 164–165

Fischart, Johann 34–35, 41, 169

Fouqué, Friedrich de la Motte 151, 168, 175, 179–181

Friedrich, Caspar David 151

Geiler von Kaysersberg, Johann 34, 35

Gellert, Christian Fürchtegott 79, 83, 90, 97

Gengenbach, Pamphilus 38

Gerhard, Paul 55

Goethe, Johann Wolfgang von 39, 41, 81, 88, 90–97, 103–107, 110, 112–113, 120, 121, 124, 130, 140–141, 159, 164, 167–169, 171–173, 178, 181

Görres, Joseph 151, 172, 178

Gottfried von Straßburg 21, 24

Gottsched, Johann Christoph 67–71, 87, 89, 90

Grass, Günter 61, 170

Grimm, Jacob 13, 151, 169–170

Grimm, Wilhelm 13, 151, 169–170

Grimmelshausen, Hans Jakob Christoph von 41, 58–61

Gryphius, Andreas 51, 52, 54, 57

Günderrode, Karoline von 152, 173–174

Hartmann von Aue 16, 21, 23, 162

Hauff, Wilhelm 152

Hegel, Georg Wilhelm Friedrich 145, 168

Heine, Heinrich 168

Heinrich von Morungen 16, 19, 21

Heinrich von Veldeke 21

Herder, Johann Gottfried 81, 88, 90–91, 93, 96, 103–105, 107, 109, 112, 171

Hildegard von Bingen, 31

Hobbes, Thomas 63

Hoffmann, E.T.A. 151, 159, 161, 174–175, 177, 179

Hoffmannswaldau, Christian Hofmann von 57–58

Hölderlin, Friedrich 140, 145–146, 148–149, 154

Humboldt, Wilhelm von 120, 159, 175

Jacobi, Johann Georg 91

Jung-Stilling, Heinrich 97

Kant, Immanuel 63, 65, 103, 113, 141, 155

Kaufmann, Christoph 89

Kleist, Heinrich von 140–141, 159, 174

Klinger, Friedrich Maximilian 89, 96

Klopstock, Friedrich Gottlieb 86–88, 97, 114, 153

La Roche, Sophie 79–80, 94, 171, 173

Leibniz, Wilhelm 63–64

Lenz, Jakob Michael Reinhold 95–97

Lessing, Gotthold Ephraim 70–73, 77–78, 83, 89, 90, 94, 100, 107

Locke, John 63

Lohenstein, Caspar von 61

Luther, Martin 34, 42, 44, 55, 142, 143

Macpherson, James 89, 153

Mann, Thomas 61, 124, 130, 184

Melanchthon, Philipp 33–35, 43–45

Mendelssohn, Moses 167

Mereau, Sophie 154, 171, 174

Milton, John 87

Montesquieu 63

Moritz, Karl Philip 82, 106, 124

Moscherosch, Johann Michael 41, 61

Murner, Thomas 34, 39

Nicolai, Friedrich 70

Novalis 151, 154, 159, 164–167, 178, 179

Opitz, Martin 49, 57, 68, 89, 169

Oswald von Wolkenstein 19

Palladio, Andrea 106–107

Paul, Jean 144–145, 159

Perrault, Charles 160

Pfeffel, Gottfried Conrad 169

Reigersfeld, Daniel Czepko von 54

Reinmar der Alte 16, 20

Reuchlin, Johannes 34, 36–37, 43–44

Reuters, Chritian 61

Richardson, Samuel 79, 94

Runge, Otto 151

Sachs, Hans 38, 41–42, 169

Saint-Simon, Henri de 168

Sancta Clara, Abraham a 41, 169

Savigny, Carl Friedrich von 159, 174

Scheffel, Joseph Victor von 14

Schelling, Friedrich 145, 154, 159

Schiller, Friedrich 69, 77, 90, 96, 97–101, 103–104, 112–116, 120–121, 123–124, 126, 128, 130, 141, 145–146, 159, 164

Schlegel, August Wilhelm 151, 154–155, 158–159

Schlegel, Dorothea 152, 154, 156, 167–168

Schlegel, Friedrich 145, 151, 153–156, 158–159, 164–165, 167–168, 178

Schlegel-Schelling, Caroline von 152, 167

Schubart, Christian Friedrich Daniel 169

Schwab, Gustav 152

Shakespeare, William 19, 50, 71, 81, 89–90, 93, 125–126, 153, 155, 159

Silesius, Angelus 54–55

Spee von Langenfeld, Friedrich 56

Spinoza, Baruch de 65

Staël, Germaine de 155

Tieck, Ludwig 51, 79, 145, 151, 154, 158–160, 161–162, 165, 171–172, 175, 179

Uhland, Ludwig 152

Ulrich von Hutten 37

Varnhagen, Rahel 152, 159, 168

Voltaire 63, 70

Voß, Johann Heinrich 86

Wackenroder, Wilhelm Heinrich 151, 154, 159, 162–163

Walther von der Vogelweide 16, 17, 19–21

Weinbrenner, Friedrich 107

Wickram, Jörg 38–39

Wieland, Christoph Martin 79, 81–82, 104, 141, 146, 171

Winckelmann, Johann Joachim 103, 107

Wolf, Christa 173–174

Glossar

Adel 11
Allegorie 53, 54, 157
Amplifikation 53
Arabeske 154, 155

Ballade 104, 105, 121, 124, 140, 155

carpe diem 48
Chor 37, 52, 107,139, 140

Distichen 112

Elegie 50, 112
Emblem 53
Epigramm 54
Epilog 37, 160, 161
Erlebnislyrik 92
Fabel 38, 69, 79, 83
Figurengedicht 54
Fragment 90, 144, 146, 148, 151, 154, 156, 158, 165, 166, 168, 174

Geniegedanke 101, 153
Glossen 13
Groteske 154

Hexameter 87, 112
Humanität 33, 103, 109, 153
Hymne 95, 105–106, 165

Ironie, romantische 154

Jambus 50, 107

Katharsis 73
Komödie 37, 49-51, 70, 78,113, 140

Lehn 11
Lehnssystem 10

Manierismus 58
memento mori 48
Minnesang 16-19, 42, 162, 166
Mystik 54, 55, 165

Originalgenie 89, 90

Pest 11, 47, 49
Prolog 37, 126, 131, 160

Satire 20,39, 154
Scholastik 42
Schwank 38, 58
Sonett 54, 155
Ständeklausel 49, 69, 77, 100

Tagelied 18, 19
Theatrum mundi 50
Tragödie 19, 39, 49, 51, 70, 71, 72, 73, 78, 100, 107, 130–131, 135, 140,
Trochäus 50

Vigil 175

Bildnachweis

Andrea Alciato's Livret des Emblemes. Paris 1536: S. 53

Bilderbogen zum Grimmschen Märchen von Moritz von Schwind, 1849: S.51

Dreihundert Bildnisse und Lebensabrisse berühmter deutscher Männer. Begonnen von Ludwig Bechstein neu bearbeitet und fortgeführt von Karl Theodor Gaederk. Leipzig 1890: S. 114 Mitte, 126, 169 unten

Horn, Gisela: Romantische Frauen. Sophie Mereau, Caroline Schlegel, Dorothea Veit, Rudolstadt 1996: S. 167, 176

Kiefer, Peter: Auktionskatalog. Pforzheim 2009: S. 12

Klassik Stiftung Weimar: S. 92, 136

Könnecke, Gustav: Deutscher Literaturatlas. Marbach 1909: S. 19, 24 unten, 28, 38, 52, 65, 70 oben, 78, 87 unten, 88, 90 unten, 97 unten, 98 unten, 110, 119, 160

Wilpert, Gero von: Deutsche Literatur in Bildern. Stuttgart 1957: S. 31, 34 oben, 39, 40 unten, 41, 42, 43, 46, 49, 56, 57, 58, 59, 62, 68, 69, 71, 72, 73, 78 oben, 78 unten, 79, 81, 82 oben, 82 unten, 83, 87 oben, 90 oben und Mitte, 97 oben, 98 Mitte, 100, 102, 113 oben, 114 unten, 116, 117, 121, 124, 129, 130 unten, 134, 136, 140, 144, 145, 147, 155, 156, 159, 161, 162, 164, 169 oben, 171, 172, 174 unten, 178, 180, 181

Codex Manesse Vollfaksimile der Liederhandschrift. Leipzig 1925-1927: S. 17 oben, 20 oben, 21, 23, 24 oben

Kleine Heidelberg Liederhandschrift. Stuttgart 1932: S. 20 Mitte

Weingartner Liederhandschrift. Herausgegeben von Franz Pfeiffer und Friedrich Fellner. Stuttgart 1843: S. 20 unten

Gemälde von Johann Ernst Heinsius, 1773: S. 104

Bettina und Achim von Arnim Museum im Schloss Wiepersdorf, Künstlerhaus Schloss Wiepersdorf: S. 173 unten

Brüder Grimm Museum Stadt Kassel; H. Soremski: S. 170

Deutsches Literaturarchiv, Marbach: S. 113, 168, 174

E.T.A. Hoffmann Haus in Bamberg, Jürgen Schraudner, Stadtarchiv Bamberg: S.175

Faustmuseum, Knittlingen: S. 131

Humboldt-Universität, Berlin: S. 64

Landesmedienzentrum Baden-Württemberg: S. 13 oben, 13 Mitte

Melanchthonhaus, Bretten: S. 45

Musée national du Château et des Trianons, Versailles: S. 70 Mitte

Museo del Prado, Madrid: S. 40 Mitte

Museum für Literatur am Oberrhein, Karlsruhe: S. 14, 61, 107 unten, 170, 185

Museum Oskar Reinhart, Winterthur: S. 153

Nachlass Jakob Michael Reinhold Lenz: S. 91

Novalis-Museum Schloss Oberwiederstedt, Christoph Sandig, Leipzig; Forschungsstätte für Frühromantik und Novalis-Museum Schloss Oberwiederstedt: S. 165

Österreichische Galerie Belvedere, Wien: S. 130 oben

Porträtarchiv Diepenbroick: S. 173

Staatliche Kunsthalle, Karlsruhe: S. 40 oben, 107 oben

Städelmuseum, Frankfurt am Main: S. 106

Sterling and Francine Clark Art Institute, Williamstown: S. 114 oben

Württembergische Landesbibliothek, Stuttgart: S. 149

Alcibiades: S. 17 unten

Andreas Trepte: S. 120 oben

Daderot: S. 17 Mitte

Frank Peter: S 184

Matthias Walz: S. 34 Mitte

Michael Mertens, Darmstadt: S. 86

Most curious: S. 96

Mussklprozz: S. 98 oben

Peter Schmelzle: S. 93

Ralf Lotys: S. 141

Roland Struwe: S. 36

Sabine Bengel, Strasbourg: S. 91 oben

Thomgoe: S. 146

Die Autorin

Adina-Monica Trinca, 1974 in Temeschburg geboren, studierte Literaturwissenschaft, Kunstgeschichte und Soziologie an der Universität Karlsruhe und verfasste ihre Magisterarbeit zum Thema *Literaturmuseen im Medienzeitalter. Aufgaben und Möglichkeiten*. Sie war in der musealen Besucherforschung tätig und veröffentlichte unter anderem die Studie *Aus Sicht der Besucher: Die Kunsthalle Würth* (Künzelsau, 2002). Seit 2007 arbeitet sie als wissenschaftliche Mitarbeiterin im Museum für Literatur am Oberrhein in Karlsruhe.

Der Illustrator

Hannes Mercker, 1983 in Oldenburg geboren, studierte Grundschullehramt in Freiburg, hat sich dann aber gegen eine Beamtenlaufbahn entschieden und lebt heute als freier Cartoonist und Illustrator in Mannheim und Oldenburg. Mercker arbeitet für verschiedene Zeitungen, Werbeagenturen, Unternehmen und Verlage und veröffentlicht auf seiner Homepage regelmäßig neue Zeichnungen: www.hannes-mercker.de

Die Illustrationen zu diesem Buch entstanden zunächst als Bleistiftzeichnungen, die dann gescannt und am Computer koloriert wurden.

Der Herausgeber

Prof. Dr. Hansgeorg Schmidt-Bergmann lehrt Literaturwissenschaft am Karlsruher Institut für Technologie (KIT); er ist Leiter des Museums für Literatur am Oberrhein. Die Reihe *Schriften des Museums für Literatur am Oberrhein* wurde 2000 von ihm begründet.

Dank

Wir bedanken uns herzlich für die Unterstützung:
Diana Sayegh, saydi | Satz & Design, Karlsruhe
Marijana Jovic, E&B wdw Druck GmbH, Leimen
Monika Rihm, Jürgen Oppermann und alle Mitarbeiter der Literarischen Gesellschaft

Dem Mitteldeutschen Verlag danken wir für die Aufnahme in das Programm des Verlags.